지금
스튜어트 홀

Stuart Hall by James Procter
Routledge Critical Thinkers
ⓒ 2004 James Procter
All Right reserved.

Korean translation edition ⓒ 2006 LP Publishing Co.
Authorized translation from English language published by Routledge,
an imprint of the Taylor & Francis Group, UK
Arranged by Bestun Korea Agency, Seoul, Korea.
All rights reserved.

이 책의 한국어 판권은 베스툰 코리아 에이전시를 통해
저작권자와 독점 계약한 도서출판 앨피에 있습니다.
저작권법에 의해 한국 내에서 보호를 받는 저작물이므로
어떠한 형태로든 무단 전제와 무단 복제를 금합니다.

스튜어트 홀 지금

제임스 프록터 지음 | 손유경 옮김

Stuart Hall

앨피
book

■ 옮긴이의 글

세 개의 눈으로 들여다본 스튜어트 홀

1. 망원경

가질 만한 가치가 있는 유일한 이론은, 당신이 완전히 유창하게 말할 수 있는 무엇이 아니라 당신이 싸워 물리쳐야만 하는 무엇이다.

나는 대문자 이론Theory에는 관심 없고, 계속적인 이론화 작업에 흥미가 있다.

영국의 문화 연구를 대표하는 스튜어트 홀의 이론가로서의 면모가 한눈에 들어오는 구절들이다. 이 책의 저자인 제임스 프록터가 본문에서 지적했듯, 홀은 자신을 저자로 내세우는 단행본 형식의 연구서를 좋아하지 않는다. 그 자체로 완결된 채 누군가의 추종을 기다리는 대문자 '이론'에도 흥미가 없다.

홀의 관심과 열정은 완결된 이론이 아닌 진행 중인 이론화 작업에 있으며, 그가 의미하는 실천(행동)은 고정된 이론을 현실에 적용시키는 것이 아니라 이론과 현실을 지속적으로 경합시키는 과정을 뜻한다.

문화 연구라는, 이미 유명해질 대로 유명해진 학문 분야의 '창시자'로 불리는 한 이론가가 아직까지도 대표 저서나 선집을 내지 않았다는 사실은, 이 책 『지금 스튜어트 홀』의 서사 진행에서 결코 삽화적인 수준에 머무르지 않는다. 홀이 미친 실질적 영향력에 비해 그의 작업들에 대한 체계적 번역이나 소개가 미흡했던 것은, 단행본 형식에 대한 홀의 이러한 의도적 무관심에서 비롯되었다 해도 과언은 아닐 것이다.

지식인의 힘은 일차적으로 그가 가진 언어에서 나온다. 그 힘은 주로 저서를 통해 발휘되기 때문에 저자author가 된다는 것은 권위authority를 갖게 된다는 것을 의미한다. 권위(자)의 가장 큰 특징은 스스로 자신을 설명할 필요가 없다는 것이다. 권위는 그 자신이 이미 평가의 기준이기 때문에 모든 평가에서 자유롭다. 또 권위는 그 자체로 정당한 것으로 여겨지기 때문에 별도의 정당화 과정을 필요로 하지 않는다. 그러나 아이러니하게도 지식(인)의 종속은 바로 이 지점에서 시작된다.

홀이 보기에 지식 또는 이론의 힘은 권위(저서)에서 나오는 것이 아니다. 지식의 힘은 권위와 겨루고 권위를 시험에 들게 하는 데에서 발생한다. 홀이 얼마나 철저하게 이러한 작업을 진행했는지는, 그가 가장 깊이 의심하고 매번 서둘러 시험대에 올린 대상이 다름 아닌 자기 자신(의 선행 작업들)이었다는 사실을 통해 명백히 드러난다. 이론의 이론으로서의 가치는, 그것이 수정과 변용과 개입을 향해 열려 있는 그 순간까지만 지속될 뿐이다. 움직이기를 멈출 때 지식인은 이론에 종속된다.

저자인 제임스 프록터가, 스튜어트 홀의 사상 전체를 개관하는 이 책이 화해하기 어려운 두 가지 목표를 동시에 추구하고 있다고 강조한 데에는 이러한 사정이 놓여 있다. 저자가 밝힌 모순적인 두 개의 목적 중 하나는 이 책이 홀 사상 전반을 꿰뚫는 일종의 일관성을 지향해야 한다는 점이다. 다른 하나의 목표는, 자신의 작업에 어떠한 권위도 부여하기를 거부한 홀의 사상이, 자기충족적이며 통일된 형식적 이론으로 읽혀서는 안 된다는 것이다. 결국 우리는 이 책을 통해 스튜어트 홀을 스튜어트 홀로 환원하지 않고도 그를 이해하는 길을 모색해야 하는 셈이다.

2. 돋보기

내가 알기에 가장 비상식적인 사람은 제 자신이 상식을 대변한다고 여기는 이들이다. 그들은 겸손하지 않다. 여기서 겸손이란 자신의 가치와 의미를 평가절하하는 것이 아니라, 자신의 가치와 의미를 상대화할 수 있는 능력을 뜻한다.

스튜어트 홀이 자신을 문화 연구의 '대변자' 또는 '권위자'로 명명하는 모든 종류의 담론을 거부한 것은, 정체성 문제와 관련한 이론과 실천에서 홀이 보인 철저함을 이해하는 한 통로가 된다. 홀은 상이한 환경과 맥락에 따라 자신을 재위치시킬 수 있는 능력을 정체성 문제의 핵심으로 간주한다. "모든 정체성은 어떤 문화, 언어, 역사 안에 자리 잡고 위치지어진다. 그것은 국면적 특수성을 요구한다." 그렇기 때문에 어떤 집단의 이해나 관점을 대변한다는 것은 대단히 어려운 일이거나 근본적으로는 불가능한 일인지 모른다.

그러나 정체성과 관련하여 다분히 '포스트'적 뉘앙스를 풍기는 홀의 주장이 맹목적 부유浮遊에 대한 그럴싸한 미화로 읽혀서는 안 될 것이다. 홀의 비유대로, 특정한 무언가를 말하기 위해 우리는 우선 멈춰야 한다. 문장은 의미화를 위해 잠정적이나마 마침표를 필요로 한다. 마침표 없는, 잠재적으로 끝이 없는 무한한 문장들은 아무것도 의미하지 못한다.

이와 마찬가지로 입장position 없는 정체성은 상상하기 힘들다. 정체성은 "자리잡고 위치지어지는 것"이다. 새로운 정체성의 정치학이 우리에게 요구하는 것은 특수한 입장들로 이동하는 것이지, 모든 입장들에서 철회하는 것이 아님은 분명해 보인다.

그런 점에서 국면 또는 국면적 특수성이라는 홀의 개념은 그의 사상 전반을 그야말로 관통하는 — 홀이 '꿰뚫고 관통한다'는 말이 강하게 환기하는 '일관성'의 개념을 매우 경계했다는 사실은 어쩔 수 없이 잠시 제쳐놓아야겠다.— 용어임에 주목해야 한다. 어느 시점/누구(무엇)/어디와의 관계 안에 자신을 위치시킬 것인지가 정체성 문제의 핵심이라면, 그것은 문화적 구성물이나 지식인의 이론화 작업에 모두 절실하게 해당되는 질문이다.

맥락·상황·국면에 대한 강조는, 모든 맥락과 상황과 국면을 초월한 보편화·일반화의 유혹에 대한 경계 그 이상의 의미를 띤다. 예컨대 대중문화에 대한 홀의 각별한 관심이 결국은 '대중' 해체로 나아간 것은, 맥락·상황·국면적 특수성에 대한 그의 지속적인 관심 덕택이었다. '대중' 해체로 홀이 암시한 것은 '대중은 없다'가 아니라 '대중은 투명한 가치가 아니다'였다. 대중문화는 그 안에 새겨진 어떤 고정된 내재적(본질적) 가치나 내용을 가지고 있지 않다. "대중적 형식은 그 문화적 가치가 상승하거나 하락하면서 문화적 에스컬레이터를 오르락내리락한다." 홀은 이 대목에서 무시무시한 나치 독일의 상징이었던 만(卍)자 기호가, 어떻게 해서 1970~1980년대 영국 청소년들의 거리문화로 재전유되었는지를 설명한다.

하지만 문화적 구성물이든, 정체성이든, 이론이든 간에 고정 불변의 태도를 취하기 어렵다는 홀의 주장이, 그 안에 모든 이해관계를 전부 포기해야 한다는 것을 의미하지는 않는다. 사실은 그 반대이다. 즉 어떤 태도를 취하는 일이 정말로 중요하다는 것을 뜻한다. 아무 것이나 다 말해져도 괜찮다는 것이 아니라, 어떤 말이든 국면적 특수성에 입각해 있어야 한다는 것이다. 그리고 자신이 어떤 입장에서 발화하고 있는지를 뚜렷이 인식하고 있다면, 그처럼 쉽게 스스로 어떤 집단을 '대변'한다고 말하기는 참으로 어려울 터이다. 우리는 관계와 맥락 '속'에 매몰되는 것이 아니라, 관계와 맥락 '위'에서 움직여야 한다.

미셸 푸코는 이런 말을 남겼다.

> 내가 누구인지 묻지 말고, 나에게 언제나 똑같은 모습으로 남아 있기를 강요하지 말라.

우리는 남에게 네가 누구인지 묻기 전에 그런 질문을 하는 내가 누구인지를 먼저 자문해보아야 하지 않을까?

3. 현미경

영국에서 문화 연구는 탄생 직후부터, 정치학에서 후퇴하고 대중성과 영합했다는 비난을 받아왔다. 전후 영국의 신좌파New Left 진영에서 활약한 스튜어트 홀 역시 이러한 공격에서 자유롭지 못했다. 그러나 홀이 전통 좌파들과 갈라지는 지점은 정치학에서의 후퇴가 아니라 '문화의 정치학'이라는 새로운 영역을 발굴한 데 있다. 또한 홀의 대중문화 연구는, 대중주의적 영합을 지향한 것이 아니라 '대중적=대중주의적' 또는 '대중문화 대 고급문화'라는 상식에 대한 도전이었다.

우선 문화 연구를 정치학의 철회로 간주하는 관점은 토대-상부구조의 은유를 (비유가 아닌) 실체로 간주하고, 문화를 경제적 조건의 부차적 반영물로 여기는 결정론적이고 환원주의적인 견해를 대변한다. 그러나 홀이 보기에 문화는 한 사회 안에서 소극적이고 부차적인 기능을 담당하는 것이 아니라, 그 자체로 적극적이고 일차적이며 본질적인 역할을 수행한다. 어떤 의미에서 문화는 단연코 정치적이다. 특히 대중문화는 단순히 노동계급을 우롱하고 그들을 착취하는 데 쓰이는 자본주의의 도구가 아니다.

'대중' 해체에 관한 홀의 사유에서 충분히 암시되었듯, 대중이 자본의 꼭두각시가 아닌 것처럼 대중문화 역시 지배이데올로기의 확성기 노릇만 하지 않는다. 대중문화는 협상과 저항이 동시에 일어나는, 따라서 끊임없는 투쟁이 필요한 살아 있는 정치적 공간이다. 따라서 모름지기 '좌파'라면 새로운 대중적 형식들에 단순히 등을 돌리고 아무 일도 일어지 않는 것처럼 행동할 게 아니라 대중문화가 지금 현재 무엇을 의미하는지, 그리고 앞으로는 무엇을 의미할 것인지를 놓고 치열하게 고민해야 한다. 홀은 문화적 개입의 중요성을 역설하며 《뉴 레프트 리뷰New Left Review》 창간호에 다음과 같은 글을 실었다.

> 우리가 이 잡지에서 영화나 10대문화에 대해 논의하는 목적은, 유행하는 최신의 방식으로, 우리가 시대의 흐름에 뒤떨어지지 않고 있다는 걸 보여주는 데 있지 않다. …… 오늘날 사회주의의 임무는 대중이 있는 바로 그곳에서 그들을 만나고 그들의 불만을 드러내며, 사회주의 운동으로 하여금 우리가 살고 있는 바로 이 시대에 대한 직접적 감각을 갖도록 만드는 것이다.

따라서 (대중)문화 연구를 대중의 취향과 유행에 영합하려는 대중주의적 접근방식에 견줄 근거는 어디에도 없다. 그것은 지극히 소재주의적인 발상에 불과하다. 대중이라는 개념의 내포와 외연은 확정되어 있지 않으며 문화는 결코 경세적 조건의 부산물일 수 없기에, 대중문화 연구는 그 자체로 '정치적'인 영역이라 할 수 있다.

홀의 문화 연구가 '~론'으로 구체화된 것은 사실이지만, 문화 연구와 대중문화 연구의 외연이 동일한 것은 물론 아니다. 홀의 문화 연구 방법론의 가장 큰 특징은 절합articulation이라는 독특한 방식에서 나온다. 절합節合이란 분절과 연합, 나뉨과 이어짐을 동시에 뜻하는 말로 'articulation'의 번역어 중에서는 '관절'이라는 단어가 이러한 뜻을 상징적으로 가장 잘 담아내고 있다.

홀은 화물 자동차의 앞부분(운전석)과 뒷부분(트레일러)의 관계를 예로 들며 절합의 개념을 이렇게 설명한다. "두 부분은 서로 연결되어 있지만, 고정불변 상태는 아니다. 둘은 얼마든지 다시 분리될 수 있는 특정한 연동장치로 연결되어 있다." 이처럼 절합이란 특정 조건에서 두 개의 상이한 요소들을 하나의 통합체로 만들 수 있는 연결 형식을 말한다.

문화 연구를 위해 홀이 시도한 것은, 바로 문화주의와 구조주의의 절합이었다. 그는 인간의 산 경험과 행동을 특권시한 문화주의적 태도와, 경험은 언어로 구조화된다는 구조주의적 태도를 절합했다. 마르크스주의자들의 경제결정론과 달리 비결정론적인 사회 분석을 위해 고안된, 이론적 절충주의라고 부를 법한 이러한 연구 경향을 대중주의적이라고 보기는 대단히 어렵다. 신자유주의를 연구 대상으로 삼는 모든 연구서들이 신자유주의적 시각을 대변하는 것은 아니듯, 대중문화를 주요 대상으로 삼았다 해서 대중에 영합하려는 의도에서 쓰였다고 볼 수는 없다. 어떤 의미에서 다양한 이론들을 절합하려는 문화 연구 방법론은 수많은 이론들에 관한 해박한 지식을 전제로 한다는 점에서 심지어 '반대중주의적인 양상을 보이기도 한다.

문화 연구의 본고장이라 할 영국의 이러한 사정은 여러 모로 우리에게 시사적이다. 우리나라에서도 역사학, 사회학, 문학 등의 영역에서 문화 연구라는 새로운 분야는 그 성과를 일일이 나열하기 힘들 정도로 많은 반향을 불러 일으켰다. 하지만 (엄청난 양이라는 물리적 조건 외에도) 우리의 문화 연구의 현주소를 찾는 길에는 많은 어려움이 뒤따른다.

첫째, 아직까지 그야말로 '변변한' 대표 저서 한 권 내지 않은 스튜어트 홀의 존재가 입증하듯, 문화 연구는 결코 '위대한' 개인을 통해 실현되는 꿈이 아니다. 홀의 이름을 병기하고 있는 수많은 공저서들과 홀이 몸담았던 현대문화연구센터의 다양한 공동 연구 집단들이 이를 잘 말해준다. 문화 연구의 주체는 전적으로 개인이 아닌 집단이다. 그리고 현 사회를 단 하나의 조건(원인)으로 환원하거나 결정론적 방식으로 분석하지 않겠다는 문화 연구의 대의가 빛을 발하는 지점은 이론異論의 여지없이 학제 간 연구일 것이다.

그러나 1990년대 후반부터 일찌감치 그 영향력을 발휘해온 우리의 문화 연구가 지금까지도 문학, 사회학, 역사학 등의 개별 분과 체제 안에서 저마다의 '개별' 성과물을 내는 데 여념이 없다는 사실은 참으로 아이러니하다. 분과의 경계를 넘나들어야 할 문화 연구가 각 분과의 영역을 확장시키는 데 기여할 따름이라면, 문화 연구는 개별 연구자로 하여금 더욱 폭넓게 공부하라는 무언의 압력 그 이상의 의미를 띠기 힘들 것이다.

둘째, 문화 연구가 유행하는 최신 이론으로 간주되는 경우도 있다. 풍속사, 미시사, 일상사, 제도사 등 개념 확정이 용이하지 않은 세부 영역들이 모두 문화 연구의 '일종'으로 자리매김되고 있는 것은 대체로 이 때문일 것이다. 같은 범주로 묶기 힘든 다양한 연구 성과들이

제각각 문화 연구를 자처하는 일까지 빚어지고 있다. 이는, 문화 연구의 '진수'는 따로 있는데 여기서 벗어난 연구들이 넘쳐난다는 의미가 결코 아니다. 문화 연구 전체를 대변하는 어떤 정신을 찾는 것보다 더 중요한 문제는 문화 연구 내부의 차이를 살려내는 일이기 때문이다.

패션이든 이론이든, 유행으로 인식되는 것들은 그것을 좇는 이들의 개성을 망각하게 만든다. 그것은 유행하는 패션이나 최신의 이론 자체에도 매우 불리하게 작용한다. 옷차림과 생각이 모두 비슷해진다면 그것은 더 이상 유행도 코드도 아니게 되기 때문이다.

조금 다른 관점에서 생각해볼 수도 있다. 적어도 문학의 영역에서 문화 연구는 유행하는 최신 이론으로는 인식될지 몰라도 권위 있는 정통 방법론으로 평가되지는 않는다. 그런 점에서 (적어도 문학의 영역에서) 문화 연구는 여전히 중심이기보다는 주변이고 타자이다. 그리고 어느 사회에서나 타자 내부의 차이는 잘 인식되지 않는다.

예컨대 남성 중심주의 사회에서 여성 개개인은 '여성'으로 환원되어 모든 여성은 다 같다고 간주되며, "한 여성의 실수나 무능력은 언제나 전체 여성을 욕 먹이는 일"(정희진, 『페미니즘의 도전』)이 된다.

문화 연구의 주체들이 그 분야 안에서 저마다의 관점과 흥미를 살려 내적 다양성을 확보하는 일은 문화 연구를 정통이나 권위로 등극시키는 수단이 아닌 주변과 중심, 정통과 이단 등에 얽힌 이분법적 사고방식에서 벗어나 새로운 활로를 개척하는 일과 관련되어야 할 것이다.

어떤 문제에 대해 권위자—스튜어트 홀이 극구 거부한 타이틀이다.—가 내놓는 대안은 오히려 그러한 문제를 발생시킨 원인과 구분되지 않는 경우가 많다. 그리고 만일 지금 우리의 문화 연구가 어떤 의미에서든 위기를 맞고 있다면, 그에 대한 대안은 아직까지는 비교적 덜 '권위적인' 문화 연구 자체의 이론적 역량과 실천을 통해 모색되어야 할 것이다.

2006년 4월
손유경

차 례

- 옮긴이의 글 _ 세 개의 눈으로 들여다본 스튜어트 홀

왜 홀인가?

문화란 투쟁의 장소이다!	23
자메이카 출신 영국인이라는 주변적 위치	26
쓰고, 말하고, 가르치고	31
홀이 공동작업을 하는 이유	33
홀이 거부하는 세 가지, 본질·정통·귀결	34

01_'대중' 해체하기

'대중'과 '문화'의 끔찍한 결합	39
소비사회의 도래와 신좌파	42
홀의 마르크스 비판	46
대중문화로 사회주의 다시 쓰기	49
고급-저급의 이분법을 넘어	51
좋은 대중문화, 나쁜 대중문화	54
홀이 취한 그람시의 '헤게모니'	62
대중문화에 사회주의적 악센트 부여하기	67
'대중'은 만들어진다	73

02_문화 연구의 계보

문화 연구의 제도적 기원, 현대문화연구센터   79
호가트 · 윌리엄스 · 톰슨, "문화는 평범한 것"   81
문화주의에서 구조주의로   85
기호학으로 마르크스를 다시 보다   89
알튀세의 영향, 이데올로기의 재발견   93
기호를 둘러싼 투쟁   96
그람시로 구조주의와 문화주의 절합하기   99
문화 연구 안의 '이론적 소음들'   102
개입 · 행동 · 실천으로서의 이론   107

03_ 미디어와 이데올로기

매스미디어의 메시지는 투명한가?   115
왜곡은 메시지의 담론 체계 안에   117
발신자=생산자, 수신자=소비자 회로   118
테러리즘 · 참사 · 비극, 기호화된 9/11   123
시청자가 '생산자'가 되는 까닭   127
이데올로기 투쟁 가능성 보여주는 '선호된 의미들'   130
기호 해독의 세 가지 입장   134
미디어는 이데올로기 투쟁의 장   137

04_인종주의와 강도 사건의 정치학

핸즈워스 청소년들이 더 엄중한 처벌을 받은 이유   143
영국을 휘감은 도덕적 공황   146
'강도'라 이름 붙이기   148
욕망과 혐오, 인종주의의 이중성   152
영국 안에서 자라난 '바깥의 역사'   154
포웰주의의 출현   156
강도 사건의 이데올로기적 함의   160
풍요·합의·중산계급화, 전후 영국의 세 가지 신화   162
국가 헤게모니의 붕괴와 강압통치   164
펑크족은 어떻게 계급 차별을 타개하는가?   167
제의적 저항, 실패할 수밖에 없는 상징적 투쟁   173
강도 사건은 해답이 아니다!   174

05_우파에게 '새로운 시대'를 되찾으라

대처의 연이은 승리가 던진 충격   183
대처의 이데올로기 프로젝트, 포클랜드전쟁   187
'새로운 시대', 좌파는 무엇을 할 것인가?   192
포디즘과 대량소비 문화의 등장   195
전지구적 자본주의의 속박, 포스트포디즘   197

포스트모더니즘, "세계가 자신을 미국적으로 꿈꾸는 방식"	200
민족주의·국가주의 부추기는 세계화	205
새로운 '주체'는 어떻게 형성되는가?	207
토니 블레어는 인간화된 극우파의 새로운 버전	210

06_ 정체성의 정치학

차이 억압하는 정체성 정치	217
'정체성의 정치학'의 핵심 개념	220
"차이는 차이를 만들 수 있어야 한다!"	222
'흑인' 정체성은 어떻게 구성됐는가	225
"선량한 흑인" 주체라는 환상	232
정체성의 정치학의 새로운 시도	237
디아스포라 미학	243
포스트식민주의의 정치적 가능성	245
피할 수 없는 문화적 전환 과정, '다문화주의'	250

홀 이후

"학문 세대에게 영감을 주는"　　　　　　　　　255
홀과 문화 연구에 쏟아진 비판들　　　　　　　256
제도화된 문화 연구를 부식시키라!　　　　　　259

홀의 모든 것

홀이 쓴 책　　　　　　　　　　　　　　　　　265
홀에 대한 연구　　　　　　　　　　　　　　　278
현대문화센터와 영국의 문화 연구에 관한 자료　281

- 참고문헌　284
- 찾아보기　290

왜 홀인가?

■ 일러두기

• 홀의 저서들은 다음과 같이 약어로 표기했다. 자세한 서지사항은 책 뒤쪽 〈홀의 모든 것〉 참조.

ASC	'Asense of classlessness'(1958)
CID	'Cultural identity and diaspora'(1990)
CMIE	'Culture, the media and the "ideological effect"'(1977)
CML	*Culture, Media, Language*(1980)
CP	'Culture and power : interview with Stuart Hall'(1977)
CS2P	'Cultural Studies : two paradigms'(1981)
CSAC	'Cultural Studies and the centre : some Problematics and problems'(1980)
CSTL	'Cultural Studies and its theoretical legacies'(1992)
DNP	'The determination of news Photographs'(1972)
E/D	'Encoding/decoding'(1980)
E/D73	'Encoding and decoding in the mediaz discourse'(1973)
ESB	'The empire strikes back'(1988)
FAW	'For Allon White : metaphors of transformation'(1996)
FDI	'The formation of a diasporic intellectual : an interview with Stuart Hall by Kuan-Hsing Chen'(1996)
FNL	'The "first" New Left : Life and times'(1989)
GAS	'Gramsci and us'(1988)
GMN	'The greant moving nowhere show'(1998)
HRR	*The Hard Road to Renewal*(1988)
LG	'The local and the global'(1991)
MNT	'The meaning of New Times'(1989)
MS	'Minimal selves'(1987)
NDP	'Notes on deconstructing "the popular"'(1981)
NE	'New ethnicities'(1988)
NLR	*New Left Review*(1960)
NT	*New Times*(1989)
OAN	'Old and new identities, old and new ethnicities'(1991)
PA	'On Postmodernism and articualtion : an interview with Stuart Hall'(1996)
PCS	'Popular culture and the state'(1986)
PM	'Prophet at the margins'(2000)
PTC	*Policing the Crisis*(1978)
QOCI	'The question of cultural identity'(1992)
R	*Representation : Cultural Reprsentations and Signifying Practices*(1997)
RAR	'Racism and reaction'(1978)
RCC	'Race, Culture, and communications : looking backward and forward at cultural studies'(1992)
RED	'Reflections upon the encoding/decoding model : an interview with Stuart Hall'(1993)
ROI	'The rediscovery of "ideology" : return of the repressed in media studies'(1982)
RTR	*Resistance through Rituals : Youth Subcultures in Post-war Britain*(1976)
SIH	'Subjects in history : making diasporic identities'(1997)
TMQ	'The multicultural question'(2000)
TPA	*The Popular Arts*(1964)
TWI	'The Williams interviews'(1980)
WTB	'What is this "black" in black popular culture?'(1992)
WWP	'When was "the post-colonial"? Thinking at the limit'(1996)

원어 표기 인명이나 지명은 외래어 표기용례를 따랐다. 단, 널리 알려진 이름이나 표기가 굳어진 명칭은 그대로 사용했다. 본문에서 주요 인물(생몰연대)이나 도서, 영화 등의 원어명은 맨 처음 주요하게 언급될 때 병기했다.

출처 표시 주요 인용구 뒤에 괄호를 두어 저자 이름과 해당 도서의 출간 연도, 쪽수 순으로 출처를 표시했다. 상세한 서지사항은 책 뒤 〈참고문헌〉 참조

도서 제목 도서 제목은 원 제목을 번역 표기하는 것을 원칙으로 하고, 국내에 번역 출간된 도서는 그 제목을 따랐다.

옮긴이 주 옮긴이 주는 〔 〕로 표기했다.

Stuart Hall

문화란 투쟁의 장소이다!

스튜어트 홀이 전후(2차대전 이후) 사상에 남긴 가장 큰 공적은, "문화의 문제는 단연코 정치적인 문제이다."(SIH : 290)라는 사실을 증명했다는 데에 있다.

홀에게 문화는 단순한 이해나 연구의 대상이 아니다. 문화는 사회적 행위와 중재가 일어나는 중요한 장소이기도 한데, 그곳에서 권력 관계들은 안정적으로 확립되어 있으면서 동시에 잠재적으로 동요하고 있다. 그의 저작들이 문화에 대한 이론적 논쟁뿐만 아니라 사회 정책과 정치 개혁에까지도 영향을 미쳤다는 점에서, 홀은 매우 보기 드문 지식인이다.(Lewis 2000을 보라.)

홀의 많은 저작들 가운데에서도 특히 『위기 관리하기 *Policing the Crisis*』는, 전세계 문화 연구 분야의 주요 참고문헌 목록에서뿐 아니라, 1981년의 브릭스턴Brixton 폭동[런던의 흑인 밀집지역 브릭스턴에서 일어난 폭동. 백인 경찰이 흑인을 과잉 진압하는 과정에서 인종차별 문제가 대두되었지만, 점차 빈민가의 백인 젊은이들까지 합세하기 시작하면서 영국 전역의 가난과 계급 갈등 문제로 확산되었다.]에 관한 공식 조서 목록에서도 발견된다.(Scarman 1981을 보라.)

그러나 홀은 스스로 자신은 혁명적 사상가가 아니라고 말해왔다. 예컨대 홀은, 지식인이 노동계급을 동원해 반란을 일으키고 주권을 탈취하도록 만든다는 사상을 납득하지 못한다. 이는 홀이 순수하고 진정한 단일공동체로서의 **하나의** '노동계급' 같은 것은 없다고 믿기 때문이다. 또한 홀은 문화적 불평등을 단번에 해결할 수 있는 즉효약이나, 미래의 어느 불특정 시점에 그 불평등을 영원히 바로잡을 수 있는 방법이 생겨날 거라고 믿지도 않는다. 문화란 둘 중 어느 한편도 결코 승리를 보장받을 수 없는 현재 진행 중인 투쟁의 장소라고 홀은 주장한다.

이런 의미에서 지식인으로서 홀의 공헌은 문화의 정치학을 폭로한 점뿐만 아니라, 문화가 결코 정치학으로 환원될 수 없다는 사실을 드러낸 데에서도 찾을 수 있다.

홀에게 문화 연구는, 주변적 혹은 종속적인 하위집단들이 지배집단에게서 어떻게 자신들의 문화적 공간을 지켜내고 쟁취해내는지를 고찰하기 위해, 주어진 매 순간 사회 안에 존재하는 권력 관계들을 들추어내는 일과 관계된다. 이는 잠재적 함정들이 도처에 도사리고 있는 극도로 복잡한 과정인데, 본문에서 우리는 홀이 어떻게 이러한 연구 방식을 이론화하고 실천해왔는지 상세히 검토할 것이다. 그러나 그의 사상들은 내적으로 일관된 일련의 개념들, 따라서 우리가 한 걸음씩 혹은 한 장씩 움직여 통과할 수 있는 그런 정적인 개념들이 아니라 항상 역사적으로 조건지어지는 것이기에 현재 진행 중이며 필연적으로 불완전한 과정의 한 부분으로 그려질 것이다.

예컨대 홀이 일탈과 하위문화 이론에 관심을 가진 것은, 그것이 훌륭한 사상인 듯 보였기 때문이 아니다. 그의 사상은 전후 역사의 어떤 특정 순간(예컨대 1970년대 초 영국을 휩쓸었던 강도에 대한 공포, 4장 참조)의 문화적·정치적 전개 양상에 대한 반응의 일부를 형성한다. 홀 자신의 표현에 의하면 "나는 자본주의 그 자체에는 관심이 없다. 나는 자본주의가 1960년대에는 왜 그와 같았고 1990년대에는 또 왜 그러했는지에 흥미를 느낀다."(CP : 28)

홀에게 문화란 그저 우리가 묘사할 수 있는 어떤 것, 혹은 거대한 지배적 이론을 갖다 붙일 수 있는 정적 대상이 아니라, 치열한 투쟁을 요구하는 하나의 과정인 것이다.

이러한 맥락에서 홀이 표현했듯 지식인의 역할은 상대적으로 별로 "대단치 않다." 1990년대 초반 에이즈AIDS 문제를 이야기하면서 홀은 바이러스라는 킬러 앞에 선 문화비평가들의 무력함을 지적하였다. "길거리에서 죽어가는 사람들의 긴박함 앞에서, 문화 연구의 목적은 도대체 무엇인가?"(CSTL : 284) "자신이 마약을 복용해야만 하는지, 또한 마약을 복용하면 이틀 후에 죽을지 몇 달 후에 죽을지" 알고 싶어하는 사람들에게 문화 연구는 과연 무엇을 제공하는가.(CSTL : 285)

동시에 홀은 에이즈가 정치적으로 중요한 문화적 문제를 제기한다고 강조하였다. 홀이 주장하듯 에이즈는,

> 누구는 재현되고 누구는 재현되지 않는지의 문제이다. …… (그것은) 성性정치학이 반격을 당하는 장소이다. 그곳에서 사람들은 죽어간다. 뿐만 아니라 어떤 은유들이 살아남지 않거나 혹은 잘못된 방식으로 살아남는다면 그곳에서는 욕망과 쾌락까지도 죽어버린다. 우리가 이 긴장 속에서 움직이지 않는다면 우리는 문화 연구가 무엇을 할 수 있고, 무엇을 할 수 없는지, 무엇은 결코 할 수 없는지 알 수 없을 것이다. 뿐만 아니라 문화 연구가 무엇

과 관계되며, 그것이 과연 어떤 일을 할 수 있는 특권적 역량을 가졌는지도 [모를 것이다.] (CSTL : 285)

홀이 시사하듯 에이즈는 단지 죽어가는 사람들의 엄연한 현실만이 아니라 재현의 문화정치학(예를 들어 남아시아와 아프리카에서 창궐한 에이즈를 둘러싼 침묵), 그리고 (동성애의 악마화와 동성애에 반대하는 법률을 통한) 특정한 형식의 욕망의 죽음과도 관련된다. 이러한 예는 지식인의 작업이 가진 한계와 사회적 타당성(유의미성)에 대한 홀의 인식, 그리고 더할 수 없이 중요한 문제로서 문화 연구에 대한 그의 헌신을 보여준다.

자메이카 출신 영국인이라는 주변적 위치
마르크스주의 문예비평가 테리 이글튼Terry Eagleton은 "만약 어떤 사람이 영국 좌파 지식인에 관한 소설을 쓰면서 당시의 다양한 경향과 국면들을 연결하기 위해 전형적인 허구의 인물을 그리려 한다면, 자기도 모르는 사이에 스튜어트 홀을 재창조하고 있음을 깨닫게 될 것"이라고 말했다.(Eagleton 1996 : 3)

1950년대에 홀은 신좌파New Left, 즉 전통적 좌파를 동요시키고 노동당에 대안적인 정치적 전망을 제시하고자 했던 운동가와 학생 그리고 지식인 그룹 내부에서 중추적 역할을 담당했다. 이어 1960년대와 1970년대에는 문화 연구라는 새로운 학문 분야의 주창자로 부상했고, 또한 1980년대에는 대처주의Thatcherism(5장 참조)와 인종, 그리고 인종주의에 관한 논쟁에서 가장 호소력 있고 설득력 있는 유명 지식인 중 한 사람이었다. 또한 1990년대 이후에 나온 정체성·디아스포라diaspora(이산離散) 그리고 민족성 등에 관한 영향력 있는 저작들은, 홀의 작업에 대한 학계 내부의 재평가를 이끌어냈으며, "현재 문화 연구계의 가장 탁월한 인물. 그런 명성을 누리는 사람은 아무도 없다."(Rojek, 2003 : 1)라는 영국 사회학자 크리스 로젝Chris Rojek의 찬사와 같은 국제적 명성을 안겨주었다.

그러나 막상 홀 자신은 자신의 경력이 문화 연구와 영국 좌파에 관한 담론 내부에서, 하나의 핵심적 기원이라는 의미를 갖는 데 의문을 제기해왔다.

> 나는 가끔씩 마치 활인화活人畫[분장한 사람이 그림의 일부인 듯 배경그림 앞에 서서 역사나 문학의 한 장면 혹은 명화 등을 모의적으로 나타낸 것]에서처럼 과거의 영靈이 스스로를 진짜 기원으로 자처하며 부활하는 것 같은 느낌을 받는다. 결국 문화 연구는 내가 레이먼드 윌리엄스Raymond Williams를 처음 만났던 그때 어디선가, 혹은 내가 리처드 호가트Richard Hoggart와 눈짓을 교환할 때 그 속에서 출현한 것이 아닌가?(두 사람은 문화 연구의 '창시자'이다.) 비로 그때, 문화 연구는 태어났다. 그것은 이미 다 자란 채로 출현했다. 나는 정말 과거를 이야기하길 원하지만, 결코 그런 방식으로는 아니다.(CSTL : 277)

이 같은 언급은 홀의 업적을 공부하는 사람들에게 특별한 문제를 제기한다. 즉, 홀을 권위자(대가)나 기원(원점)으로 재창조하지 않으면서 어떻게 홀에 관한 담론을 생산하고 그의 저작들에 관해 쓸 것이며, 또 어떻게 그의 중요성을 부각시킬 수 있을까—'왜 홀인가'—하는 문제들 말이다.

좀 이상하게 들릴지도 모르지만 위의 인용문을 염두에 둔다면, 이런 문제들을 해결하기 위한 최선의 방법은 바로 홀의 자서전 이용법에서 찾을 수 있다. 자아의 권위와 그 중추적 역할에 특권을 부여하는 일인칭 서사인 자서전은 여기서 매우 부적절하게 보일 수도 있다. 그러나 홀은 "역설적이게도 자전적으로 말함"으로써 "권위적이지 않을 수 있게 된다."라고 시사해왔다.(CSTL : 277) 1980년대와 1990년대에 홀은 그 자신이 (빈정거리는 어조로) '진정한 나'라고 칭했던 것을 드러내기 위해서가 아니라 탈중심화된 개념으로서의 정체성을 탐구하기 위해, 이론화의 한 전략으로 자서전을 반복하여 사용해왔다.(6장 참조) 실제 홀의 자서전은 그가 문화 연구의 '거대담론'이라 불렀던 것을 탈중심화할 수 있는 수단을 제공한다.

1932년 자메이카 킹스턴에서 태어난 홀은 그 자신의 표현대로 "상류층의 가정—영국식 빅토리안 가정을 꾸리고 싶어하는—이 되기를 꿈꾸었던 중하류 계층 가정'에서 자라났다."(MS : 45) 식민지적 상황 속에서 이처럼 계급적으로 자각한 홀은, 자신이 받은 가정교육이 매우 억압적이었다고 묘사한다. 다른 가족들보다 어두운 피부색을 갖고 있었고, 자메이카 독립운동을 지지하는 비교적 정치화된 학생이었던 홀과 (자신을 "실질적인 '영국인'으로 생각했던"(FDI : 485)) 어머니 사이의 불화가 심화되면서, 홀은 자신이 가족들에게 소외되었음을 느꼈다. 이러한 가족 간의 갈등은, 홀의 누이가 "중산층이지만 흑인이었

현대 문화 연구를 대표하는 지식인 스튜어트 홀

"만약 어떤 사람이 영국 좌파 지식인에 관한 소설을 쓰면서 당시의 다양한 경향과 국면들을 연결하기 위해 전형적인 허구의 인물을 그리려 한다면, 자기도 모르는 사이에 스튜어트 홀을 재창조하고 있음을 깨닫게 될 것이다." 테리 이글튼의 말처럼, 자메이카 출신 영국인인 스튜어트 홀은 1950~1990년대 좌파 및 문화 연구 담론의 '핵심' 역할을 했다. 문제는, 홀을 권위자나 기원으로 재창조하지 않으면서 어떻게 홀이 만들어낸 담론을 생산하고 쓰는가이다.

던"(PM : 8) 의대생과 결혼하려다 부모의 반대에 부딪혀 신경쇠약으로 고통받게 되면서 한층 깊어진다.

몹시 집을 떠나고 싶어했던 홀은 1951년 로즈 장학생으로 옥스퍼드 대학교로 오게 됐고, 그때 이후 지금까지 계속 영국에 적을 두고 있다. 그가 빈번히 자메이카에서 보낸 유년기 체험을 생생하게 묘사했다는 사실은, 그때의 경험이 이후 그의 사상—특히 계급, 인종, 정체성의 정치학에 대한 몰두—을 형성하는 데 중요한 영향을 미쳤음을 암시한다.

홀의 초기 삶을 염두에 둔다면, 그의 문화 연구를 조금 다른 관점에서 바라볼 수 있다. 만약 홀이 영국의 문화 연구 분야 성립에 중추적 역할을 맡았다고 할 수 있다면, 이는 부분적으로 영국과 영국적인 것 Englishness〔영국다움〕에 대한 주류적 관념과 그가 맺고 있는 탈중심적이며 애매한 관계가 그에게 어떤 통찰력을 제공했기 때문이다. 식민지에서 〔식민 본국으로〕 이주해온 그의 배경은, 전후 쇠퇴해가는 영국의 제국주의적 중심에 비스듬한 입장을 취하게 했다.(Schwarz 1989, 1994, 그리고 2000을 보라.) 언젠가 홀은 미국으로 이주하지 않겠다는 의사를 밝히면서 이렇게 말했다. "나는 중심(America)보다는 주변(England)에서 세계를 바라보고 싶다."(PM : 8). 바로 이런 초창기의 주변적 관점이 그로 하여금 당연한 것으로 간주되어온 영국의 문화적 삶을—그 이면에 도사리고 있는 민족성과 이민의 문제를 폭로하면서—의문에 부치게끔 했다.

이런 맥락에서 본다면 사상가로서 홀의 중요성은, 그의 권위적 혹은 기원적 지위가 아니라, 순수한 중심적 기원이라는 개념을 의문시하는 그의 방법과 밀접히 관련된다. 그의 연구가 갖는 특징 중 하나는 영국문화의 형성, 좀 더 일반적으로는 문화의 형성 자체에 대한 본질주의적 관념(문화에는 본질이 있다는 믿음)을 거부하는 데 있다. 이러한 경향은 이 책에서 논의할 홀의 주장들에서도 드러난다. "지배문화에 전혀 감염되지 않은 진정한 대중문화는 존재하지 않는다."(1장 참조) "어떤 청소년문화도 부모 세대의 문화에서 자유롭지 않다."(3장 참조) "해외 역사가 없는 영국문화는 없다."(4, 5장 참조) "타자의 정체성에서 전혀 영향을 받지 않은 자기충족적 정체성이란 존재하지 않는다."(6장 참조)

쓰고, 말하고, 가르치고

옥스퍼드 대학원에서 미국의 고전적 소설가 헨리 제임스Henry James에 관한 박사논문을 준비하던 홀은, 자신이 '순수한' 문학 용어들에 시간을 낭비하기 시작하면서 더 이상 정치적 질문들을 제기할 수 없게 되었다고 느끼자 1956년 마침내 박사학위를 포기하였다.(FDI : 498) 그리고 의미심장하게도 이 해부터 홀은, 문화에서는 좀 더 정치화된 관념을, 정치학에서는 좀 더 문화적 관념을 주장하는 신좌파와 인연을 맺기 시작했다.

《뉴 레프트 리뷰New Left Review》지의 편집장으로 활동하던 시기(1장 참조), 홀은 브릭스턴과 그 외 런던 남부 지방에서 중등학교 임시교원 노릇을 하면서 재정 문제를 해결하였다. 이때부터 40년에 걸친 교육자로서의 경력이 시작되는데, 많은 이들은 이를 전후 문화정치학

에 남긴 홀의 핵심 공적 중 하나로 꼽는다.(Giroux 2000을 보라)

1964년에서 1997년 사이 대학 교육에 몸담고 있는 동안에도 역시 홀은 저명한 대중적 지식인으로 남아 있었다. 다른 비판적 사상가들의 저서가 학문적 엘리트들 사이에서만 읽히는 것과 달리, 홀의 업적은 훨씬 더 많은 청중들에게 호소력 있게 다가갔으며, 그의 사상은 대학 출판사와 같은 인쇄 매체뿐만 아니라 비디오·텔레비전·라디오 등으로 전파되었다. 미국의 문화이론가 로렌스 그로스버그 Lawrence Grossberg가 이야기했듯, 홀의 "저자로서의 권위authority는 그 자신이 직접 쓴 텍스트 저 너머로 확장된다. 그는 저자이자 교사이면서 또한 활동가이다."(Grossberg 1986 : 152)

홀이 오랫동안 대학에 몸담고 있으면서, 전통적인 학술 단체[제도권 학문] 바깥에서도 지속적인 활동을 펼쳤다는 데 주목해야 한다. 대학으로 옮기기 전, 홀은 첼시에서 일반인에게 영화와 미디어를 가르치는 강사로 일했는데, 이는 당시(1960년대 초기) 영국에서는 매우 특이한 직업이었다. 이후 버밍엄에 있는 현대문화연구센터(CCCS : Centre for Contemporary Cultural Studies)로 자리를 옮긴 후, 홀은 1968년부터 1979년까지 그곳에서 연구소장을 지냈다.(2장 참조) 홀이 버밍엄 연구 센터에서 벌인 가장 특징적인 활동은 공동연구 방법을 탄생시킨 것인데, 이를 통해 다양한 생각과 연구과제들이 지식인 개개인에게 소유되는 것이 아니라 교원과 학생들의 공동연구로 전개될 수 있었다.

이후 1979년 영국의 개방대학Open University 사회학과 교수가 된 홀은, 은퇴하는 1997년까지 그곳에 머무른다. 개방대학은 홀에게 또 하나의 비정통적인 제도적 환경이 되었다. 1969년에 설립, 방송 미디어를 통해 영국 전역에 흩어져 있는 학생 공동체를 가르쳤던 개방대학은, 은둔화한 전통적 대학 건물의 경계를 과감히 포기했다. 공식적인 학업 성적을 근거로 지원자들을 차별하지 않았다는 점에서도 '열린' 대학이었다. 어떤 논평가가 지적했듯,

개방대학은 장벽을 두지 않는다. 어떤 경계도 중요하게 생각하지 않는다. 그것은 영국의 교육제도로 부적절하게 양산된 모든 것들, 그러니까 집에 틀어박혀 있는 대기만성형 인간, 그리고 제도적으로 학문적 추구를 억압당해 온 엄청나게 많은 여성들에게로 뻗어나가려고 한다.(Miller 1994 : 421)

개방대학으로 가게 된 동기 중 하나로, 홀은 "일반인, 여성, 그리고 흑인 학생과 비학문적인 환경 속에서 이야기를 나눌 수 있는, 좀 더 개방적이고 간학제적이며, 덜 인습적인 환경"이 주는 매력을 강조했다. "그것은 나의 어떤 정치적 열망을 충족시켰다."(FDI : 501)
현대문화연구센터와 개방대학은 서로 다른 방식으로, 홀이 대학 교육의 특권적이며 엘리트적인 면과 절연하고 세미나 교실 바깥의 좀 더 광범위한 사회 구조와 연결될 수 있게 했다.

홀이 공동작업을 하는 이유
현대문화연구센터와 개방대학에서 홀은 주로 다른 사람들과 공동 연구과제를 수행해왔다. 자신의 저작에서도 홀은 전통적인 학문 연구에서 중심을 차지하는 권위적인 '나' 대신 집합 대명사인 '우리/우리의'

를 즐겨 택한다. 이 책의 각 장도 홀의 '핵심 개념'을 중심으로 짜여져 있긴 하지만, 이 개념들이 공동 연구로 생산되었다는 맥락을 잊는다면, 그 작업의 생산과 실천을 가능하게 한 정신 자체를 놓치게 될 것이다.(2장 참조)

홀의 많은 개념과 저서들은 여러 사람들과의 공동 작업으로 탄생했고, 공동 작업이었기에 가능했다. 예컨대 『대중예술The Popular Arts』은 패디 화넬Paddy Whannel과 함께 썼고, 『제의를 통한 저항Resistance through Rituals』은 토니 제퍼슨Tony Jefferson이 편집했으며, 『위기 관리하기』는 채스 크리처Chas Critcher · 토니 제퍼슨 · 존 클라크John Clarke · 브라이언 로버츠Brian Roberts와 같이 썼다. 따라서 이 책의 내용 또한 개인 저자로서 '스튜어트 홀'의 연구만큼이나 '홀 등'이 내놓은 연구 성과와도 깊이 관련될 것이다. 이는 홀을 문화 연구의 권위적인 기원으로 간주하는 게 얼마나 위험한지를 강조하는 것이기도 하다.

홀이 주인공 역할을 거부하는 것은, 그가 출판 형식에서 영구적 단행본보다 잠정적 논문을 고집스럽게 선호하는 데에서도 뚜렷이 나타난다. 즉, 홀은 단일 저자의 저서가 갖는 자율성과 명성보다는 집단 작업의 상대적 익명성을 좋아한다. 지금까지도 홀이 선집을 내지 않은 것은 우연이 아닐 것이다. 그러한 텍스트들이 홀의 사상에 거짓된 통일성이나 일관성을 강요할지도 모르기 때문이다.

홀이 거부하는 세 가지, 본질 · 정통 · 귀결

홀이 논문과 잡지 기사, 학회 논문 형식을 좋아하는 이유는, 틀림없이 이론화 작업에서 그가 선택한 전략적 특질일 것이다. 이러한 형식은 홀이 자신의 사상을 지속적으로 수정하고 갱신하고 다듬고 그것에 반응하게 할 뿐 아니라, 단행본 분량의 연구 작업(저술과 출판에 훨씬 더 오랜 시간이 걸리는)으로는 해낼 수 없는 일, 즉 중요한 현안 및 사건들에 그때그때 개입하는 것을 가능하게 한다. 여기저기 산재해 있는 홀의 논문들을 집합적으로 읽는 작업은, 하나의 완전한 혹은 종결된 입장으로 귀결되는 것이 아니라, 모순과 불일치 그리고 유턴으로 가득 찬 일일 것이다. 이는 결점이 아니라, 오히려 끊임없이 동요하면서 변화하는 현대 문화의 상황과 대결하는 과정에서 가장 본질적인 부분이라고 할 수 있다.

그러나 이러한 역동성은 홀을 처음 접하는 사람들에게 그 자체로 일련의 문제를 제기한다. 핵심적 입장의 지속적 변화와 더불어 여러 잡지에 광범위하게 펼쳐져 있는 홀의 사상들은, 그것을 놓치지 않고 따라가고자하는 독자들에게 버거운 짐이 아닐 수 없다.

이 책의 역할 중 하나는, 다양한 삶의 국면마다 보였던 홀의 주요 개념들을 다시 세워보는 것이다.(바라건대 통일은 아니었으면 한다.) 즉 그 사상들의 전개를 추적하고, 특정 연구 성과들을 그것들이 생산된 광범위한 지적·사회적·역사적 맥락 안에 위치시키는 데 도움을 주고자 한다. 이미 종결된 견해가 아닌 현재 진행되고 있는 연구 과제를 보여주기 위해, 각 장에서 '대중적인 것'이나 '인종' 같은 핵심 개념들에 대한 홀의 사상적 변화를 연대기순으로 서술할 것이다. 이런 의미에서 이 책에는 모순된, 그리고 분명 화해하기 힘든 두 가지 목적이 있다.

우선 이 책은 지난 50년간의 홀의 사상에 접근하기 쉬운, 입문적인 개관을 제공하고자 한다. 이 위에 거짓 일관성이 덧씌워질 위험을 무릅쓰고 말이다. 다른 한편으로는, 통일되고 자기충족적인 하나의 원칙, 혹은 정치적 개입이 불가능한 일련의 형식적 이론으로서의 정통 현대 문화 연구에 의문을 제기하는 데 홀의 사상이 활용되었으면 한다.

홀의 경력에 관한 전기를 문화 연구의 출현과 관련시켜 고찰하는 것은, 과연 그 분야가 본질적으로 무엇인지 혹은 무엇이어야 하는지를 상기시키기 위함이 아니다. 반대로 이 작업은 문화 연구라는 분야를 몇몇 창시자들, 정해진 텍스트 혹은 핵심 개념들, 그리고 우리가 이 책의 마지막 장('홀 이후')에서 자세히 바라보게 될 하나의 논점으로, 즉 제도적으로 환원시킬 때 잠재적으로 무엇을 잃게 되는지를 나타내는 지표가 된다.

01

'대중' 해체하기

Stuart Hall

'대중'과 '문화'의 끔찍한 결합

지난 40년 동안 스튜어트 홀의 문화 연구 프로젝트는 대중문화를 진지한 학문의 영역, 그것도 '가장 인기 있는' 학문적 과제의 하나로 전환시키고, 무엇이 문화를 구성하는지에 관한 전통적인 정의를 무너뜨리는 방향으로 진행되었다. 대중을 배제하는 양상을 보인 대학 내부의 문화 연구와 달리, 홀의 문화 연구 프로젝트는 거의 전적으로 대중문화 연구에 집중되었다.

그러나 이러한 깔끔한 전도 자체에 열중하기 전에, 이를 대중에 대한 홀의 각별한 관심과 관련지어 생각해봐야 한다. 즉, 대중문화를 고급한 학문적 지위로 끌어올린 것이 아니라, '고급'문화와 '대중'문화의 구별 자체를 동요시키는 방식 말이다. 홀에게 대중문화는 하나의 중대한 주제였는데, 이는 이 문제가 '심오한' 지적 질문들을 제기해서가 아니다. 무엇보다 홀은 대중문화를 지배집단과 하위집단 간의 일상적 투쟁이 일어나는 장소라고 믿었다. 그는 "대중문화가 중요한 것은 바로 이 때문이다. 그게 아니라면, 솔직히 말해 나는 전혀 대중문화에 관심이 없을 것"(NDP : 239)이라고 말했다.

홀의 관점에서 볼 때 대중은 슈퍼마켓 선반에 놓인 코카콜라의 병뚜껑처럼 우리가 자신 있게 가리킬 수 있는 '어떤 것'이 아니다. 그것은 문화적 힘들과의 관련성을 전제해야만 이해되며, 또한 항상 그러한 문화적 힘들 내부에서 파악된다.

대중이라는 개념을 명확히 정의 내리는 것이 지극히 힘든 이유가 여기에 있다. 이런 맥락에서 홀이 지적했듯 '대중'이라는 용어는 '문화'라는 용어만큼이나 많은 문제들을 일으키는데, 이 둘이 결합되면 "어려움은 거의 끔찍한 수준이 된다."(NDP ; 227) 이 두 용어는 다음의 예와 같이 상호 모순적이며 서로 가까워지기 힘든 개념으로 여겨진다. '우리가 문화를 발견할 수 있는 곳들은 예술 전시장이나 박물관 혹은 대학 등이다.' '대중은 시장이나 텔레비전, 술집 같은 데서 발견된다.' '연속극은 대중문화에 속하고 오페라는 문화에 해당된다.'

문화 웨일스의 문학비평가 레이먼드 윌리엄스(2장 참조)는, 문화는 "가장 복잡한 영어 단어들 중 하나"(Williams 1977 : 76)라고 말했다. 윌리엄스는 문화라는 단어가 (농업agri-culture이라는 단어 안에 culture가 포함된 데에서 알 수 있듯) 원래 곡식이나 가축의 경작 및 사육을 의미했지만, 19세기 후반 이후에는 주로 문학·발레·회화·연극 같은 예술을 지칭해왔다는 점에 주목했다. 이러한 차이에도 불구하고 두 가지 정의는 특정한 함의를 공유하고 있다. 즉, 경작/사육은 향상·길들이기·교화하기와 관련되는데, 이는 종종 예술과 연관된 특질들로 간주되기도 한다. 우리가 책을 읽는 것은 단지 즐거움만을 위해서가 아니라, 책이 우리를 '향상시키기' 때문이다. 물론 책에 따라 다른 것 아니냐고 주장할 수도 있다. 스티븐 킹Stephen King〔미국 공포소설 작가. 전세계에서 1억 권 이상의 책이 팔린 초베스트셀러 작가이다.〕은 우리에게 즐거움을 주지만 제인 오스틴Jane Austen처럼 우리를 '교화'시키지는 않는다. 이 관점에 따르면, 문화란 오래된 모든 것을 뜻하는 것이 아니라, 대중문화에 반대되는 것으로서의 '고급'문화를 약식으로 표현한 것이다. 이것이 바로 그러나 이 같은 구별 짓기는 대중을 고급문화의 반대항에 위치시키는 관습적 개념 정의를 따른 것이다. 홀에 따르면, "관습적 배치를 위해 여전히 사용되고 있는 단순한 이항 대립, 곧 고급과 저급, 저항과 협력, 진정한 것과 이단적인 것, 실험적인 것과 공식적인 것, 대립과 동질화 등으로는 결코 대중을 설명할 수 없다."(WTB : 470)

그렇다면 홀이 이러한 관습적 대립을 어떻게 동요시키는지 이해하기 위해, 어떻게 대중이 그의 사유에서 핵심을 차지하게 되었는지 확인해보자. 옥스퍼드 대학 박사과정 시절 홀의 연구 주제는 미국의 고전 작가 헨리 제임스에 관한 것이었다. 초기 홀이 택한 학교와 연구 주제는, 곧 이어지게 될 연구의 생생한 자료이자 훗날 그에게 명성을 가져다준 대중적 형식들, 예컨대 텔레비전·타블로이드 잡지·영화·사진·청소

19세기와 20세기 초 영국에서 '문화와 문명'의 전통과 관련해 매슈 아널드Matthew Arnold, T. S. 엘리엇Eliot, F. R. 리비스Leavis와 Q. D. 리비스Leavis 부부 등 영향력 있는 보수주의적 예술가와 비평가들이 문화를 이해했던 방식이다. 이 비평가들은 대체로 산업 사회와 대량생산 수단의 출현과 관련 있는 대중문화 형식으로부터 문화를 보호해야 한다고 주장했다. '문화와 문명'에 대한 전통적 견해는, 문화를 "이제까지 생각되고 말해진 것들 중 최고"에 해당하는 것으로 여기고 ― 이는 매슈 아널드의 표현이다. ― 대중문화는 '아니기'외 연결시켰다. Q. D. 리비스 같은 비평가들은 대중문화에 관해 글을 쓰기도 했지만, 그것은 대중문화 때문에 '유기체적 공동체'라는 향수 어린 표현을 통해 환기되는 산업주의 이전의 전통이 타락했다는 사실을 비난하기 위해서였다. 홀이 주목했듯 "꽤 오랫동안 지속된 고급문화 대 대중문화라는 구도는, 강력한 가치 평가를 수반하는(고급문화=좋은 문화, 대중문화=타락한 문화) 문화에 관한 논쟁을 틀 짓는 매우 고전적인 방식이었다."(R : 2)

년과 흑인의 하위문화 등과는 매우 거리가 멀었다. 그런데 어쩌다 홀은 대중문화처럼 일견 '가볍고' 또 피상적으로 보이는 것을 그렇듯 심각하게 받아들이기 시작했을까? 더 중요하게는, 왜 우리가 그 문제를 심각하게 생각해야 할까? 이 질문들에 대답하기 위해 《뉴 레프트 리뷰》에 실린 초기 글들('문화 연구 이전' 시기의 글)부터 첫 저서인 『대중예술』(1964)을 지나 '대중'에 대한 근본적 해체를 주장한 1980년대와 1990년대 초기까지, 대중문화에 대한 홀의 사유를 추적해보자.

소비사회의 도래와 신좌파

1950년대에 일어난 전후 영국문화의 변화는, 대중문화에 대한 스튜어트 홀의 초기 사상을 이해하는 데 중요한 맥락을 제공한다. 2차대전 이후의 기술 발전과 경제 부흥은 영화나 라디오, 그리고 인쇄문화 같은 대중적 형식들의 급속한 팽창과 발전을 가능케 했다. 국가의 부와 여가 시간이 늘어나고 대량생산으로 비용이 감소하자 사람들은 전쟁 이전이나 전쟁 중에는 상상하기 어려웠던 차원에서 텔레비전과 라디오·음악·통속 소설·잡지·영화를 접할 수 있게 되었다.

완전 고용과 급여 상승은 노동계급이 이러한 문화적·경제적 변화의 주된 '수혜자'가 되었음을 의미했다. 전후의 자본주의적 사회는 1차 생산자들을 핵심 소비자들로 변모시켜나갔다.

전후 영국의 새로운 소비 환경은 전통적 좌파에게는 하나의 타격이었다. 노동자들이 새로운 사회주의 사회 건설을 위해 일치단결하여 봉기할 것이라는 전통적 좌파들의 신념은 위협받았다. 1950년대에 보

신좌파 프랑스의 신좌파 운동인 '누벨 고슈nouvelle gauche' 운동에서 이름을 따온 영국의 신좌파는 1956년 옥스퍼드에서 처음 출현했다. 홀은 그 창립 멤버이다. 1956년은 소련 연방이 헝가리를 침공하고 영국이 수에즈를 침략한 중요한 해였다. 신좌파 운동은 이 두 가지 사건과 관련해 공산주의 및 식민 정치와 결정적으로 단절되었다는 의미에서 '새로운' 것이었다. 홀은 이 시기 자신의 정치학을 '반제국주의'(FNL : 15)로 요약하는데, 그는 신좌파를 형성한 사회주의자들에 대해 "우리들 중 영국인은 없었다[sic]"(TWI : 96, FNL : 19~20을 보라.)는 사실을 강조하였다. 신좌파는 언론인과 지식인들로 된 두 단체의 통합으로 형성되었다. 예전의 공산주의자들로 구성된 《리즈너The Reasoner》지 그룹과 홀이 공동 편집을 맡고 옥스퍼드 대학생들로 구성된 《유니버시티 앤 레프트 리뷰Universities and Left Review》 그룹이 그것이다. 이를 통해 새로운 격월간지 《뉴 레프트 리뷰》가 만들어졌으며, 홀은 1961년 이곳을 떠날 때까지 이 잡지의 편집을 맡았다. 신좌파는 전후 영국의 주요 지식인들을 대화의 장으로 이끌었는데 그들 중 다수가 훗날 문화 연구와 관련을 맺게 된다. E. P. 톰슨Thompson, 레이먼드 윌리엄스, 페리 앤더슨Perry Anderson, 그리고 라파엘 새뮤얼Ra-phael Samuel 등이 그들이다. 신좌파 내부에서도 쉽게 의견이 합의되지는 않았는데, 홀이 이곳을 떠나도록 재촉한 것도 《리즈너》지의 전 멤버였던 E. P. 톰슨과의 불화였다. 그럼에도 신좌파 운동의 구성원들은, 노동계급 문화를 돌이킬 수 없는 상태로 변모시킨 전후의 경제 변화—노동당과 전통적 좌파가 간과한 바로 그 사실—를 강조해야 한다는 데 동의하였다. 홀이 떠나고 페리 앤더슨이 편집을 맡게 되면서 《뉴 레프트 리뷰》는 좀 더 이론석·시적인 특색을 띠게 된다. 이 그룹은 중요한 번역 기회에도 착수했다. 고전적 마르크스주의 지식인들(안토니오 그람시, 루이 알튀세, 테오도어 아도르노, 게오르그 루카치)의 작업도 신좌파 책 시리즈를 통해 처음으로 접하기 쉽게 소개되었다. 신좌파의 발전은 현대문화연구센터CCCS의 선례를 따른 것이었고, 홀은 윌리엄스 및 톰슨과 함께 매우 중요한 1968년 '메이데이 선언May Day Manifesto'을 만드는 데 기여했지만, 그는 '첫' 신좌파라는 말을 사용함으로써 초기 신좌파 참여와 이후 활동을 구별하려고 했다.

수당이 전후의 번영을 기린다는 슬로건 아래 상승세를 탔던 반면, 노동당은 1950년대 있었던 세 번의 총선에서 모두 패하고 전통적 지지층과 점점 유리되었다. 좌파는 위기를 맞이했다.

1950~1960년대에 주로 《뉴 레프트 리뷰》지에 실린 정치, 문학, 교육에 관한 일련의 논문들에서 홀이 다룬 문제도 바로 이런 위기였다. 이 논문들에서 홀과 다른 기고자들은, 소비사회와 대중문화의 제반 형식 그리고 그와 연관된 삶의 양식을 단순히 거부하는 전통적 좌파들과 달리 그것을 진지하게 분석하는 연구 방향을 취했다.

첫 세대의 신좌파들은 정치적으로 적극적인 면모를 보이면서 '민중'의 지지를 이끌어내기 위해 노력했음에도(영국 각처에서 39개의 노동자 클럽Labour Clubs이 결성되었다.) 그 활동이 정치적 운동보다는 문화적 운동에 치우쳐져 있다는 이유로 종종 비난을 받았다. 이런 비판에도 근거가 없지는 않지만, 신좌파가 정치에서 문화로의 후퇴를 상징적으로 드러낸다는 주장은 어떤 의미에서 핵심을 비껴간 것이다. 신좌파의 주된 목적과 기여는, 대중문화가 그 자체로 정치적이며 전후 노동당의 지지도 하락이 전통적 좌파가 소위 '문화의 정치학'(즉 정치학으로서의 문화)을 심각하게 받아들이길 거부했기 때문이라는 사실을 밝히고자 했고, 또한 그것을 밝혀냈다는 점에 있다.

홀은 1950년대와 1960년대 초기에 문화 분석을 정치학의 중심에 놓고자 하는 세 가지 이유를 다음과 같이 설명했다.

첫째, 사회 변화가 가장 드라마틱한 방식으로 드러나는 곳은 바로 문화와 이데올로기의 영역이다. 둘째, 문화적 차원은 한 사회의 부차적 측면이 아닌

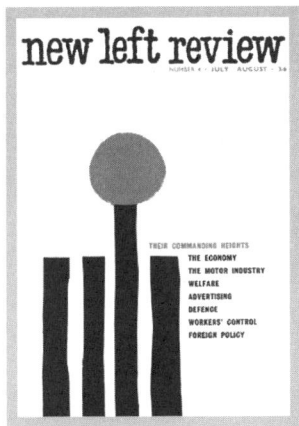 

1950~1960년대에 홀이 주요 논문들을 기고한 《뉴 레프트 리뷰》

홀의 초기 대중문화 사상을 이해하려면, 1950년대 전후 영국문화에 일어난 변화를 이해해야 한다. 1950년대 영국의 좌파 노동당은 세 차례의 총선에서 모두 패하고 위기를 맞이했다. 홀은 1956년 옥스퍼드에서 출발한 영국 신좌파의 창립 멤버로서, '전통적' 좌파들이 외면한 소비사회와 대중문화를 진지하게 분석하여 이른바 '문화적 정치학'의 기틀을 마련했다.

어떤 본질적 측면에 해당된다.(이는 토대와 상부구조라는 은유를 놓고 신좌파가 환원주의·경제주의 진영과 벌인 오랜 논쟁을 반영한다.) 셋째, 문화 담론은 사회주의를 새롭게 기술할 수 있는 모든 언어에 근본적으로 필요하다.(FNL : 25)

홀의 마르크스 비판

문화를 우선시하는 홀의 작업은, 문화를 경제적 조건의 부차적 반영으로 환원시킨 칼 마르크스Karl Marx(1818~1883)의 '토대-상부구조' 은유에 대한 비판 위에서 성립되었다.

「계급 없음의 감각A Sense of Classlessness」(1958)과 같은 신좌파적 논

이데올로기와 토대-상부구조의 은유 독일 철학자 칼 마르크스는 경제를 사회의 결정적 요소라고 주장했다. 『정치경제학 비판을 위하여A Contribution to the Critique of Political Economy』(1859) 서문에서 마르크스는 유명한 건축학적 비유인 '토대'와 '상부구조'라는 말을 사용하여 경제는 '진정한 토대이자 기초로서 그 위에 법적·정치적 상부구조가 세워진다.'고 강조했다. 경제적 기초, 또는 '토대'(예컨대 자본주의)는 '상부구조'(영화, 문학, 그리고 음악 등과 같은 문화적 산물이 여기에 포함된다.)를 결정한다.

문화적 산물은 '이데올로기적'인데, 왜냐하면 그것들은 경제적 토대의 가치, 곧 사회의 지배적 문화를 반영 또는 표현하기 때문이다. 그러나 특정 사회 안에서 공유된 신념이나 가치들을 이데올로기라고 이야기하는 것은 매우 불명확한 정의가 될 것이다. 예컨대 우리는 부시 정부와 관련된 사상, 정책 그리고 정치적 열망이라는 관점에서 미국의 조지 부시 행정부를 이야기할 수도 있다. 그러나 이러한 정의는 이데올로기를, 선거나 시위를 통해 우리가 자유롭게 받아들이거나 거부할 수 있는 어

문에서, 홀은 사회 안에서 문화가 담당하는 적극적이고 일차적이며 본질적 역할을 강조하기 위해, 문화를 수동적이고 부차적인 반영으로 간주하는 마르크스의 환원적 관념을 거부했다.

  전후의 경제 호황에 따라 노동계급 문화 안에서 나타난 변화들, 즉 상품에 대한 접근 가능성의 증대와 소비주의의 함의를 고찰한 이 논문에서, 홀은 일반적으로 이해되는 것과 달리 대중문화에 변동이 일어난다 해도 계급 차별은 사라지지 않는다는 것을 논증한다. '계급 없음'이란 관념은 새로운 소비문화가 가져온 이데올로기적 효과일 뿐이라는 것, 즉 상품에 대한 증대된 접근성과 이에 따른 소비문화로 인해 노동계급이 예전의 빈궁 상태에서 해방되었다고 느끼는 일종의 감각

떤 의식적 태도처럼 간주한다는 점에서 문제가 있다. 마르크스는 이데올로기가 '우리의 진정한 실존의 조건'을 은폐하고 있다는 점에서, '허위의식'에 가깝다고 보았다. 마르크스의 논리를 따른다면, 일반적인 할리우드 영화는 자본주의적인 경제 토대로 결정되는 이데올로기를 상부구조 차원에서 재생산하는 것이라고 말할 수도 있다. 영화 끝부분에 등장하는 사회적 긴장과 차별들의 상징적 해결은, 자본주의가 만들어놓은 실제적인 사회적 긴장과 불평등에 대한 우리의 주의를 돌려놓아 현상을 유지하게끔 만든다는 것이다.

그러나 문화와 이데올로기에 대한 이와 같은 정통 마르크스주의 해석은 많은 문제점을 안고 있다. 예컨대, 그렇다면 왜 수많은 성공적인 할리우드 영화가 일반에 널리 퍼진 경제적 조건에 대해 비판적인 양상을 띠고 있는지, 또 영화 관객들이 꼭 할리우드식 결말에 '속아' '허위의식' 상태에 놓여 있는 것만은 아니며, 적극적으로 그러한 결말에 비판적 자세를 취할 수 있다는 사실, 그리고 그들의 쾌락은 할리우드적 공식에 대한 인식 자체에서 기인한 것일 수도 있다는 사실 역시 설명하지 못한다.

에 불과하다는 것이다.

엄청난 양의 광고의 목적은, 노동자들을 소비라는 새로운 가능성에 익숙해지도록 만들고, 초창기 노동계급 의식의 일부였던 소비자-구매 형식에 대한 계급적 저항의식을 와해시키는 데 있다. 이는 광고의 세계에서 '구매 저항'으로 알려져 있다.('당신이 다음에 차를 산다면 그것이 모리스Morris인지 꼭 확인하십시오.')(ASC : 29)

무계급적인 '당신'에게 직접 호소함으로써 모리스 자동차 광고(그리고 모든 일반적 광고)는 그것을 읽는 사람들을 소비자로 '조건 짓고', 구성하며, 위치시킨다. 이러한 이데올로기적 '위치짓기Positioning'를, 후일 프랑스의 마르크스주의자 루이 알튀세Louis Althusser(1918~1990)(2장 참조)는 '호명'이라는 말로 표현했다. 실제로는 이데올로기가 우리를 대신하여 뭔가를 선택하고 있으면서, 그 이데올로기는 우리가 스스로 자유롭게 선택하는 것처럼 착각하게 만든다는 것이다.

소비사회의 일반적 특징 중 하나는, 우리에게 '모리스를 살까 혹은 다른 것을 살까?'라는 폭넓은 선택의 자유를 준다는 점일 것이다. 그러나 이 선택의 자유는 우리가 '소비자'라는 (이데올로기적) 입장을 우선 수락해야만 주어진다. 홀은 이러한 입장이 무해하거나 순수하지 않다고 주장한다. '당신'이라는 인칭대명사는 노동자를 노동계급에 속한 공동체의 일원이 아닌 자유롭게 선택하는 한 개인으로 만들어놓는다. 그러한 광고는 계급동맹의 가능성을, 따라서 결과적으로는 저항의 가능성을 서서히 부식시킨다.

광고와 같은 대중문화의 형식들이 단지 경제적 토대의 2차적 반영에 불과한 것이 아니라, '사회의 구성적 요소'임을 역설했다는 점에서 홀은 마르크스와 결정적으로 차별화된다. 「계급 없음의 감각」에 의하면 토대는 전적으로 '경제적' 요소로만 이루어진 것이 아니라, 그들 중 어떤 것에도 특권을 부여해서는 안 되는 여러 '구성적 요소'들(문화적, 사회적, 정치적 요소)로 되어 있다. 그리고 이 요소들이 모두 함께 상부구조를 결정한다. 이처럼 토대와 상부구조의 관계가 고정적이거나 일방적인 것이 아니기에, 홀은 둘 사이의 '자유로운 유희'를 요청한다. 상부구조는 토대를 결정하고 토대는 상부구조를 결정한다.

대중문화로 사회주의 다시 쓰기

요컨대 이른바 '속류' 마르크스주의자들은 경제가 문화적 산물을 결정한다고 주장하는 반면('경제결정론'), 다른 '신좌파' 지식인들과 함께 홀은 문화적 산물 역시 사회적·경제적 환경을 결정한다고 주장한다. 홀의 논리를 좇아가다 보면, 정치는 대중문화와 불가분의 관계에 있으며 대중문화는 정치적 논쟁에서 (부차적이라기보다는) 중추적 역할을 담당한다는 결론에 도달하게 된다.

문화적 산물은 전통적인 계급동맹을 약화시키고 결국 '계급 없음의 감각'을 낳는다는 점에서, 실질적으로 정치적·이데올로기적 효과를 발휘한다. 그런데 만일 대중문화가 고정된 것 혹은 경제적 토대로 미리 결정[보증]된 것이 아니라면, 그 의미와 기능은 문화적 개입을 통해 얼마든지 재결정 혹은 재배치될 수 있지 않을까? 홀이 대중문화를, 사회주의를 다시 쓰는 데 필요한 결정적 요소라 보는 이유도 여기에 있다. 대중문화가 꼭 자본주의만의 도구는 아니다. 사회주의 정치학에 대중문화가 재요청될지도 모른다. 홀이 《뉴 레프트 리뷰》 창간호 사설에서 역설했듯(1960),

> 우리가 이 잡지에서 영화나 10대문화를 논의하는 것은, 최신 유행에 맞춰 우리가 시대 흐름에 뒤떨어지지 않았다는 걸 보여주기 위해서가 아니다. 이 논의들은 자본주의 안에서 살아가야 하는 모든 사람들의 상상적 저항의 문제와 직결된다.―점차 증가하는 사회적 불만, 절박한 욕구들의 투사 …… 오늘날 사회주의의 임무는 대중이 있는 바로 그곳에서 그들을 만나고 그들의 불만을 드러내며, 사회주의 운동이 우리가 살고 있는 바로 이 시대에 대한 직접적 감각을 갖도록 만드는 것이다.(NLR : 1)

여기서 기술된 것처럼 대중문화는 그저 단순히 노동계급을 우롱하고 그들을 착취하는 데 쓰이는 자본주의의 도구가 아니다.(적어도 그래서는 안 될 것이다.) 그것은 잠재적 저항의 장소이기도 하다. 사회주의적 좌파는 전후의 새로운 대중적 형식들에 등을 돌리고 아무 일도 일어나지 않는 것처럼 행동해서는 안 되며, 대중문화가 현재 무엇을 의미하는지 그리고 그것이 미래에는 무엇을 의미할 수 있을지를 놓고 치열하게 고민해야 한다고 홀은 주장한다.

고급 – 저급의 이분법을 넘어

정치적 투쟁의 장소로서 대중문화에 대한 홀의 초기 인식은, 이후 그의 모든 사상들의 직·간접적 토대가 되었다. 그중 가장 눈에 띄는 점은, 1980년대와 1990년대 초 대처주의와 '독재적 포퓰리즘'에 관한 저술—현대 정치학과 관련된 그의 최근 저술—의 일부가 놀랍게도 이때〔1950~60년대〕이미 예견되었다는 사실일 것이다.(5장 참조) 그러나 대중문화에 대한 홀의 신좌파적 사유의 가장 직접적 결과는, 패디 화넬Paddy Whannel과 함께 쓴 『대중예술』(1964)이라는 책으로 일찌감치 구체화되었다.

지금은 좀 낡아 보일 수도 있지만, 어쨌든 블루스(빌리 홀리데이Billie Holiday), 서부극(〈백주의 결투High Noon〉, 〈역마차Stagecoach〉), 통속 소설(챈들러Raymond Chandler, 스필레인Mickey Spillane, 플레밍Ian Fleming), 신문과 잡지(《미러The Mirror》, 《픽처 포스트Picture Post》), 영국 주류 텔레비전(〈스텝토 부자Steptoe and Son〉, 〈몰래 카메라Candid Camera〉, 〈코로네이션 가Coronation Street〉), 그리고 광고(화장품과 속옷) 등을 다루고 있는 이 책은 대중문화에 관해 가장 다양한 내용을 담고 있으며 가장 오랫동안 읽힌 설명서 중 하나로 남아 있다. 게다가 대중문화를 저항적인 것으로 보는 독법에서 벗어나려는 시도의 일환이었다는 점에서 『대중예술』은 1980년대 대중이라는 용어를 해체하고자 했던 홀의 작업 방향을 미리 암시하고 있다.

신좌파가 대중문화를 진지하게 받아들이자는 지적 차원의 주장을 제기했다면, 『대중예술』은 살아 있는 대중문화를 교실 안으로 적극 끌어들이려는 좀 더 실용적 기획의 일환이었다. 이 책은 홀과 화넬이 중등학교 교사로 재직하던 1950년대와 1960년대 초의 경험을 토대로 한 일련의 대중문화 사례 연구를 중심으로 씌어졌다. 책 마지막에는 교실에서 이용할 수 있는 연습문제 시리즈가 실려 있는데, 이는 노동계급 청소년들이 자신의 문화적 준거들과 대면할 수 있도록 하려는 실천적 기획의 하나였다.

학생들이 자신들이 살고 있는 세계를 이해하도록 돕는 것도 교사의 임무이다. 미디어는 세계를 변화시키고 있으며, 이 변화에 대한 연구는 그 자체가 정규 교육의 일환이 될 만큼 중요하다.(TPA : 21)

이 텍스트 안에는 대중문화가 청소년들을 정치화할 수도 있다는 의미가 함축되어 있다. 이 책은 본래 의도대로, 신좌파가 "전쟁 이후 특히 두드러지게 나타난 '10대의 혁명'"(TPA : 19)이라 표현했던 전후 대중문화에 일어난 혁명을 사회적 논쟁점으로 제기하는 데 성공했다. 호주의 문화비평가 그레이미 터너Graeme Turner는 당시의 분위기를 다음과 같이 적절히 요약했다.

대중문화가 점점 더 깊이 침투하면서 교사들과 제자들 사이의 문화적·이데올로기적 간극은 더욱 커지고 있었다. 학생들의 문화적 발전은 그 자체로 하나의 중요한 논쟁점이 되었는데, 교육제도 상의 '교화적' 목적은 그곳을 지키려 하고, 대중문화의 부정한 향락은 계속 그곳을 습격했다.(1990 : 45)

『대중예술』의 첫 장은, 1960년 '신문, 라디오, 영화, 그리고 텔레비전의 오용에서 비롯된 수준 저하를 막기 위해 단호한 조처를 마련해야 한다'는 내용의 결의안을 통과시켰던 전국 교사연합회의NUT(National Union of Teachers conference)를 비난하는 것으로 시작한다. 그렇다고 『대중예술』이 단순히 이 결의를 정면으로 반박하는 데 머무른 것은 아니다. 잘 알려진 대로 이 책이 전후의 문화 관련 논의에 남긴 중요한 공적 중 하나는 고급 아니면 하위, 이것 아니면 저것 이라는 완고한 이분법을 넘어서기 위해 이론적 차원의 노력을 기울였다는 점이다.

이 책 안에서 '대중예술'이라는 표현은, 완전히 타락하지도 전적으로 권위적이지도 않은, 제3의 대안적 지위를 대중문화에 부여하고 있다. 홀과 화넬의 연구에서 가장 인상적인 부분은, 생색을 내거나 경멸적 시선을 담지 않은 채 그야말로 진지하게 대중문화를 바라보는 그들의 관점 자체이다.

이로써 『대중예술』은 '문화와 교양'이라는 전통과 연관된 대중문화를 바라보는 예전의 관점에서 벗어나, 당시 쉽게 접할 수 있는 일상적 문화 형식들에 대한 매우 통찰력 있고 예리한 분석을 내놓을 수 있었다. 대중문화를 그 자체로 바라봄으로써 고급문화를 대중문화의 성공과 실패를 재는 하나의 척도로 삼는 방식을 거부한 것이다. "영화는 그것만의 고유한 미덕을 지니고 있다. 그런데 만일 그 미덕이 취향의 위계질서 안에서 하나의 디딤돌로 여겨질 때에만 드러나는 것이라면 이는 의심스러울 수밖에 없다."(TPA : 37)

카일리 미노그Kylie Minogue〔호주 출신의 팝 여가수〕와 모차르트를 비교하는 게 전혀 무의미하다는 데 대해서도, 아마 홀과 화넬은 '서로 다른 종류의 음악은 서로 다른 만족을 주기 때문'이라고 주장할 것이다. 상이한 청중들의 서로 다른 쾌락을 강조하고 그것에 신뢰를 부여함으로써, 홀과 화넬은 현재 문화 연구 내부에서 이루어지고 있는 주요한 진전을 이미 예견하고 있다.

좋은 대중문화, 나쁜 대중문화

그러나 이 모든 급진주의적 경향에도 불구하고, 『대중예술』은 이 책 자체가 이론 차원에서 의문에 부치고자 했던 대중문화에 관한 전통적 전제들을 많은 부분 재생산하고 있다. 홀과 화넬은 모든 고급문화는 본질적으로 '좋고' 모든 대중문화는 본질적으로 '나쁘다'는 관념에는 동의하지 않지만, 그럼에도 불구하고 좋은 대중문화와 나쁜 대중문화의 차이를 판별하는 가치 평가는 중요하다고 주장한다. "좋고 가치 있는 것과 초라하고 타락한 것 사이의 투쟁은, 커뮤니케이션의 근대적 형식에 맞선 투쟁이 아니라 미디어 내부에서 벌어지는 갈등이다."(TPA : 15)

『대중예술』은 '대중예술'이라는 용어로 '미디어 내부의 가치와 평가의 문제들을 다루는 데 필요한 비판적 방법론을 발전시키는' 데에는 궁극적으로 실패했다.

홀과 화넬은 '대중예술'이라는 관념을 훨씬 더 관습적인 두 개의 대중문화적 범주, 즉 '민속예술folk art'과 '집단예술mass art'〔일반적으로 popular art와 mass art를 모두 '대중예술'로 번역하지만, 전자에 비해 후자는 저급한 하층집단의 문화라는 부정적 뉘앙스를 풍기는 용어로 사용된다. 이

글에서는 두 개념을 구분하기 위해 popular art를 대중예술로, mass art를 집단예술로 번역하였다.) 사이에 위치시킨다. 『대중예술』에 따르면 민속예술은 각 지역 민요와 춤·민속요·전통 수공예를 포함하며, 공동체적 본성, 지역민들과의 친밀성, 공동체와 그 예술 수행자 사이에 확립돼 있는 '직접적 관계'라는 특징이 있다.

홀과 화넬은 민속예술의 중요성을 인정하면서도 그것을 낭만화하는 방식은 거부하였다. 그들은 리비스주의Leavisism나 '문화와 교양의 전통과 관련된 노스탤지어 사상 및 유기체론organicism과 자신들의 주장을 구별하고자 했다.〔40쪽 '문화' 참조〕 '유기적 공동체로 돌아가려는 욕망은 그 삶〔유기적 공동체 삶〕의 지극히 비인간적 조건을 경험해보지 못한 사람들만이 심각하게 빠져들게 되는 문화적 노스탤지어이다.'(TPA : 53) 홀과 화넬은 민속예술이 산업혁명과 함께 영원히 사라져버린 것이 아니라, 고급문화에서 소외된 도시 노동계급 공동체 속에 아직도 존재한다고 보았다. 지방에 대한 고상한 환영vision 쪽으로 후퇴한 듯한 리비스Leavis와 달리, 홀과 화넬의 시선은 산업화한 도시의 노동 공동체에 맞춰져 있다.

『대중예술』에 의하면 역사적으로 대중예술은 민속예술에서 발전되어왔으며, 초기 전통에서 발견되는 예술가와 독자(혹은 청자) 사이의 강력한 '일체감'을 유지하고 있다. 대중예술이 민속예술과 변별되는 지점은, 민속예술가의 익명성과는 반대로 대중예술에서는 개별 행위자〔수행자〕의 존재를 강조한다는 사실에 있다.

홀과 화넬에 따르면, 찰리 채플린이야말로 〔민속예술에서〕 대중예술로의 변화를 상징하는 인물로서, 스크린 상의 그의 연기는 (민속예술과 대중예술 사이의 과도기적 형식이었던) 뮤직홀 전통에서 직접 발전되어 나온 것이다. 채플린이 의존하는 즉흥연기와 슬랩스틱은 민속적 전통을 계속 환기시키지만, 그의 개인적 스타일(옷, 걸음걸이, 표정)이나 [배우로부터] 뚝 떨어져 (영화관이나 거실에) 앉아 있는 관객의 모습은 전형적으로 대중예술의 특징이다.

채플린의 예가 보여주듯 대중예술은 미디어의 변화 속에서도 살아남았다. 그러나 홀과 화넬은, 전후 지배적 생산양식이 된 것은 다름아닌 '집단예술'이라고 주장한다. '집단예술'은 민속예술이나 대중예술에서 뻗어나온 것이 아니라 오히려 그것들이 '타락'해서 만들어진 것들이다.

대중예술은 그 근대적 형식 면에서 개인적 스타일을 통해서만 존재할 수 있는 반면, 집단예술에서는 어떠한 개인적 특질도 찾아볼 수 없다. 그 대신 매우 높은 수준의 의인화만이 존재한다. 채플린은 그의 모든 인격—이것은 그의 예술로 충분히 번역되었다.—으로 우리에게 결코 잊혀지지 않을 작품을 남겼다. 반대로, 집단예술은 하나의 작품을 매력 있게 하고 살아 있게 만드는 개성과 특이성의 모든 흔적을 깡그리 말살하며, 따라서 일종의 탈인격화된 양상을 보인다. 거기에는 어떤 스타일도 없다.(TPA : 68)

민속예술에서 대중예술로의 이동은 무명의 양식에서 개인적 스타일로의 변천을 의미하지만, 집단예술은 탈인격화한 비독창적 스타일로의 변화를 뜻한다. 홀과 화넬이 보기에, 스테레오타입과 공식에 의존하는 집단예술과 달리 대중예술은 양식화와 관습에 의존한다. 따라

홀과 패디 화넬이 『대중예술』에서 분석한 배우 찰리 채플린

채플린은 '대중예술'의 전형적인 사례로 제시됐다. 1950~60년대 중등학교 교사 경험을 토대로 집필한 이 책에서, 홀과 화넬은 대중문화의 고급/저급의 이분법을 극복하지만, 대중문화에는 '좋은' 대중문화와 '나쁜' 대중문화가 있다는 전통적 전제를 재생산한다. 이 책에서 찰리 채플린은 민속예술에서 대중예술로의 변화를 상징하는, 즉 '좋은' 대중문화의 대표자로 제시된다.

서 이들은 재즈에서 마일즈 데이비스Miles Davis 같은 연주자가 보이는 '즉흥성과 자발성'을 리버레이스Liberace[미국의 전설적인 팝 피아니스트]의 끝없는 반복(TPA : 73)과 구별하며, 영화에서는 〈80일간의 세계일주Around the World in 80 Days〉 같은 장황한 할리우드 블록버스터와 세련된 형식의 유럽 영화가 결코 같지 않다고 말한다.

사실 이 예들은, 대중문화 형식의 정당성을 인정하고자 하는 저자들의 시도와 모순되는 듯 보이는 엘리트주의적 경향을 드러내고 있다. 새로운 미디어가 '견고한 문화적 위계'에 도전하고 그 위계들의 간극을 메울 수 있는 잠재력을 갖고 있다고 주장하는 단락 안에서, 새로운 종류의 위계질서를 세우고 있는 것이다. "가장 우수한 재즈와 마찬가지로, 가장 훌륭한 영화는 고급예술을 향해 나아간다. [그러나] 보통 영화나 팝 음악은 집단예술로 변해간다."(TPA : 78) 대중문화 형식이 결코 '취향의 위계 속에 존재하는 디딤돌' 쯤으로 간주되어서는 안 된다는 홀과 화넬의 초기 논점이 여기서는 잊혀진 듯하다.

『대중예술』이 대중문화를 분석하는 데 세 개의 주요 범주(민속예술, 대중예술, 집단예술)를 어떻게 활용했는지 이해하기 위해, 하나의 예를 살펴보도록 하자. 이 책의 8장에서 홀과 화넬은 《피플The People》지나 《미러》지와 같은 영국 타블로이드 신문 1면에 실린 미인 사진과, 초창기 필름스틸로 된 폰 스턴버그von Sternberg 감독의 영화 〈푸른 천사The Blue Angel〉(1930)의 한 프레임을 비교하며 '환상과 로망스'의 문제를 다룬다. 홀과 화넬은 먼저 타블로이드 모델 이야기를 꺼낸다.

이 사진 속 미인은 건강미 넘치는 가슴 풍만한 여성이다. 그러나 그녀는 매우 고정적인 사진용 미소를 띠고 독자들 앞에 자신을 드러내놓고 있다. 좀 싱거운 방식으로 말이다. 그녀는 전혀 관능적이지 않지만 항상 '섹시하게 행동'하려고 노력한다. 그녀 자체가 일종의 과시다. 우리의 경험 속에서 그녀는 우리와 아무런 관련이 없다. 실제 삶 속에서는 꽤 다르게 보일 것이다. 사진 속에서 그녀는 '가공처리' 되어 정형화된 꿈에 그대로 맞춰져 있다. 그녀 뒤에는 조작된 해변 장면이나 스튜디오 골동품들밖에 없기 때문에 그녀는 아무것도 암시하거나 호소하지 않는다.(TPA : 196~7)

홀과 화넬에게 이 미인 사진은 가공적이며 공식화된 집단예술의 특성을 보여주는 좋은 예가 된다. 그런 이미지들 속에는 '행위자'와 '관객' 사이에 어떤 친밀성도 존재하지 않는다. "인공적 불빛은 그녀의 눈에서 모든 메시지를 지워버렸다."(TPA : 197) 그녀는 진정성과 독창성, 깊이를 결여한 파생적 모조품일 뿐이다. "만일 우리가 잡아당기면 그녀는 마분지로 된 복제품처럼 그 페이지에서 아주 떨어져나가 버릴 것같이 느껴진다." 관찰자로 하여금 어떤 감각도 느끼지 못하게 하는 그녀는 이렇게 무감동적이다. 이와 반대로 영화 〈푸른 천사〉의 스틸에 대해서는 이렇게 쓰고 있다.

마렌느 디트리흐Marlene Dietrich의 자세와 의상은 그 자체로 잠재적인 성적 암시와 함께 큰 반향을 지닌다. 그녀는 충분히 많은 것을 환기하고 있다. 그녀의 모자와 치마는 양차 대전 사이의 베를린 어느 카바레의 세계에 속해 있고, 그런 특질들 덕분에 우리는 상상 속에서 그녀에게 시간과 장소를 부여해 준다. 그 특징들은 하나의 이미지로서 방에 있는 다른 모든 사물들—바로크

풍의 인테리어, 시대극에 맞는 옷을 입고 있는 주변 인물, 장식 소품과 각종 장치들—과 그녀를 연결시켜준다. 그녀의 다리는 노출되어 있는데, 이 인상이 주는 관능성은 어떤 관습적 기호에서 나오는 것이 아니라 그녀의 온 몸 그 자체가 하나의 전체적인 맥락이 되고 하나의 제스처가 되는 그런 특정한 방식에서 생긴다.(TPA : 197)

앞의 사진 속 미녀의 몸과 달리, 디트리히의 육체는 대중예술의 영역에 속한다. 카바레 전통(뮤직홀과의 관계)이 함축되어 있는 디트리히의 의상에서는 민중들과의 연속성이 드러나고 있으며, 직접적 맥락('관객'과 '해변 장면' 모두)과 절연돼 있는 전자의 사진 속 여성과 달리 디트리히는 모든 맥락과 연관돼 있고 또한 그것들과 '일체감'을 공유하고 있다. 타블로이드 사진의 피상적 외양이 〈푸른 천사〉에 와서는 '암시적'이고 '환기적'인 것으로 변하고 있다. 타블로이드 사진이 스테레오타입을 '그대로 따르고' 있다면, 디트리히는 제스처가 지닌 '특이성'으로 '관습적 기호'와 절연하고 있다.

홀과 화넬은 민속문화 쪽으로 많이 기운 대중예술과 가공처리된 천박한 집단예술 간의 '질적 차이'를 강조하기 위해 이 두 이미지를 사용한다. 그러나 타블로이드 사진에 대한 이런 고상한 독법은 포르노그라피가 주는 특정한 쾌락의 문제, 그리고 왜 그처럼 포르노그라피가 대중적 인기를 끄는지라는 문제를 설명하지 못한다. "그녀의 얼굴을 보고 탄성을 지르는 남자들을 종종 그렇게 느끼는 척할 뿐이다."

궁극적으로 『대중예술』에는 '대중'이라는 범주를 완전히 해체할 수 있는 비평 용어가 결여되어 있다.

영화 〈푸른천사〉 속의 마렌느 디트리흐

디트리흐는 『대중예술』에서 또 다른 '대중예술'의 사례로 제시된다.
'그녀는 충분히 많은 것을 환기하고 있다. 그녀의 모자와 치마는 …… 바로크풍의 인테리어, 시대극에 맞는 옷을 입고 있는 주변 인물, 장식 소품, 각종 장치들과 그녀를 연결시켜준다.'
홀에 따르면, 영화 속 카바레 전통이 함축돼 있는 디트리흐의 의상에서는 민중들과의 연속성이 드러나고 있으며, 디트리흐의 육체는 다른 모든 맥락과 연관되어 '일체감'을 공유하고 있다.

홀이 취한 그람시의 '헤게모니'

제목에 들어 있는 조심스런 인용 표시가 암시하듯 「'대중' 해체에 대한 메모Notes on Deconstructing "The Popular"」(1981)에서 대중문화는 (『대중예술』에서 그랬던 것처럼) 하나의 해법이 아니라 공인되지 않은 논쟁의 장소로 나타난다. 『대중예술』에서 대중문화를 자세히 설명할 수 있었던 것은, 특정 텍스트들을 정밀하게 분석하면 대중문화의 내재적[본질적] 가치를 발견할 수 있으리라는 전제를 바탕으로 했기 때문이다. 그에 비해 「'대중' 해체에 대한 메모」는 대중문화 형식이 마치 역사의 외부에서 출현한 것처럼, 말하자면 "처음

헤게모니 그람시는 다른 어떤 지식인보다도 홀의 사상에 큰 영향을 미쳤으며, 이어지는 장에서도 그의 중심 사상들이 반복해서 계속 등장한다. 홀의 사유에 가장 생산적인 영향을 남긴 것은 바로 그람시의 '헤게모니' 개념이다. 헤게모니는 레닌의 작업에서 발전되어 나온 것으로, 헤게모니에 대한 그람시의 독특한(그러나 결코 일관되지 않은) 용법은 종종 지배라는 단순한 관념과 혼동된다. 홀이 간결하게 표현했듯, 우리가 기억해야 할 핵심은 "헤게모니는 결코 영원하지 않다."(CP : 30)는 점이다. 그람시의 헤게모니는 문화 내부에서 지배[우월]가 확립되는 과정─그것은 폭력이나 명령이 아닌, 자발적 동의와 리더십에 의존한다.─을 실제적으로 기술하는 개념이다. 이 개념을 통해 그람시는 왜 노동계급이 마르크스가 예언했던 것과는 달리 혁명적 세력이 될 수 없었는지 설명할 수 있었다.

헤게모니는 단순한 억압이 아닌 타협, 협력, 그리고 양보를 통해 작동함으로써 혁명적 저항을 차단한다. 홀은 「'대중' 해체에 대한 메모」에서 대중문화의 의미와 가치는 역사적인 맥락에 따라 달라진다고 주장하기 위해 이 개념을 추적한다. 어떤 계기에는 저항의 장소였던 것이 다른 계기에는 협력의 공간으로 나타난다. "올해의 급진적인 상

생겨날 때부터 어떤 고정된 불변의 의미나 가치를 내장하고 있었던 것처럼"(NDP : 237) 취급하는 '자기폐쇄적 접근법'을 경계한다. '대중'에 대한 근본적으로 수정된 관점, 즉 대중은 특정한 역사적 국면에 출현한 것이며 어떠한 고정된 내용물도 존재하지 않는 투쟁의 장소라고 간주하는 이론은, 이탈리아의 마르크스주의자 안토니오 그람시Antonio Gramsci(1891~1937)의 작업에 많은 영향을 받았다.

앞서 말했듯 대중문화는 1950년대 이후 나온 홀의 저작들 중 가장 처음 등장하여 이후 가장 오래 지속된 대표적인 주제인데, 홀은 1980년대와 1990년대에 이르러서야 비로소 매우 정교한 대중문화 이론을

> 징이나 슬로건은 그 의미가 무력화[둔화]되어 내년에는 그저 하나의 유행으로 변할 것이며, 또 한 해가 지나면 심오한 문화적 향수의 대상이 될 것이다. 오늘의 반항적인 민중가수도 내일이 되면 결국 컬러 잡지 《옵저버The Observer》 표지에 등장할 것이다."(NDP : 235)

이러한 맥락에서 헤게모니는 사회의 종속적[하위적] 요인들을 단순히 짓밟기보다는 그것과 화해하거나 타협하는 방식으로 작동한다고 할 수 있다. 이 말은 지배계급 또는 '지배세력권ruling bloc'(홀은 대중을 특정한 계급적 지위로 환원시키지 않는 이 용어를 애용한다.) 이 헤게모니를 지키기 위해 지속적으로 노력해야 함을 뜻한다. 왜냐하면 헤게모니는 영원히 지킬 수 있는 어떤 것이 아니라 하나의 과정이기 때문이다. 하위계급에게 이 말은, 사회적 권력관계들의 확실한 전복이라는 의미에서 혁명적 저항(그람시는 이를 '기동전'이라 부른다.) 역시 성공하기 어렵다는 사실을 의미한다. 하위계급은 투쟁과 협력의 지속적인 과정(그람시는 이를 '진지전'이라 부른다.)을 통해서만 주도권을 쥘 수 있을 것이다. 여기에는 흩어진 대중적 힘들을 연결/분절하여 새로운 '국민적-대중'문화를 창출해내는 일이 포함된다.

내놓게 된다. 이 이론은 「'대중' 해체에 대한 메모」(1981), 「흑인 대중문화에서 "블랙"은 무엇인가?What is this "black" in black popular culture?」(1992), 「알론 화이트를 위하여 : 변형의 메타포For Allon White : metaphor of transformation」(1993) 등과 같이, 겉으로는 매우 달라 보이는 일련의 논문들로 확대 재생산되었다. 이 논문들은 그람시의 '헤게모니' 개념의 영향력 아래에서 하나로 묶인다.

대중을 헤게모니 투쟁이 발생하는 가장 중요한 장소라고 본 그람시의 견해를 발전시켜, 홀은 대중문화란 '모순적 공간' 혹은 협상이 계속되는 장소라고 주장한다. "우리는 항상 여기에서 출발해야 한다. 즉, 대중문화 안에 있는 이중의 이해관계, 그리고 억압과 저항의 이중적 운동에서 말이다."(NDP : 228) 그람시의 헤게모니는 1980년대 이후 대중문화를 다룬 홀의 모든 저술에서 근본 토대가 되는 개념이다. 이 개념을 통해 홀은, 이 장의 출발점이자 전후의 대중문화 논쟁을 결정짓는 듯했던 상식적인 이항 대립(연속극 대 오페라)에서 벗어나게 된다.

「'대중' 해체에 대한 메모」에서 홀은 이것 아니면 저것이라는 접근법의 함정을 예증하기 위한 방편으로, 대중문화에 관한 이항 대립적 사유 방식의 기초 위에서 자신의 생각을 펼쳐 나간다.

대중이라는 개념에 대한 가장 노골적인 규정은, 대중적인 것을 '[잘] 팔리는 것'으로 보는 것이다. '가장 최신의 할리우드 블록버스터' 혹은 '현재 팝 차트의 1위곡은 무엇인가'와 같은 말들, 즉 상업적 성공을 전제로 대중문화를 이해하는 방식 말이다. 홀은 이런 관점이 대중, 즉 노동계급을 조종〔기만〕하는 작업과 밀접히 관련되어 있으며, 따라서 "사

'고전적 마르크스주의' 지식인 안토니오 그람시

홀은 1980~90년대에 이르러 비로소 정교한 대중문화 이론을 내놓게 된다. 홀이 1981년에 발표한 논문 「'대중' 해체에 대한 메모」를 비롯한 일련의 논문들은 그람시의 '헤게모니' 개념에 크게 빚졌다. 그람시가 '대중'을 헤게모니 투쟁이 발생하는 가장 중요한 장소라고 보았다면, 홀은 협상이 계속되는 모순적 공간이 '대중문화'라고 보았다.

회주의자들을 현장 밖으로 몰아내는"(NDP : 231) 정의 방식이라고 말한다. 이런 이해 방식은 대중적인 것을 진짜가 아닌〔미심쩍은〕것 inauthentic, 균질화 혹은 병합incorporation과 혼동시킨다.

이러한 개념 정의의 문제점 중 하나는, 일반 민중들을 '문화적 바보', 곧 자본주의 사회가 자신들을 어떻게 착취하는지 전혀 알아차리지 못하는 바보로 간주하여, 궁극적으로 매우 시혜적인 체하는 '사회주의적이지 않은' 관점을 산출해내는 데 있다고 홀은 주장한다. 예컨대 이런 관점에서라면 정교한 마케팅 전략에도 불구하고(Storey 1993 : 112를 보라.) 새로 발매된 앨범의 80퍼센트 가량이 왜 수익을 내지 못하는지 설명하지 못한다. 이 통계는 대중문화를 완전히 조작하는 것은 절대 불가능하며, 관객이 수동적 혹은 무비판적으로 대중문화를 바라보지 않는다는 사실을 암시한다.

한편 급진적 마르크스주의자들은 종종 이와 정반대로 설명한다. 즉 대중적인 것은 주류문화에 의한 인민people의 타락이 아닌, 인민의 자체 활동과 관계된다는 것이다. 이를 통해 대중은 지배계급에 의해 오염되지 않은 채 그들을 타도하고 '고급'을 '하위'로 대체하기를 기다리는 '진정한' 노동계급의 경험과 동일시된다. 이는 대중적인 것을 혁명적인 '반항', '저항', '경험적인 것'과 연결시킨다. 홀은 이것이 다분히 '영웅주의적' 관점이며, 설득력 없는 대중문화 이해 방식이기는〔앞의 관점과〕매한가지라고 주장한다. 사실 대중문화는 결코 지배세력권과 동떨어진 채 무관하게 존재할 수 없기 때문이다.

홀은 자본주의의 발흥을 대중문화의 출현에 연결시키면서, 어떻게 자본주의가 금지와 재교육, 교화로써 대중문화를 역사적으로 수정하고 변화시켜왔는지 개략적으로 설명한다. 그것은 우리에게 합법적으로 요청된 많은 것들, 즉 일과 여가시간의 경계, 술집의 허가 시간, 학교에 머물러야 하는 시간의 양 등을 규정하는 방식으로 작동해왔다. 이는 대중문화가 어떤 결정적 순간에는 지배계급에 저항하고 반항하며 폭동을 일으키기도 하지만, 다른 한편으로 지배계급에 의한 전유와 착취가 일어나는 장소이기도 하다는 사실을 의미한다.

이제 우리는 두 가지 정의 방식이 안고 있는 핵심 문제에 도달했다. 즉 대중 개념이 궁극적으로 결코 입증될 수 없는, 대중/대중 아닌 것 사이의 이항 대립에 의존하고 있다는 문제 말이다. '대중적'이라고 간주되려면 정확히 몇 개의 음반이 팔려야 하는가? 노동계급으로서의 진정한 경험은 손톱 밑에 때가 얼마나 많이 끼었는지에 따라 달라지는 것인가? 이를 어떻게 구분할 것인가? 결코 구분할 수 없다는 것, 따라서 "대중적인 것을 단호히 해체할 필요가 있다."(WTB : 469)는 것이 홀의 생각이다.

「'대중' 해체에 대한 메모」에서 홀은 "주류문화와의 지속적인 긴장관계(관련, 영향, 반목) 속에서 '대중문화'를 정의하는"(NDP : 235), 대중에 대한 대안적 정의 방식을 받아들인다.

대중문화에 사회주의적 악센트 부여하기

홀에 따르면, 대중문화는 보석에 대한 품질 증명과 마찬가지로, 그 안에 고정된 내재적 가치나 내용을 갖고 있지 않다. "대중적 형식은 그 문화적 가치가 상승하거나 하락하면서 문화적 에스컬레이터를 오

르락내리락한다."(NDP : 234)

한때 인상주의는 매우 추상적이고 아방가르드적이어서 갤러리에 전시되기 어려웠지만, 지금은 서구 세계 전역에 걸쳐 가정집이나 이케아 가구 매장 그리고 변두리의 거실에서도 볼 수 있다. 만일 가치평가(고급예술과 대중예술을 어떻게 구별할 것인가)의 과정이 문화적으로 달라지고 시간에 따라 변하는 것이라면, '대중'의 내용 또한 당연히 그러할 것이다.

이 모든 논의에서 관건이 되는 것은, 예술적 가치라는 머리 아픈 문제 그 이상이다. 홀의 주된 관심사는, 주어진 대상이나 행위의 정치

다多악센트성 홀은 볼로시노프의 『마르크스주의와 언어철학*Marxism and the Philosophy of Language*』(1973)이 현대문화연구센터의 이데올로기와 문화 사상이 발전하는 데 '핵심적 텍스트'(FAW : 295)가 되었다고 언급했다. 볼로시노프는 주어진 사회적 맥락 안에서 '발화하는' 사람이 어떻게 언어에 '악센트를 주는지'에 따라 그 언어는 다양한, 심지어는 대립되는 의미를 산출해낸다는 사실을 가리키기 위해 다악센트성이라는 말을 사용하였다. '여왕 폐하 만세God save the Queen'라는 구절은, '섹스 피스톨스'〔영국 펑크 밴드〕가 부르는지, 교회 신도들이 부르는지, 아니면 축구 관중들이 부르는지에 따라 매우 다른 의미를 띤다. 의미와 가치는 언어 안에 새겨져 있는 것이 아니다. 그것은 기호들이 상이한 역사적 순간에 서로 다른 사회 그룹들에 의해 〔새로운 방식으로〕 접합되고 분리되고 재강조화됨에 따라 지속적으로 재생산된다.

이와 관련하여 홀이 가장 자주 드는 예는 '흑인'이라는 기호이다. 지배문화 안에서 전통적으로 다분히 부정적 함의를 지닌 흑인이라는 말은 1960년대와 1970년대 경멸적이고 부정적 함의가 떨어져 나가고, 미국 내 흑인들과 흑인 브리튼인들에 의해 긍정적이며 힘을 주는

적 의미가 협력 혹은 저항 둘 중 하나로 미리 결정돼 있다고 가정하고 대중문화를 설명하는 게 얼마나 무용한가 하는 것이다. 대중은 순수하게 민중의 저항을 의미하는 기호도, 민중에 대한 완전한 지배를 뜻하는 기호도 아니다. 그것은 어느 한편이 이미 이기거나 진 싸움터가 아니라, 둘 사이에서 끊임없는 투쟁과 협상이 일어나는 장소이다. 홀이 러시아의 마르크스주의 언어학자 발렌틴 볼로시노프Valentin Vološinov의 말을 인용하면서 말했듯, 대중문화는 '하나의 악센트'가 아닌 '여러 개의 악센트를 가진multi-accented' 기호이다.

「'대중' 해체에 대한 메모」에서 홀은 여러 개의 악센트를 지닌 기호

기호—'흑인은 아름답다'—로 재접합되었다. 이러한 재강조화 과정을 보여주는 최근의 사례로는 '퀴어queer'가 있다. 전통적으로 부정적 함의를 지닌 이 단어는 1990년대 게이의 문화정치학에서 하나의 슬로건적 기호가 되었다.

한편 홀은 「흑인 대중문화에서 '블랙'은 무엇인가」와 「알론 화이트를 위하여 : 변형의 메타포」(1993) 등 좀 더 최근의 대중문화 논의들 속에서, 많은 이들이 『마르크스주의와 언어철학』의 진정한 저자로 간주하고 있는 미하일 바흐친(1895~1975)에 초점을 맞춰왔다. '카니발리스크carnivalesque'라는 바흐친의 개념을 고급/하위라는 문화적 위계의 전복으로 긴주히는 일반적 이해(오해)에 맞서서, 홀은 고급 형식과 대중적 형식들 사이의 상호 의존성을 강조한다. 이렇게 만들어져 있는 이항 구분 방식이 문화적 위계질서와 차이의 규제를 유지하는 일과 밀접하게 관련되어 있다고 홀은 암시한다. 추방된 하위/타자에 대한 환상/욕망은 여기서 기인하는데, 이를 통해 흑인 대중문화를 둘러싸고 존재하는 '차이에 대한 매혹'이 어느 정도 설명될 수 있으리라고 홀은 보고 있다.(WTB : 466)

의 사례로 1970년대와 1980년대 초 청소년 거리문화에 재전유된 나치 독일의 강력한 상징 만권자 형swastika을 든다.

그것은 20세기 역사의 심오한 문화적 준거에서 부분적으로(아주 완전하게는 아니고) 절연된 채 거기 그렇게 매달려 있다. 이 무시무시한 기호에 명확한 의미 영역이 존재하기는 하지만, 이미 보장된 단일한 의미가 내장되어 있지는 않다. 거리는 만권자 목걸이를 달고는 있어도 파시스트라고 할 수는 없는 아이들로 넘쳐난다. 하지만 아마도 예전이었다면 그랬을 수도(파시스트였을 수도) 있다.(NDP : 237)

대중교육 : 개방대학의 멀티미디어 강좌 U203 홀의 강의를 많은 이들이 수강했던 데에서 알 수 있듯, 「'대중' 해체에 대한 메모」 같은 논문에 나타난 홀의 그람시적 설명은 학문적 실천이라기보다는 홀이 '대중교육'이라 부른 것을 확립하려는 하나의 시도였다. U203은 1982년부터 1987년 사이 개방대학에서 방송된 간학제적 멀티미디어 강좌였다. 이 기간 동안 6천 명 이상의 학생들이 이 강좌를 들었으며, 영국의 문화 비평가 앤서니 이스트호프Anthony Easthope는 이를 현대문화연구센터 이후 영국의 문화 연구사상 가장 중요한 제도적 계기로 간주한다. 이 강좌의 중요성 중 하나는 문화 연구 서클 내부에서 이 강좌가 일으킨 엄청난 양의 논쟁과 연구들을 통해 잘 나타난다.(Miller 1994를 보라.)

이 강좌는 현대문화연구센터 프로젝트와 직간접적으로 연결되어 있던 한 팀의 교사들인 토니 베넷Tony Bennett(강좌의 리더), 데이비드 몰리David Morley, 폴 윌리스Paul Willis, 재닛 울라콧Janet Woollacott 등과 홀이 공동으로 만들었다. 현대문화연구센터에서 홀이 채택한 공동 작업 환경이 개방대학에서도 유지되었지만, 제도적 측면에서 교사로서 홀의 역할은 명백히 변했다. 즉, 홀은 버밍엄에서는 대학원

볼로시노프의 이론은, 대중문화와 관련하여 홀이 지녔던 계급에 대한 본질주의적 관념, 즉 대중은 노동계급의 순수하고 진정한 표현이라는 관념을 의문시하도록 만들었다. 다多악센트성muti-accentuality이라는 개념은, 그 의미가 영원히 변하지 않는, 특정 계급에 '속한' 대중문화 형식이나 기호가 존재하지 않음을 암시한다. 그 투쟁은 계급 대 계급이 아니라 지배세력권 대 민중의 구도에서, '사회주의적 악센트'를 대중문화에 부여하는 데 성공하는지 혹은 실패하는지에 따라 좌우된다.

그러나 이러한 다악센트적 특성이 대중에게 부여한 불확정성이, 대중문화와 관련해서라면 '무엇이든〔뭐라고 해도〕 다 괜찮다'는 것을 의

생들을 가르쳤지만 밀턴 케인스에서는 학부생들과 작업했는데, 이들 중 다수는 학문적 차원의 공식 자격을 갖추지 못했다. 홀은 이에 대해 다음과 같이 기술하고 있다.
"이는 현대문화연구센터 대학원 연구의 온실적 분위기 속에서 발생한 문화 연구상의 고상한 패러다임을 대중적 수준으로 옮길 수 있는 기회였다. …… 문화 연구의 사상을 살아 있는 것으로 만들고자 한다면, 이 사상을 번역하고, 좀 더 대중적이며 접근 가능한 수준에서 그것을 쓸 수 있어야 한다. 나는 문화 연구가 그러한 종류의 문제 제기를 향해 열려 있기를 희망했다. 나는 그것이 왜 더 대중적인 교육으로서 '살아' 있고자 하지 않았는지 이해할 수 없었다."(FDI : 501)
U203은 학생들에게 매우 다양하고 상이한 이론적 견해들을 제시했지만, 거기서 하나의 지배적 견해로 출현한 것이 바로 홀의 「'대중' 해체에 대한 메모」에서 구체화된 대중에 대한 그람시적 해석이었다.(개방대학의 이러한 접근 방식을 탁월하게 해석한 토니 베넷의 「서문 : 대중문화와 '그람시로의 전환'introduction : popular culture and "the turn to Gransci"」를 보라.)

미하지는 않는다. 오히려 대중문화를 이렇게 분석함으로써 비로소 '계급들과 개인들을 대중적 힘으로 구성할 수 있는 역량'이 생겨난다.

우리 모두가 대중 안에서 정치적 이해관계를 갖는다고 홀이 믿는 것은 이 때문이다. 그러나 홀이 보기에, 대중문화가 어떠한 내재적 가치나 의미도 갖지 않는다는 관념은 그 자체로 해방적인 결론은 아니다. 만일 그것이 '어떤 투쟁도 대중문화를 완전히 우리 것 혹은 그들의 것으로 점령하는 데 성공할 수 없음'을 의미한다면, 그것은 또한 '대중문화 속에는 항상[늘 새롭게] 확보되어야 하는 입장들이 있음을 의미하기도 한다. 대중문화에 보증된 입장을 취하기 어렵다는 주장은 그 안에 존재하는 모든 이해관계를 포기해야 한다는 의미가 아니라, 그것에 대해 어떤 입장을 취하는 일이 정말로 중요하다는 것을 뜻한다.

'대중문화에 어떻게 접근해야 하는가'에 대한 홀의 생각이 여기서 암시된다. 그람시를 경유한 홀은 이른바 '내용inventory'(고정된 내용물)이라는 것을 대중 안에서 찾으려고 하는 것은, 정치적 함의를 배제한 무역사적이고 자기폐쇄적인 관점을 대중문화에 부여하는 것과 다름없다고 생각한다. 「'대중' 해체에 대한 메모」가 강조하고 있듯, 대중문화란 묘사적으로 술술 써내려갈 수 있는, 혹은 "처음 생겨날 때부터 고정된 불변의 의미 혹은 가치를 가지고 있는 것처럼 바라볼(즉, 평가할) 수 있는"(NDP : 237) 어떤 것들이 아니다.

대중문화에도 역사적 시대 구분이 필요하며, "상대적 '안정'의 시기, 다시 말해 대중문화의 내용뿐만 아니라 대중문화와 주류문화의 관계가 비교적 안정화하는 시기를 확인해야 하고, 그 후에는 전환점, 즉 관계들이 재구조화되고 변화되는 시점을 알아내야 한다."(PCS : 23) 요컨대, 대중문화의 내용에 대한 모든 설명은 상관적으로 기술되어야 한다.(홀의 「대중문화와 국가Popular culture and the state」(1986)는 이러한 방식의 대중문화 연구의 탁월한 예를 제공한다.)

'대중'은 만들어진다

대중은 헤게모니가 성립되는 장소이자 그것을 두고 경쟁이 벌어지는 주요 장소라는 홀의 주장이 사실이라면, 홀이 대중문화를 그토록 중요하게 생각하는 이유는 명백하다. 대중문화는 정치적 개입〔중재〕의 가능성을 향해 열려 있다. 권력 관계들, 그리고 매 순간 대중을 좌우하는 저항과 반항의 관계에서 생겨나는 긴장을 폭로함으로써 (비록 잠정적일지라도) '권력의 배치를 바꾸는 것'(WTB : 468)이 바로 홀의 바람이다.

그러나 홀은 신중하게 이 말에 제한을 둔다. 즉, 이러한 변동의 기회는 지극히 제한되어 있을 뿐만 아니라 신중하게 결정되는 것이어서 '완전한 승리'란 불가능하며, '우리의 모델이 그들의 모델을 대체한다는 제로섬 게임'(WTP : 468)은 이것 아니면 저것이라는 이분법적 모델—홀 자신이 해체하고자 했던 바로 그것—로 우리를 다시 돌아가게끔 할 뿐이라는 것이다.

그럼에도 불구하고 홀의 중요한 사유 상의 전략 중 하나는, 전후의 특정 시기에 대중을 놓고 벌어진 투쟁과 밀접한 관련이 있었다. 「'대중' 해체에 대한 메모」는 '대중'을 하나의 이론적 문제로서 추구하려는 시도에 머물지 않는다. 그것은 당시 영국의 보수당 정권의 소위 '독재적 포퓰리즘'(5장 참조)과 대결하려는 초창기 시도의 일환이기도 했다. 1980년대 초, 대처주의는 대중적인 것을 매우 다루기 힘든 문제적 범주로 만들었다고 홀은 주장한다.

> 대처 여사의 능력 덕분에 '우리는 노동조합의 권력을 제한해야 한다. 왜냐하면 민중이 바로 그것을 원하기 때문이다.'와 같은 말을 하는 것은 상당히 문제적인 것이 되었다. 그것은 '대중문화'라는 고정된 범주가 존재하지 않는 것과 마찬가지로, '민중'이라는 말을 귀속시킬 고정적 범주 또한 존재하지 않는다는 사실을 내게 암시한다.(NDP : 239)

여기서 홀의 논점은, 대중은 발견되는 것이 아니라 만들어지는 것이라는 점에 있다.

홀의 연구에는 어떤 단일하고 초역사적인 대중 '이론'도 존재하지 않는다. 대중에 대한 홀의 개입은 그가 관여하고 있는 특정한 역사적 계기와 관련하여 변화한다. 예컨대 1950년대에 홀은 대중의 주변화된 장소에 각별한 관심이 필요하다고 역설했지만, 포스트모던의 1990년대에는 주류문화 내부에서 물신화되고 그것과 협력하고 있는 대중문화가 흑인 대중문화의 '여백'에 대한 어떤 수상쩍은 욕망을 폭로하고 있는 건 아닌가 하는 문제에 집중한다.(WTB를 보라.) 이처럼 명백한 태도 상의 변화는 홀의 사유가 가진 모순적 결점이 아니라, 앞에서 살펴보았듯이 대중문화에는 항상 이중적 이해관계가 존재하며 영원히 보장된 입장은 존재하지 않는다는 그의 대중 이론을 보여주는 완벽한 예증이다.

> '대중'은 시대에 따라 변한다.

대중문화는 여러 면으로 보아 홀의 사상적 범위를 드러내는 한 지표가 된다. 1장에서는 대중문화라는 범주에 대해 생각하고 그것을 이론화하려 한 홀의 가장 영향력 있는 시도 중 일부를 연대기적으로 평가했다.

홀은 학문적 연구가 아닌 좌파를 통해서 처음 대중문화를 접한다. 대중문화는 사회적·정치적 변화에서 부차적이거나 반영적이 아닌 결정적 역할을 담당한다는 그의 생각은 줄곧 그의 사상에서 핵심을 차지해왔다. 처음에 홀은 대중문화를 주어진 의미로 가득 찬 하나의 사물로 간주하는 경향을 보였지만, 1980년대 이후에는 '고정 불변의' 대중이라는 범주를 해체해야 한다고 이야기해왔다. 이러한 맥락에서, 대중은 어떤 주어진 역사적 순간에 지배문화와 하위문화 사이에서 일어나는 '보장되지 않은' 정치적 투쟁의 한 장소가 된다. 즉, '대중'이란 미리 결정되지 않은 권력관계들이 서로 타협하고 시험되는 지점이라는 것이다.

02

문화 연구의 계보

Stuart Hall

문화 연구의 제도적 기원, 현대문화연구센터

앞에서 신좌파와 대중문화에 대한 홀의 초기 저술을 살펴보았는데, 홀의 얘기대로 그가 문화 연구에 '첫발을 내딛게 된 것'은 신좌파 운동의 영향이었다. 이제 홀이 현대문화연구센터에서 보낸 15년(1964~1979) 동안 진행된 문화 연구의 핵심적인 이론적 논쟁들을 추적해보자.

현대문화연구센터와 홀이 이곳에서 진행한 문화 연구가 결코 홀의 '핵심 사상들'은 아니지만, 그럼에도 홀은 현대문화연구센터 및 이곳의 문화 연구가 번역되고 이해되는 방식에 커다란 영향을 미쳐왔다. 그의 이름은 영국 문화 연구 프로젝트의 동의어로 여겨질 뿐만 아니라, 현대문화연구센터에서 활동하는 동안 전개된 연구와 이론, 실천은 홀의 사상 전체에서도 모범 사례로 여겨진다.

「문화 연구와 중심Cultural Studies and the center」(1980), 그리고 「문화 연구 : 두 개의 패러다임Cultural Studies : two paradigms」(1980) 두 논문은 현대문화연구센터와 영국 문화 연구에 대한 이후의 해석에 비춰볼 때 특히 매우 큰 영향을 미쳤다. 두 논문은 뒤이어 등장하는 홀의 사유를 제대로 맥락화할 수 있게 만드는 중요한 제도적·지적 틀을 제공하며, 또한 초창기 문화 연구와 현대문화연구센터의 전사前

史를 담고 있다. 이 논문들에서 홀은 현대문화연구센터가 계승하려 했거나 혹은 벗어나려 했던 핵심적인 이론적 논쟁들을 추적하는데, 이 논쟁의 와중에 문화는 '생각되고 말해질 수 있는 최상의 것'에서 '삶의 총체적 양식'으로 그 개념이 변한다.

이 논문들은 1970년대 문화 연구 이해방식을 관습적으로 규정해온

현대문화연구센터The CCCS 현대문화연구센터는 1964년 버밍엄 대학에 설립된 대학원과정 연구센터로, '당시의 문화와 사회 영역, 즉 문화적 형식, 실천 및 제도, 그리고 그것과 사회 및 사회적 변화가 맺는 관계에 대한 연구'(CML : 7)를 목적으로 만들어졌다. 현대문화연구센터의 창립 소장이었던 호가트는 임기 첫해에 홀을 연구 회원research fellow으로 임명하는데, 여기에는 『대중예술』의 영향이 컸다. 홀은 1968년 호가트를 대신하여 현대문화연구센터의 대리 소장이 되었고, 1979년 이곳을 떠날 때까지 이 지위를 계속 유지했다. 홀이 여기 있는 동안 현대문화연구센터는 세 명의 직원과 두 명의 연구자, 그리고 50명 가량의 대학원생들로 구성되어 있었다.(CML : 1980 : 7) 비록 규모는 크지 않았지만 이 시기 나온 연구 성과들은 영국과 해외에서 이 분야가 탄생하고 발전하는 데 중요한 영향을 미쳤고 지금도 그러하다는 점에 대부분의 논자들이 동의한다. 현대문화연구센터 집단은 엄청난 연구 성과를 남겼는데, 이 성과들은 처음에는 등사판 형태의 현대문화연구센터 저널 《문화 연구의 작업들Working Papers in Cultural Studies》로, 1970년대 중반부터는 『제의를 통한 저항』(1976)이나 『위기 관리하기』(1978) 같은 선구적 텍스트들을 포함한 공동 편집 책 시리즈 등으로 출간되어 나왔다.(4장 참조) 1980년대에 현대문화연구센터는 자율적 연구소로 살아남기 위해 점점 더 많은 노력을 기울여야 했는데, 이 때문에 1980년대 후반 학부 강좌를 운영하는 문화 연구 학과로 모습을 바꾸었다. 이는 연구의 성격과 역량에 엄청난 변화를 가져왔고, 2002년 버밍엄 대학은 연구 실적 하락을 이유로 이 학과의 문을 닫는다는 논란의 여지가 많은 결정을 내렸다.

구분법, 즉 소위 문화주의/구조주의로 구별하는 방식을 탐구한다. 그리하여 그람시로의 '전환'을 통해 이분법의 극복을 꾀한다.

홀이 개방대학을 떠난 직후인 1980년에 출판된 「문화 연구와 중심」, 「문화 연구 : 두 개의 패러다임」은 현대문화연구센터의 영향력이 가장 컸다고 할 수 있는 마지막 시기의 매우 유리한 관점에서 쓰여졌다. 두 논문은 현대문화연구센터에서 이룬 이론적 발전(「문화 연구 : 두 개의 패러다임」)과 제도적 발전(「문화 연구와 중심」)이라는, 상대적으로 서로 다른 측면에 중점을 두고는 있지만, 다루는 주제가 겹치고 의미심장하게 반복된다는 점에서 (연속적으로가 아니라) 병렬적으로 함께 고찰해야 한다.

호가트 · 윌리엄스 · 톰슨, "문화는 평범한 것"

문화 연구의 발생을 현대문화연구센터의 맥락 안에서 기술하면서 스튜어트 홀은 "기원을 추구하는 일은 매력적이지만 사실 그것은 우리를 현혹시키고 기만한다."며, '완전한 시작'(CSAC : 16)이란 존재하지 않는다고 말했다. 홀은 만일 1964년 버밍엄 대학의 현대문화연구센터 설립이 이 분야의 기초를 마련한 역사적 전환점이 되었다고 한다면, 다른 어떤 곳, 그러니까 좀 더 이른 시기의 정치운동(예컨대 신좌파)이나 교과 분야(예를 들어 영국학English studies, 역사학, 사회학)에서도 문화 연구가 창시되었다고 말할 수 있다고 강조해왔다. 현대문화연구센터가 일종의 제도적 기원을 이루고 있는 것은 사실이지만, 홀이 '최초의 커리큘럼'이라 부른 것들은 이미 한 세기 전에 출판된 매우 다양한 범위의 저작들로 구성되어 있다.

홀은 웨일스의 문예비평가 레이먼드 윌리엄스의 『문화와 사회Culture and Society』(1958)와 『장구한 혁명The Long Revolution』(1961), 그리고 마르크스주의 역사가 E. P. 톰슨의 『영국 노동계급의 형성The Making of the English Working Class』(1963)과 더불어 호가트의 『교양의 효용The Use of Literacy』(1957) 등을 문화 연구와 직접 관련이 있는 선구적 업적들로 간주한다. 이 텍스트들이 홀 자신의 초기 저작에 활력을 불어넣었을 뿐 아니라, 그 자체로 "'문화 연구'가 출현한 결절점caesura"(CS2 P : 20)를 형성했다는 것이다. 특히 호가트・윌리엄스・톰슨 등은 19세기부터 20세기 초에 확립된, 문화에 대한 전통적 사유방식에서 벗어나는 토대를 제공했다.

문화주의Culturalism 문화주의는 리처드 존슨Richard Johnson(홀의 후계자로 현대문화연구센터 소장을 지냄)이 호가트, 윌리엄스, 톰슨(Johnson 1979)이 공유한 비평적 전제들을 기술하기 위해 1979년에 만든 신조어다. 문화주의는 사후에 붙여진 라벨이므로, 이를 자각적 운동이나 일관된 이론적 입장으로 이해해서는 안 된다. 문화주의는 문화란 '사유되고 말해진 것들 중 가장 훌륭한 것'이라는 생각에 의문을 제기했지만, 그것이 '문화와 문명' 전통과 완전히 결별했는지는 확실하지 않다. 특히 호가트와 윌리엄스는 리비스의 전제들 중 많은 부분을 재생산했으며, 종종 '좌파적 리비스주의자left Leavisites'들이라고 불렸다. 예컨대 다소 노스탤지어적이기는 하지만 2차대전 후 영국 북부 노동계급 공동체에 대한 애정 어린 해설서인 『교양의 효용』은, 잡지나 주크박스같이 새롭게 발흥하는 대중적 형식들이 민중들을 타락시키고 있다며 우려를 표하고 있다. 홀이 보기에, 호가트는 '문화와 문명 전통을 변화시키려고 애는 쓰지만(CS2P : 18) 사실은 그것을 계승하고 있다. 이와 마찬가지로 무엇보다도 이 세 명은 '문화와 문명'의 전통(1장 참조)에서 제시된 문화에 대한 설명보다 훨씬 덜 엘리트주의적인 설명을 현대문화연구센터와 홀에게 제공했다. 『장구한 혁명』에서 윌리엄스는 문화를 이렇게 정의했다. '문화란 예술이나 학문**뿐 아니라** 제도나 평범한 행동에도 존재하는 의미와 가치를 표현하는 삶의 특정 방식에 대한 기술이다.'(57, 강조-인용자)

이 문장 속에는, 호가트와 톰슨이 공유한 문화에 대한 특정 이론, 즉 문화는 의미들을 표현한다는 이론이 새겨져 있다. 게다가 이들은 이러한 문화적 표현들이 단지 '예술이나 학문'에서만이 아니라 '평범한 행동' 안에서도 발견될 수 있다고 말한다.('문화는 평범한 것'이라는 윌리엄스의 구절은 이후 초창기 문화 연구의 견해를 나타내는 슬로건이 되

> 1750년에서 1950년 사이의 문학의 역사를 연구한 윌리엄스의 『문화와 사회』는, 비록 '삶의 총체적 방식'이라는 덜 배타적인 개념으로 문화를 정의하고는 있지만, 리비스와 연관된 '정독'의 방식을 차용하며 주로 고급의 문화적 형식들에 집중하고 있다. 이처럼 문화주의는 문화와 문명 전통에서 다소 애매모호한 방식으로 이탈하고 있지만, 상대적으로 덜 배타적이며 좀 더 민주적인 문화 이해 방식을 제공했다. 이를 통해 문화주의는 홀이 '창조적이며 역사적인 동인agent'—그들 자신의 감정과 행동들을 표현하고 결정할 수 있는 민중들의 힘—이라 불렀던 것을 강조했다. 문화주의는 인간의 경험을 창조적이고 역사석인 과정의 핵심 동인으로 간주한다는 점에서 '인간주의적' 태도라고 할 수 있다. 톰슨의 『영국 노동계급의 형성』—1790년부터 1830년 사이의 노동계급 문화의 발생과 형성에 관한 '아래로부터의 역사—은 그 제목에서부터 이미 동인의 중요성을 암시하고 있다. 노동계급은 단순히 역사 진행에 따라 만들어진 것이 아니라 그것을 만드는 데 직접 참여했다는 것이다.

홀의 초기 문화 연구에 활력을 불어넣은 E. P. 톰슨, 리처드 호가트, 레이먼드 윌리엄스〈왼쪽부터〉
윌리엄스의 『문화와 사회』・『장구한 혁명』, 톰슨의 『영국 노동계급의 형성』, 호가트의 『교양의 효용』 등은 홀이 말한 바 '문화 연구와 직접 관련이 있는 선구적 업적들'이다.

었다.) 문화는 민중의 경험에서 우러나오는 표현 형식이라는 전제를 공유하며, '문화주의자'로서 호가트, 윌리엄스, 톰슨의 초기 작업이 특징지어졌다.(홀이 지적했듯 '비록 적절하거나 충분하지는 않지만.')

문화주의는 스튜어트 홀의 초기 연구와 1950년대와 1960년대 현대문화연구센터에서 이루어진 연구의 특수성을 가장 잘 보여준다. 홀의 신좌파적 연구와 첫 번째 저작 『대중예술』(1장 참조)은 그 논리로 보아 의심의 여지없이 문화주의적인 것이었다. 예컨대 『대중예술』은 행위agency를 특권화하여, 탈인격화되고 전혀 독창적이지 못한 집단예술에 비해, 민속예술에서는 개별 수행자들의 '독창성'과 '인격'이 두드러진다고 보았다.

문화주의에서 구조주의로

그러나 1960년대 후반 홀과 현대문화연구센터는, 문화는 표현적이며 특정 계급과 공동체의 살아 있는 경험들의 '진의를 파악하는' 데 사용될 수 있다는 문화주의의 주된 통찰과 행위에 대한 인본주의적 신념에 점차 의심을 품기 시작한다. 새로운 이론적 안목과 에너지를 가지고 홀은 1968년 리처드 호가트의 뒤를 이어 현대문화연구센터의 대리소장이 되었다. 이 같은 이론적 전환은 1960년대 후반 유럽 대륙에 '구조주의'라는 새로운 이론이 등장하면서 한층 탄력을 받는다.

이 시기, 곧 1960년대 후반 현대문화연구센터는 문화주의에서 구조주의로의 전환점을 맞았다고 간주되지만, 하나에서 다른 하나로 이동하기란 결코 쉽지 않았다. E. P. 톰슨은 1978년 출간된 『이론의 빈곤

The Poverty of Theory』에서 구조주의의 결점을 맹렬하게 공격했다. 이 책은 그 자체로 광범위한 지적 논쟁의 일부가 되었다. 이 논쟁에서 문화주의자들은 구조주의자들이 역사와 정치에서 물러나 추상적 이론으로 후퇴했다며 비난했고, 구조주의자들은 문화주의자들이 이론에서 후퇴한 채 정치적 투쟁을 관념화·단순화하였다고 비난했다. 1970년대에 문화 연구에 종사한다는 것은, 이 두 가지의 이론적 틀 혹은 '패러다임' 중 어느 한쪽에 서는 것이었다.

홀은 「문화 연구 : 두 개의 패러다임」에서 '문화주의/구조주의'라는 구분을 의미심장하게 설명한다. 이 논문의 진정한 가치는, 두 입장 중 어느 한편에 서지 않고 어떤 입장도 그 자체만으로는 불충분

구조주의 구조주의는 의미를 지지하고 작동시키고 규제하는 언어의 구조와 관련된다. 그 주요 원칙은 스위스의 언어학자 페르디낭 드 소쉬르 Ferdinand de Saussure의 『일반 언어학 강의 *Couse in General Linguistics*』(1916)로 거슬러 올라가지만, 홀과 현대문화연구센터가 구조주의와 첫 대면을 한 것은 1950년대~1970년대 (롤랑 바르트와 루이 알튀세를 포함한) 다양한 그룹의 프랑스 지식인들의 작업을 통해서였다. 구조주의는 언어/문화와 의미의 관계는 구성된 것이라는 사실을 폭로함으로써, 의미가 문화로 표현되거나 반영된다는 문화주의적 가정에 의문을 제기했다. 홀은 구조주의라는 대륙의〔유럽 대륙의〕이론을 영국적 맥락으로 옮겨 온 첫 세대 지식인들 중 한 사람이며, 현대문화연구센터 내부에 이를 전파하는 결정적 역할을 담당했다.(Hall DNP 참조) 「'대중' 해체에 대한 메모」에는 구조주의가 홀의 작업에 어떠한 영향을 미쳤는지 잘 드러나 있다. 가령, 이 논문에서 홀은 (소쉬르의 통찰을 발전시킨) 볼로시노프를 따라 '대중'이란 민중의 진정한 표현이 아니라 문화적으로 구성된 것이라고 주장한다.

하다는 점을 드러낸 방식에 있다. 홀은 자신의 가장 특징적인 연구를 통해, 문화주의와 구조주의의 한계에 대한 인식과 그 둘을 연결하는 작업이 어떻게 좀 더 바람직한 문화 연구 방향을 제시하는지 보여주고자 한다.

「문화 연구 : 두 개의 패러다임」은 문화주의와 구조주의의 가장 뚜렷한 차별점 중 하나를 확인하기 위해 호가트, 윌리엄스, 톰슨의 초기 작업을 자세히 설명하는 것으로 시작된다.

기표Signifer와 기의Signfied 소쉬르는 언어를 '기호들'의 체계로 간주했다. 기호는 상응하는 두 개의 부분, 곧 기표와 기의로 되어 있다. '기표'는 기호의 물질적 측면으로 예를 들어 'c-h-a-i-r'와 같은 일군의 낱말이나 'chair〔의자〕'라고 발화된 단어, 또는 〔의자의 모양을 본떠〕 의자를 'ʰ'라는 글자로 표현하는 일차원적인 '도상적' 재현이 여기 해당된다. '기의'는 기표가 가리키는 개념, 〔의자란〕 즉 네 개의 다리와 앉는 부분, 그리고 등받이로 된 가구 한 점이라는 개념이다. 소쉬르의 논점은, 우리는 의미를 산출하기 위해 기표와 기의의 관계에 의존하지만, 이 관계는 자의적 연결에 불과하다는 것이다. 뜨거운 물이 나오는 수도꼭지와 찬물이 나오는 수도꼭지를 보면 하나는 빨간색으로, 다른 하나는 파란색으로 표시되어 있다. 빨간색과 파란색이 각각 뜨거움과 차가움을 가리키는 데에는 어떤 이유도 없다. 그것은 단지 문화적 관습일 뿐이다. 빨강과 파랑이라는 색깔은 본질적으로 '뜨겁거나' '차갑지' 않으며, 다른 조건에서는 '노동당'과 '보수당'을 의미할 수도 있다. 공동체 구성원이 모두 동의한다면 뜨거운 물이 나오는 수도꼭지는 파란색으로, 찬물이 나오는 수도꼭지는 빨간색으로 표시되지 말란 법도 없다. 중요한 것은 빨강과 파랑의 차이다. 기호와 그것이 산출하는 의미는 개인적 의도의 문제가 아닌 차이를 통해 사회적으로 구성된다.

문화주의에서는 '경험'이 토대, 즉 의식과 조건이 교차하는 '산the lived' 영역인 반면, 구조주의에 의하면 '경험'은 정의상 어떤 것의 토대도 될 수 없다. 사람은 오로지 문화의 범주와 분류, 그리고 틀 안에서 그리고 그것을 통해서만이 '살고' 자신이 처한 환경을 경험할 수 있기 때문이다. 그러나 이런 범주들은 경험에서 혹은 그 안에서 발생하는 것이 아니다. 경험은 차라리 그것들의 '효과'이다.(CS2P : 29)

요컨대, 문화주의는 사회 변화의 동인으로서의 '산the lived' 경험을 특권화하는 반면, 구조주의는 경험이란 그 자체로 사회적으로 구성된, 언어와 문화의 '효과'라고 주장한다. 이에 대해 경험이 언어적으로 산출된다는 홀의 논점은, 언어가 이미 존재하는 현실을 단순히 명명하는 것이 아니라 현실을 구성하고 조직한다는 소쉬르 구조주

랑그Langue와 파롤Parole (우리가 자유롭게 창조하는 것이 아니라 우리에게 미리 주어지고 우리가 계승하는 하나의 '구조'로서의) 언어가 의미를 결정한다는 사상은, '랑그'와 '파롤'이라는 소쉬르의 두 번째 핵심 개념으로 연결된다. 랑그는 언어의 총체적 체계를 가리키는데, 우리는 여기서 [언어를] 선택하고 그 안에서 특정한 발화(파롤)를 만들어낸다. 이 체계는 광범위한 범위의 가능한 발화들을 허용하지만 (왜냐하면 거기에는 한계가 없기 때문이다.) 동시에 이것들을 규제하거나 통제하기도 한다. 어떤 배관공이 수도꼭지에 빨간색과 파란색이 아닌 분홍색과 오렌지색을 붙인다면, 그는 직장에 오래 남아있지 못할 가능성이 크다. 이런 의미에서 전적으로 '개별적'이거나 '개인적'인 발화를 수행한다는 건 매우 어려운 일이다. 우리는 단지 체계의 규칙 내부에서만 작업할 수 있으며, 이는 우리가 체계의 논리와 가치들을 재생산하는 것이 불가피하다는 사실을 의미한다.

의에 기대고 있다.

홀에 의하면, 문화주의는 "현장에 도래한 구조주의로 심각한 중단을 겪었다."(CS2P : 27) 그러나 홀의 논문은, 문화주의와 구조주의가 각각 별개의 통일된 계기를 가리키고 있다는 듯 둘을 명확히 구분하는 환원적 읽기를 거부한다.

문화주의라는 명칭이, 호가트·윌리엄스·톰슨이 수행한 다양한 영역의 연구 성과를 지칭하기에는 여러 모로 '부적절'하다고 주장했던 것처럼, 홀은 여기서도 '구조주의'라는 단수형보다는 '구조주의들'이라는 복수형을 선호한다. 오늘날에는 '구조주의'를 이 책 같은 입문서나 강의 형식 안에 깔끔하게 담을 수 있는 하나의 완벽하고 통일된 '이론'으로 접하지만, 홀이 구조주의와 조우했던 시기에는 여전히 형성 중인 일련의 견해들이었지 결코 한 학파의 통일된 사상이 아니었다. 게다가 현대문화연구센터는 구조주의를 대규모로 한꺼번에 흡수한 것이 아니라, 선택적이고 비판적·단계적으로 통합해나갔다.

기호학으로 마르크스를 다시 보다

「문화 연구 : 두 개의 패러다임」은 구조주의를 일련의 '대표적인 예들'로 나누는데, 구조주의의 본보기가 될 만한 작업을 남긴 세 명의 중심 인물은 레비스트로스Lévi-Strauss(1918~), 롤랑 바르트Roland Barthes (1915~1980), 루이 알튀세이다. 나아가 홀은 레비스트로스와 바르트를 '기호학적 구조주의'와, 알튀세를 '마르크스주의 구조주의'와 연관시켜 각각 구별한다.

벨기에의 구조주의자이자 인류학자인 레비스트로스와 프랑스 문예비평가 바르트는 현대문화연구센터가 처음 접한 구조주의자들이다. 레비스트로스는 친족 구조부터(『친족의 기본구조The Elementary Structures of Kinship』) 요리(『날것과 익은 것The Raw and the Cooked』)에 이르기까지 온

기호학 20세기 초 '사회 안의 기호들'에 관한 과학적 학문으로서 '기호론'을 처음 제안한 사람은 소쉬르였지만, 이를 처음 다룬 인물은 『신화론』(1957)이나 『기호학의 요소Elements of Semiology』(1967)를 쓴 롤랑 바르트였다. 바르트와 같은 기호학자들은 순수한 언어학의 차원을 넘어 훨씬 넓은 범위의 문화적 기호들을 탐구하고 '읽어내기' 위해 언어를 유추적으로 사용함으로써 소쉬르의 발견을 발전시켜나갔다. 바르트의 『신화학』에는 레슬링과 스테이크, 감자튀김부터 잡지와 영화 이미지에 이르는 온갖 것들이 포함되어 있다. 바르트는 외연 즉 기호의 문자 그대로의 의미와, 함축 즉 기호의 연상적 의미 사이에 뚜렷한 기호학적 구별을 두고자 했다.(3장 참조) 홀이 가장 즐겨 사용하는 예는, 바르트가 의류 항목 중 하나인 스웨터를 해설한 대목이다.
"스웨터의 사진 이미지는 옷이라는 대상을 지시한다. …… 일상적 발화가 이루어지는 함축의 영역에서 스웨터는 '따뜻함의 지속'을 함의할 수도 있으며 …… 따라서 그것이 좀 더 정교화된다면 '겨울의 도래'를 뜻할 수도 있다. …… 그러나 패션과 같은 전문적 담론의 차원에서 스웨터는 '유행하는 하나의 고급패션haute couture 양식'이나 어떤 평상복 스타일 등을 함축한다. 제대로 된 배경 아래 낭만적 담론의 영역에 위치한다면, 스웨터는 '기나긴 가을 숲의 산책'을 의미할 수도 있다."(DNP : 64)
여기서 홀의 논점 중 하나는, 기호의 문자 그대로의(지시적) 의미는 그 의미가 산출되는 맥락에 따라 다양한 함축적 의미를 지닌다는 점이다. 현재 패션에 관한 전문적인 담론 안에서라면 스웨터는 '유행에 뒤진 한물간 것'을 함의할 가능성이 크다.

홀에게 영향을 준 '구조주의자들'인 레비스트로스와 바르트

1960년대 후반 유럽 대륙에 상륙한 '구조주의'라는 태풍에서 현대문화연구센터도 자유롭지 못했다. 마침 홀과 현대문화연구센터도 기존 '문화주의'의 인본주의적 신념에 의문을 품고 있던 차였다. 홀은 논문 「문화 연구 : 두 개의 패러다임」에서 문화주의와 구조주의를 구분하고, 구조주의의 대표자들로 레비스트로스와 롤랑 바르트, 루이 알튀세를 거명한다.

갖 예들을 고찰하면서 '원시문화'의 기호 체계를 해석했고, 바르트는 전후 프랑스문화의 구조를 이루고 있는 약호와 신화에 대한 탐구로 유명해졌다.(『신화론*Mythologies*』을 보라.) 소쉬르 언어학이 일상 세계의 의미화 체계를 고찰하는 데까지로 확장된 것을 가리켜 우리는 '기호학'이라 부른다.

홀은, "신화, 언어, 그리고 이데올로기가 교차"(ROI : 66)하는 연구라는 점에서 바르트의 『신화론』을 고전적 텍스트로 간주한다. 홀의 관심을 끈 기호학의 주요 매력 중 하나는, 이데올로기에 대한 마르크스주의적 개념을 재고할 수 있도록 문화와 권력의 관계를 폭로한 기호학의 방식이었다. 홀은 「문화 연구 : 두 개의 패러다임」에서, 구조주의에서는 이데올로기가 중심 개념인 반면, 문화주의는 '살아 있는 경험'을 중시한 나머지 이데올로기의 범주를 무시하는 경향을 보여왔다고 강조했다.

따라서 현대문화연구센터가 구조주의로 전환한 것은, 마르크스로 회귀한 것과 맥을 같이한다고 볼 수 있다. 홀은 1950년대에는 마르크스주의의 결정론적 설명 방식을 거부했다.(1장 참조) 하지만 1970년대에 토대-상부구조 모델에 대한 덜 결정론적인 설명 방식을 발견하면서 점차 마르크스의 저술 쪽으로 기울게 된다.(방법론적으로 가장 발전된 마르크스의 저서 『정치경제학 비판 요강*Grundrise*』은, 이 책 3장에서 고찰하듯 홀이 결정론적 커뮤니케이션 이론들을 거부하는 데 일정 부분 기여했다.) 그러나 홀은 결코 순수한 마르크스주의자가 아니었으며, 그가 만든 유명한 표현인 "보증 없는 마르크스주의", 즉 마르크스주의에 의지하되 항상 그것을 의문시하고 넘어서려고 노력하는 비판적 마르크스주의를 선호했다.

1960년대 말과 1970년대 초에 접한 구조주의를 통해, 홀은 경제결정론과 허위의식을 다룬 1950년대 자신의 비평을 좀 더 발전시킬 수 있었다. 만약 의미화 체계와 언어가 세계를 있는 그대로 반영하는 것이 아니라 우리를 위해〔우리 대신〕그 의미를 결정하는 것이라면, 문화는 경제의 부차적 반영물로 환원될 수 없으며 언어나 이데올로기 외부에 존재하는 '진정한' 의식이란 존재하지 않는다는 결론이 도출된다. 이 같은 중요한 통찰은 1970년대 마르크스주의 구조주의자인 루이 알튀세를 접하며 신중하게 전개되었다.

알튀세의 영향, 이데올로기의 재발견

홀은 '마르크스주의적 구조주의'를 "알튀세로 체현된 것"(CSAC : 32)으로 묘사한다.

바르트와 레비스트로스가 현대문화연구센터가 처음 받아들인 구조주의자라면, 프랑스 지식인 알튀세는 현대문화연구센터에 가장 큰 영향을 미친 구조주의자였다. 알튀세가 『마르크스를 위하여 *For Marx*』(1965), 『자본론을 읽는다 *Reading Capital*』(1968), 그리고 『레닌과 철학 *Lenin and Philosophy and Other Essays*』(1971) 같은 텍스트에서 수행한 구조주의적 마르크스 재독해는, 구조주의와 마르크스주의 방법론 사이의 비판적 대화를 전개시키던 현대문화연구센터 내부에서 홀의 사유에 직접적 영향을 미쳤다.

홀에게 가장 깊은 영향을 미친 구절 중 하나는 『마르크스를 위하여』

안에 있다. 이 책에서 알튀세는 이데올로기란 착각의 베일이 아니라, 그것을 통해 우리가 우리 존재의 실제 조건들을 상상적 방식으로 살아가는 '표상들의 체계'라고 주장한다. 살아 있는 우리 경험은 언어와 표상 안에서 발생하고 그것을 통해 매개된다는 점에서 '상상적'인 것이다. 이데올로기를 표상들의 체계로 간주함으로써 알튀세는 이데올로기의 기호적 특성을 강조한다. (마르크스의 허위의식이라는 개념에 내포된) '진정한' 이데올로기란 존재하지 않는다. 언어와 의미화 작업들[의미화하는 실천들]이 뜻하는 것은, 우리가 상상적 방식으로 '실제 조건들'을 살아야 한다는 점이다. 알튀세에 의하면 이데올로기는 언어와 마찬가지로 대체로 무의식의 차원에서 작동하는데, 이 같은 통찰은 홀이 이데올로기라는 용어를 사용하는 용법의 핵심을 차지한다. 홀에게 이데올로기는 자연스럽고, 무의식적이며, 혹은 그저 단순한 상식처럼 보이는 것 속에서 가장 강력하게 드러난다.

알튀세의 논점은 '실제적인 것[실재]'은 존재하지 않는다는 데 있지 않다. 그가 남긴 가장 중요한 공헌 중 하나는, '이데올로기적 국가기구Ideological State Apparatus(ISAs)', 곧 가족·종교 단체·미디어와 같은 구체적인 실천과 제도들을 통해 이데올로기가 작동하는 방식을 폭로했다는 점이다. 따라서 우리는 의미화와 이데올로기에 오염되지 않은 '실제적인 것'은 존재하지 않는다고 말해야 하며, 이는 곧 이데올로기란 떨쳐버려야 하는 하나의 허구(혹은 허위의식)가 아닌 투쟁의 장소라는 사실을 함축하고 있다.

그러나 알튀세는 투쟁의 장소로서의 이데올로기 개념을 정밀화하는 데 실패하였다. 알튀세주의Althusserianism가 현대문화연구센터에서

'마르크스주의 구조주의자' 루이 알튀세

현대문화센터가 구조주의로 전환한 것은, 이 센터가 마르크스로 회귀한 것과 맥을 같이한다. 특히 알튀세의 구조주의적 마르크스 재독해는 홀의 사유에 직접 영향을 미쳤다. 알튀세는 이데올로기를 표상들의 체계로 간주하여, 이데올로기의 기호적 특성을 강조했다. 홀은 구조주의의 도움으로, 경제결정론과 허위의식을 다룬 1950년대 자신의 비평을 더 발전시킬 수 있었다.

'완전한 정통적 지위'를 차지하지 못한 것은 바로 이 때문이라고 홀은 말한다. 홀이 보기에 '알튀세적 구조주의'가 거둔 주요 성과 중 하나는, 문화주의자들의 인간주의를 넘어섰다는 점이다. 알튀세는 '경험'을 "진짜임을 증명하는 자료가 아닌 하나의 효과, 즉 실재의 반영이 아닌 '상상적 관계'로 간주했다."(CS2P : 29).

그러나 알튀세는 이 방향에서 너무 멀리 나갔다. 경험 자체를 '경험을 말하는' 기호와 표상들의 구조로 환원시켰기 때문이다. 이러한 관점은 지배구조(언어)에 대한 능동적 투쟁의 여지를 거의 남겨두지 않는다. 문화주의의 한계가 인간의 경험에 결정적 역할을 부여하고 이를 강조했다는 점이고, 마르크스주의의 허점이 경제가 가진 결정적 역할만을 강조했다는 것이라면, 알튀세는 언어와 이데올로기가 가진 결정적 역할을 강조했다는 점에서 결함을 보였다. 홀이 주장하듯 알튀세의 '구조'는 "또 하나의 좀 더 큰, 자족적이며 자가번식하는 '표현적 총체성expressive totality'에 불과한 것으로 보인다. 구조의 모든 효과[결과]는 이미 구조 자체 안에 주어져 있다."(CSAC : 33)

알튀세가 체계와 구조에 지나치게 큰 비중을 둔 나머지 활동이나 정치적 개입의 가능성을 차단하고 말았다는 것이다. 알튀세의 '기계' 안에서 우리는 수동적 부품 정도에 불과하다. 궁극적으로 그의 작업에서는 저항이나 투쟁의 잠재력이 전개되지 않았다.

기호를 둘러싼 투쟁

이 장 앞머리에서 기호의 구조주의적 개념과, 언어란 그것이 묘사하는 사물 그대로(뜨겁다/차갑다) 주어지는 것이 아니라, 의미화 작업(붉은 것/푸른 것)을 거쳐 사회적으로 산출된다는 주장을 살펴보았다. 이 이론은 홀에게 하나의 중요한 질문을 던지게 했다. 만일 "세계가 의미하도록 만들어져 있어야 한다면, 어떻게 특정 의미들이 다른 것들보다 특권적 지위를 차지하게 되었을까?"(ROI : 67) 홀은 여기서 마르크스주의와 구조주의의 대화 속에서 생겨난 언어와 권력의 관계를 묻고 있는 것이다. 이 관계에는 언어의 이데올로기적 특성이 새겨져 있다.

세계가 무언가를 의미하도록 만들기 위한 투쟁이 바로 언어 안에서 일어나고, 언어 안에서 세계의 어떤 의미들은 지배적/합법적인 것이 되고 다른 것들은 주변적/불법적인 것으로 밀려난다는 점에서 언어는 이데올로기적이다. 이 투쟁은 결코 평등하지 않다. 어떤 단체와 계급은 항상 더 많은 발언권을 갖고 의미를 획득〔보장〕할 수 있는 제도들(예컨대 미디어)에 훨씬 더 쉽게 접근할 수 있기 때문이다. 그럼에도 불구하고 이 투쟁은 결코 일방적이지 않다. 알튀세의 작업이 암시하고 있듯, 볼로시노프의 용어를 빌어 표현한다면 언어는 '단일 악센트를 지닌' 것이 아니라 '다악센트적'인 것이기 때문이다.

홀은 볼로시노프의 이론에서 두 가지 중요한 결론을 얻는다. 첫째, 볼로시노프는 알튀세의 이론 안에서는 소극적 역할밖에 부여받지 못했던 투쟁의 중요성을 다시 끌어늘였다. 둘째, 볼로시노프의 이론은 전통적 마르크스주의 내부에 존재하는 계급에 대한 근본주의적 관점(지배계급을 지배관념과 동일시하는)에 의문을 제기했다. 주어진 하나의 기호가 어떤 계급이나 사회 단체에 본질적으로 귀속된다고 할 수 없다면, 특정 사회 단체가 자신을 드러낼〔표현할〕 수 있는 보장된 언어란 없다는 결론이 나오게 된다. 이는 앞에서 1940년대 나치 독일 내부와 1970년대 영국의 청소년 스타일 안에서 각각 서로 다른 의미를 띠었던 만(卍)자 기호의 사례로 이미 살펴보았다. 이런 맥락에서 이데올로기는 이미 확고하게 결정된 무엇이 아니라, '어떤 특수성, 그리고 자체적인 어떤 타당성'을 가지고 있는 것임이 확실해진다.

매우 영향력 있는 논문 「이데올로기의 재발견The rediscovery of "ideology"」 (1982)에서 홀은 1970년대 후반 영국의 보수당 지도자 마거릿 대처 Margaret Thatcher가 권력을 잡았던 때의 "쓰라린 경험을 통해 이 교훈을 착실히 배워야 한다."고 강조한다. 이러한 정치적 사건이 노동계급이 사회주의와 노동당에 '영원히 애착을 가지리라.'는 관념을 위협하고, "정치적이고 이데올로기적인 차원을 희생시키고 경제적 목적만을 배타적으로 추구한 노동조합의 한계"를 폭로했다(ROI : 82)는 것이다.

대처의 선거 승리가, 사회주의자들이 지배집단과 하위집단 간의 투쟁에 참여하는 방법에 많은 영향을 미쳤다고 홀은 암시한다. "중요한 것은 상이한 사회적 이해들 혹은 힘들이, 하나의 시니피앙'signifiant 〔지시 기호〕을 단일한, 우선적인, 혹은 지배적인 의미 체계와 분리시키고 다른 것에 접합시키기 위한 이데올로기적 투쟁을 수행하는 방식"(ROI : 80)이다.

여기서 홀은 알튀세를 넘어서기 위해 문화주의적인 입장을 부활시키고 있다. 행위〔동인〕 혹은 인간의 행동을 특권화하는 문화주의의 관점은, 구조주의적 논리를 문제화하고 그 외연을 넓히는 데 도움이 된다. 하지만 그렇다고 홀이 초기의 문화주의적 견해로 후퇴한 것은 아니다. 홀은 경험이 언어라는 지배적 구조의 총합에 불과하다는 사실을 받아들이길 거부하면서도, 여전히 의미와 경험은 의미화 작업으로 구성된다고 확신하고 있다.

「문화 연구 : 두 개의 패러다임」에서 홀이 궁극적으로 밝히고자 한 것은 문화주의적 패러다임과 구조주의적 패러다임은 그 자체만으로는 둘 다 '불충분하다'는 점이었다.

결론적으로 홀은 존재하는 두 개의 패러다임에 '손쉬운 종합'(CS2 P : 36)을 제공하지 않는다. 대신 그의 작업은 문화주의 진영과 구조주의 진영 그 어느 쪽에도 속하지 않지만 양쪽과 유사점을 공유하는 안토니오 그람시의 작업(1장 참조)을 환기하는 방향으로 진행된다.

그람시로 구조주의와 문화주의 절합하기

연대순으로 볼 때 그람시의 작업은 알튀세 이전에 나왔지만(실제로 그람시는 알튀세에게 영향을 미쳤다.), 이들이 홀과 현대문화연구센터에 미친 영향력은 그 순서가 정반대이다. 「문화 연구 : 두 개의 패러다임」에서 그람시의 작업은, 문화주의와 구조주의의 한계를 폭로하며 이 둘을 절합하거나 (분리하기보다는) 연결시키는 수단으로 제공된다.

이탈리아 공산당 창시자인 그람시는 1920년대에 무솔리니의 파시스트 정권의 탄압을 받고 투옥된다. 여생을 감옥에서 보내면서도, 그람시는 생략형의 수수께끼 같은 논문들을 생산해내며 왕성한 저작 활동을 펼쳤다. 이 중 다수는 1971년 호어Quintin Hoare와 스미스 Geoffrey Smith가 영어로 편집·번역한 책 『그람시의 옥중수고 *Selection from the Prison Notebooks of Antonio Gramsci*』로 묶여 출간됐다. (1957년 처음 번역된 매우 독창적인 그람시의 논문 「현대의 군주The modern prince」는 초창기 홀에게 큰 영향을 미쳤으며, 호어와 스미스의 뛰어난 번역 선집 덕분에 1970년대 현대문화연구센터에서 홀은 그람시의 작업을 좀 더 체계적으로 읽을 수 있었다.) 이『옥중수고』에 담긴 그람시의 개념들은 확정적으로 해독하기가 참으로 힘든데, 이는 그람시가 당국의 검열을 피해야 하는 상황이었기 때문이기도 하다.

절합節合 · articulation '절합'은 전통적으로 마르크스·알튀세·그람시와 관련된 개념으로, 스튜어트 홀의 작업 안에서 매우 특별한 울림을 갖는 용어이다. 홀은 이 용어를 다음과 같이 정의했다.
"'절합한다'는 것은 발화하다, 소리 내어 말하다, 분명히 표현한다는 것을 뜻하며 언어화-하기language-ing, 표현하기 등의 의미를 포함한다. 화물 자동차(트럭)를 가리켜 '절합되어' 있다고 말하기도 한다. 화물 자동차의 앞부분(운전석)과 뒷부분(트레일러)은 서로 연결되어 있지만 반드시 붙어 있어야만 하는 것은 아니다. 두 부분은 연결되어 있다가도 얼마든지 다시 분리될 수 있는 특정한 연동장치로 연결돼 있다. 이처럼 절합이란 특정 조건에서 두 개의 상이한 요소들을 하나의 통합체로 만드는 것이 가능한 연결 형식을 말한다."(PA : 141)
절합은, 명백히 분리되어 있는 두(혹은 그 이상의) 부분들(예컨대 경제와 이데올로기) 사이의 관계, 구조화되어 있으나 유연성 있는 하나의 관계를 의미하며, 홀은 마르크스의 결정론적 견해와 관련된 환원주의 및 근본주의를 피하기 위해 이 용어를 종종 사용했다. 홀의 이런 용법은 아르헨티나 지식인 에르네스토 라클라우Ernesto Laclau와 그의 책『마르크스주의의 정치학과 이데올로기*Politics and Ideology in Marxist Theory*』(1977)의 영향을 받은 것이다. 라클라우는 예컨대 이데올로기에는 '어떤 필연적인 계급적 속성도 없다.'고 주장하기 위해 절합이라는 말을 사용한다. 이 말은 홀의 저작 속에서 반복적으로 사용된다.

그럼에도 불구하고 홀이 그람시의 글쓰기를 높이 평가한 이유는, 바로 그 글쓰기의 '국면적conjunctural' 특성, 즉 자신의 사유를 특정한 역사적 계기 혹은 일련의 조건들 안에 위치시키는 그람시의 능력 때문이었다.

현대문화연구센터가 구조주의의 한계로 지적되는 추상성·형식주의·비역사성을 피할 수 있었던 것은, 이데올로기 형성 내부의 계급투쟁에 관한, 역사에 근거한 명확한 설명 방식을 취했던 그람시 덕택이었다. 현재 진행 중인 이데올로기 투쟁의 과정으로서 그람시의 헤게모니 개념(1장 참조)은, 홀과 현대문화연구센터가 순진하고 '영웅적인' 휴머니즘으로 후퇴하는 것을 막아주었으며, 행위에 대한 문화주의적 강조가 결정적 중요성을 유지할 수 있게끔 했다.

알튀세의 이데올로기 연구가 보이는 전체화 경향은, 헤게모니에서 중심적 역할을 차지하는 논쟁과 모순이 지닌 큰 가능성을 협력과 저항 사이의 그 끊임없는 긴장과 함께 협소화시킨다. 그런데 이 긴장은 위에서 직접 부과된 것으로서의 이데올로기가 아닌, 지배집단과 하위집단 사이의 지속적인 교섭을 시사한다.

홀과 현대문화연구센터가 단지 알튀세의 한계만이 아니라 구조주의 전반의 한계를 지적할 수 있었던 것은 바로 그람시를 통해서였다. 다음 장에서 자세히 살펴보겠지만, 홀의 '구조주의적' 전환은 구조주의의 충실한 재생산을 의미하지 않는다. 중요한 것은 홀이 어떻게 구조주의를 전개시키고 그것을 사용했는가이다.

문화 연구 안의 '이론적 소음들'

「문화 연구: 두 개의 패러다임」과 「문화 연구와 중심」에서 홀이 개괄적으로 설명하고 있듯이, 현대문화연구센터에서 전개한 이론의 목표는 버밍엄에서 이루어진 작업을 총괄적으로 설명하는 데 있지 않았다. 또한 현대문화연구센터에 있는 모든 사람이 문화주의에서 구조주의로, 그리고 그람시로의 전환을 따른 것은 결코 아니다. 다른 이들은 예컨대 사회학과 민속지학ethnography을 관련짓는 이론적·방법론적 접근 방식을 발전시키는 데 좀 더 많은 관심을 기울였다.(CML : 73-116을 보라.)

홀은 현대문화연구센터에서의 이러한 다양한 비평적 접근 방식을 '이론적 소음theoretical noise'(CSTL : 278)이라고 비유했는데, 이는 어떤 단일한 논법만 들리지도 혹은 그것만 받아들여지지도 않는 경쟁하는 다중의 목소리들을 뜻하는 표현이다. 또한 이론적 소음이라는 개념은, 버밍엄에서 벌인 문화 연구가 내적으로 일관된 일련의 개념들을 통한 단선적 발전 이상의 결과에 이르렀다는 사실을 상기시키면서, 앞에서 설명한 추상적 이론이 사용되고 실천되는 특정한 제도적 맥락을 명확히 표시한다.

예컨대 홀이 호가트에게 현대문화연구센터 소장직을 넘겨받았던, 구조주의가 문화주의를 대체하기 시작한 1968년을 고찰해보자. 이 해는 버밍엄의 이론적 혹은 제도적 전환 그 이상의 의미를 띤다. 1968년은 유럽과 미국의 학생과 노동자들이 베트남전쟁에 반대하며 거리에서 시위와 폭동을 일으킨 해이자, 그야말로 권위의 위기를 알리는 해였다.

홀은 1968년의 사건들이 현대문화연구센터에 중요한 영향을 미쳤다고 강조해왔다. "이 파괴로부터 '문화의 정치(학)'에 대한 새로운 종류의 질문들이 출현했는데, 이는 현대문화연구센터에 발전된 현재 사회 안에서 새롭게 대두하는 모순들과의 관련성을 확보하는 방향으로 연구할 것을 요청했다."(CSAC : 26) 홀은 여기서 현대문화연구센터의 연구가 현재 사회와 맺는 관련성을 강조하고 있는데, 이는 홀이 맡고 있던 현대문화연구센터가 추구한 주요 목적 중 하나였던 '유기적 지식인'

> 유기적 지식인 '자율적이고 독립적인 사회 그룹' 또는 계급으로서의 '전통적 지식인'과 차별을 두기 위해 그람시가 사용한 용어이다.(그의 논문 「지식인The intellectuals」(1971)을 보라.) 유기적 지식인은 이처럼 절연된 존재가 아니라 그 사회 안에서 매우 중요한 유기적 기능을 갖는 존재이다. 홀은 이를 다음과 같이 규정한다.
> "'유기적 지식인'은 두 개의 전선에서 동시에 작업해야 한다. 한편으로는 지적이며 이론적인 연구의 최전선에 위치해야 한다. 그러나 두 번째 측면 역시 동일하게 중요한데, 유기적 지식인은 그러한 개념과 지식들을 지식인 계급에 속하지 않은 이들에게 전해야 하는 책임에서 자유로울 수 없다."(CSTL : 281)
> 홀은 유기적 지식인의 창조가 현대문화연구센터의 실질적 성과라기보다는 포부였다고 했지만, 그럼에도 이 개념은 현대문화연구센터의 작업, 그리고 사회 안에서 새롭게 흥기하는 힘들과 현대문화연구센터의 연구 프로젝트 사이에 형성된 연합관계(이는 현대문화연구센터CCCS라는 명칭 안에 있는 현재contemporary라는 단어의 중요성과 연관된다.)의 잠늣을 살 포착하고 있다. 유기적 지식인의 역할은 정치 운동가나 혁명가의 역할과 같지 않다.(홀은 현대문화연구센터의 지위가 이러한 방식으로 환원되는 것을 줄곧 부정해왔다.) 지식인의 작업은 뚜렷한 차별성을 띠는 특수한 실천 행위다. 이런 가운데 유기적 지식인은 홀이 '좀 더 광범위한, 비전문적이며 비엘리트주의적 의미'라고 표현한 것 안에서 지적인 실천들을 통합하고자 노력한다.

창조의 토대가 되었다.

베트남전쟁은 텔레비전으로 방송된 첫 전쟁이었고, 현대문화연구센터는 당시 미디어의 이데올로기적 역할에 점점 더 깊은 관심을 갖게 된다.(CML : 119를 보라.) 미디어의 베트남전쟁 보도는 표현적인 것으로서의 문화의 개념, 그리고 민중을 사회 변화의 동인으로 간주하는 문화주의적 관점에 의문을 제기하도록 만들고, 민중의 경험을 구성하는 광범위한 사회적/제도적 구조들에 더 많은 주의를 기울일 필요가 있음을 뜻했다.(구조주의)

그 당시 현대문화연구센터에서 이론은 추상적 문제 이상의 무엇이었다. 이론은 현재 사회의 광범위한 역사적·정치적 변천과 접합되는, 국면적 특수성을 띤 것이었다. 버밍엄에 있었던 홀의 동료 중 한 사람인 마이클 그린Michael Green이 현대문화연구센터에서 전개한 이론에 대한 일반적인 설명에서 주목했듯, "호가트에서 그람시로의 이동뿐 아니라〔영국의 정치가이자 수상이었던〕맥밀란Herold Macmillan에서 대처로의 이동 또한"(Green 1982 : 77) 중요한 문제였던 것이다.

1968년의 정치적 격변은 현대문화연구센터의 연구 작업에도 큰 영향을 미쳤다. 1960년대 후반의 반권위주의적이며 반체제적 환경 덕분에 버밍엄 센터(현대문화연구센터)는 대학의 전통적인 교육적 위계질서에서 벗어나 교직원과 학생이 함께 참여하는 집합적인 연구 프로젝트를 확립할 수 있었다. '집단 연구'는 유기적인 맥락 안에서 이론적 실천을 전개해가는 데 필요한 근본적이며 획기적인 시도였다.「문화 연구와 중심」에서 홀은 이 집단 연구를 현대문화연구센터의 최우선 사항이자 '정말로 현저한' 특질 중 하나로 언급하고 있다.

1968년 영국 런던에서 벌어진 베트남전 반대시위

베트남전쟁은 텔레비전으로 방송된 첫 전쟁이었고, 이 일로 현대문화연구센터는 당시 미디어의 이데올로기적 역할에 깊은 관심을 갖게 됐다. 1968년 이 반전시위가 일어난 해이자, 홀이 현대문화연구센터 소장직을 물려받고 '구조주의적' 전환을 꾀한 해이기도 하다.

일반적으로 말해, 여기서 문제는 지식인들의 실제적인 작업과 실천을 좀 더 집단적인 형식으로 만들고자 하는 시도였다. 각자의 배낭 속에 든 바통처럼 저마다의 연구 주제를 들고 다니는 일련의 프로젝트 그룹이나 지식인들보다는, 작업 중인 집단 주변에 연구 그룹과 프로젝트 그룹, 그리고 학생들을 구성하는 것.(CSAC : 44)

현대문화연구센터의 연구 그룹들은 대중문화·노동·언어·문학·미디어 등을 포함한 광범위한 영역을 가로지르는 연구를 수행했다. 이들은 1970년대 후반 페미니즘과 인종 문제를 공부하는 연구 집단과 결합했다.(혹은 어떤 경우 이들로 대체되기도 했다.) 예컨대 1978년 가을에는 장차 이 분야의 핵심 사상가들이 될 폴 길로이Paul Gilroy, 헤이즐 카비Hazel Carby, 프라티바 파머Pratibha Parmer, 존 솔로몬스John Solomons, 에롤 로렌스Errol Lawrence 등이 대거 참여한 '인종 그리고 정치(학) 그룹'으로 알려진 새로운 연구 집단이 만들어졌다. 이들의 텍스트『제국의 반격The Empire Strikes Back : Race and Racism in 70's Britain』(CCCS, 1982)은 인종과 계급의 관계(흑인 범죄성의 구성, 치안과 독재주의 등)를 포함해 1970년대 홀 등이 처음 의제로 내놓았던 몇몇 핵심적 이슈들을 다루고 있다.(현대문화연구센터에서 일어난 이러한 논쟁이 이후 어떻게 이어졌는지는 폴 길로이의 『영국 국기 속에 블랙은 없다Their Ain't No Black in the Union Jack』(1987)를 보라.)

이처럼 현대문화연구센터에는 '문화 연구'라고 불리는 단일하고 통일된 분야가 아니라, 다양하고 때로는 모순적인 연구 프로젝트들과 공동 연구 그룹들이 존재했다고 봐야 한다. 홀은 조화롭고 목가적인 활동이라는 낭만적인 공동 연구 개념에 처음으로 도전한 사람이었다. 연구 집단들이 지식을 민주화하는 방향으로 작업을 전개해나갈 때조차도, 홀은 피할 수 없이 지속되는 '지식의 위계'(CSAC : 45) 문제를 강조해왔다.

최근에 홀은 이 논점들, 즉 현대문화연구센터에서 발생한 모든 이론적 소음들을 이룬 "불안한 근심과 성난 침묵들"(CSTL : 278)을 언급해왔다. 1970년대 후반 현대문화연구센터의 의제로서 발흥한 페미니즘은, 홀을 페미니스트이면서 동시에 (현대문화연구센터 소장이라는) 남성 권력의 상징이라는 불안정한 지위에 위치시켜 특별한 긴장을 일으킨 한 원천이 됐다.

> 나는 페미니즘을 찬성한다. 따라서 '적'으로, 나이 든 원로로 취급한다는 건 나를 몹시 모순적인 지위에 처하게 만든다. 물론 그들은 그렇게 해야 한다. 그들이 그렇게 하는 것은 전적으로 옳다. 그들은 나를 가둬두어야 한다.(FDI : 500)

[고정된] 입장 정립의 '불가능성'이야말로 1979년 홀이 현대문화연구센터를 떠난 결정적 원인이었다.

개입 · 행동 · 실천으로서의 이론

이제까지 현대문화연구센터에 몸담고 있을 당시 홀이 마주친 주요 이론들을 고찰하였다. 그렇다면 이 같은 만남들이 이론가 그리고 사상가인 홀에 대해 무엇을 알려주고 있는가? 이제 홀의 이론적 실천의 중요한 특질들을 확인해보자.

홀에 대해 "독창적인 한 이론가로 분류되기 힘들다."(Rojek 2003 : 1)라고 말한 이도 있다. 이 말은 홀이 기원과 독창성에 문제를 제기했다는 점에 비추어볼 때, 이론적으로도 매우 수상쩍을 뿐 아니라 꽤 조롱 섞인 평가로 보인다. 그럼에도 이 같은 평가는 역설적으로 홀의 이론적 접근 방식 중 무엇이 '독창적이지 않은지'를 고찰할 수 있는 계기를 제공한다. 청소년 하위문화를 분석하면서 홀이 사용했던 말을 빌자면, 스튜어트 홀은 '브리콜라주Bricolage를 하는 자'이다.(4장 참조)〔'원시' 사회가 주변 세계에 어떻게 반응하고 재조직하는가를 기술하기 위해 레비스트로스가 사용한 용어로, 가공되지 않은 재료들을 가져다가 즉흥적으로 활용하고 연결하여 새로운 의미를 창조하는 일을 뜻한다〕 홀에게 이론화라는 것은, 다른 곳에서 재료를 빌려와 새로운 혹은 대안적 방식으로 그 재료를 사용하는 작업이다. 그렇다고 이것이 모방적인 혹은 독창적이지 못한 제스처를 뜻하는 건 아니다. 그 차용물들은 결코 원본에 충실하지 않기 때문이다.

홀은 이렇게 말한다. "유일하게 해볼 만한 이론은, 내가 완전히 유창하게 말할 수 있는 것이 아니라 싸워 물리쳐야 하는 것이다."(CSTL : 280) 이는, 홀이 "마치 티셔츠를 갈아입듯 새 이론들을 갈아입으면서, 매력적인 이론가를 잇달아 재활용해 유행의 첨단을 걷고자 하는 사람"(PA : 149)이라고 표현했던 것, 곧 이론적으로 한 발 앞서 나가려는 술책의 한 형태가 아니다. 최신 유행 이론을 만들기 위해 오래된 것을 폐기처분하는 게 아니라, 그러한 오래된 이론들을 새롭게 절합하려는 하나의 시도이다.

홀이 글쓰기에 도입한 이론적 실천으로서의 절합이란, 하나의 이론적 틀 그 자체가 갖고 있는 한계를 넘어서기 위해 둘 혹은 그 이상의 서로 다른 이론적 틀들을 연결시키는 일이다. 예컨대 앞서 살펴본 대로, 좀 더 최신 이론인 '구조주의들'과 접하며 홀이 '문화주의'라는 초기의 이론적 전제를 대체했던 것처럼 말이다. 홀의 저작들에 나타나는 이 같은 전환displacement은 후자로 나아가기 위해 전자를 거부하는 것이 아니라, 대안적 방향의 이론을 제시하기 위해 양자를 연결하거나 절합하는 것이다.

이 같은 연결 과정은 고정적이거나 결정적이지 않다.(이어지는 장에서 보게 되겠지만 홀은 문화주의-구조주의의 속박에서 벗어나고자 했다.) 절합은 특정한 일련의 조건들이 전제되어야만 이루어질 수 있다. 혹은, 홀이 사용한 마지막 이론적 개념을 빌자면, 특정한 역사적 국면에서 발생한다. 특정 순간에 발생한 사건들에 대한 반응으로 촉발되고 혹은 그에 대한 응답으로 절합된다는 점에서, 홀의 이론화 작업은 '국면적conjunctural'이다.

여기서 함께 고찰된 용어들, 즉 브리콜라주를 하는 사람, 절합, 국면 등은 단순히 홀의 이론 안에 있는 핵심 개념일 뿐만 아니라, 우리가 이론을 하나의 실천으로 생각할 수 있게끔 하는 수단을 제공한다.

홀에 의하면 이론은 실천적 목적이 있을 때, 그것이 실천될 때에만 유용한 것이다. "나는 대문자 이론Theory에는 관심이 없고, 계속적인 이론화 작업에 흥미가 있다."(PA : 150) 여기서 대문자 '이론'과 (대문자에 주목하라) '이론화하다'라는 동사를 구별하는 일은, 홀의 작업이 갖는 참뜻을 이해하는 데 가장 핵심적인 대목이다. 홀은 대문자 '이론'이라고 불리는 정적이고 획일적인 학문의 대상에는 흥미를 느끼지 않는다. 그는 개입으로서의 이론, 행동으로서의 이론에 관심을 기울인다. 대문자 '이론'은 "항상 좀 더 흥미진진한 어떤 것에 이르는 우회로이다."(OAN : p.42)

이 장에서 미디어·하위문화·인종·민족성 등 홀이 이론을 실천화했던 직접적 맥락에 이르는 우회로 혹은 통로를 살펴보았지만, 이 우회로가 이론을 (그것이 적절한 곳에 이르기도 전에) 탈선시키려는 시도, 즉 일탈로 간주되어서는 안 된다. 홀에게 이론이란 '사적 언어로의 회귀'라기보다는 '상식적 지식'에 의문을 제기하기 위해 '언어를 의도적으로 왜곡하여 사용하려는'(CSAC : 46) 시도이다.

이론을 현실과 괴리된 추상으로 간주하는 상식적 관점과 달리, 홀은 이론이 현실에 관한 (상식적) 전제들에 도전하는 언어를 제공한다고 본다. 이론 없이는 문화에 대한 어떤 실천적인 혹은 유용한 이해도 뒤따를 수 없는 것과 마찬가지로, 실천 없는 문화 이론 또한 홀에게는 존재하지 않는다. 한 마디로 이론은 '그 자체로 고유한 내적 유효성'(CP : 26)을 창출할 수 없는, 그 자체로서 유용한 무엇이 아니다.

지금까지 현대문화연구센터 안에서 일어난 문화주의에서 구조주의로의 이론적 전환에 초점을 맞추었는데, 이 같은 변화는 이론들 그 자체가 아니라 1960년대 말이라는 좀 더 광범위한 사회 상황을 전제하고 있다. 게다가 현대문화연구센터의 연구에 나타난 공동작업적 특성은, 홀의 '핵심 개념들'을 고립되어 보이게 하는 모든 설명이 우리를 잘못 인도할 뿐만 아니라 그 연구가 산출되고 실천되게끔 만든 바로 그 정신을 간과하는 것이기도 하다는 점을 시사한다. 이러한 사실을 잊는다면 우리의 작업은 단순히 홀을 '유행하는 티셔츠 위에 새겨진 새로운 이론가'로 재활용하는 수준에서 그칠 것이다.

문화주의와 구조주의, 홀의 실천 이론의 토대

이 장에서는 두 개의 논문에 나타난 홀의 사상을 통해 홀의 사유를 제대로 맥락화하는 데 필요한 제도적(현대문화연구센터) · 지적(버밍엄의 문화 연구) 틀에 대해 살펴보았다.

버밍엄 문화 연구의 '발단'과 현대문화연구센터의 전사前史, 그리고 문화에 대해 서로 다른 관념을 지닌 '문화주의자'와 '구조주의자' 사이에서 진동하는 와중에 현대문화연구센터가 한편으로는 계승하고 한편으로는 결별한 많은 논의들, 마지막으로 1970년대에 마르크스주의와 그람시에 이론적 관심을 쏟으며 홀이 소위 문화주의자/구조주의자라는 이분법을 뛰어넘기 위해 기울였던 노력들을 고찰하였다.

이 장의 마지막 절반 부분은, 이러한 추상적인 이론적 전개 과정을 현대문화연구센터라는 제도적 맥락과 1968년이라는 역사적 맥락 안에 위치시키는 데 주력했다. 현대문화연구센터뿐 아니라 홀 자신의 이론화 노력과 관련된 '이론적 실천' 문제를 고찰하는 것으로 이 장은 마무리된다.

03

미디어와 이데올로기

Stuart Hall

매스미디어의 메시지는 투명한가?

홀의 논문들 중 단연코 가장 널리 읽히고 토론된 「기호화/기호 해독 Encoding/decoding」(1973/1980)은 1970년대와 1980년대 문화 연구의 방향에 결정적 영향을 미쳤으며, 이 논문에 등장하는 주요 용어들은 줄곧 이 분야의 핵심어들로 남아 있다. 버밍엄에서 거둔 중요한 이론적 발전을 숙고하게끔 만드는 이 논문은, 홀과 현대문화연구센터 연구가 구조주의로 전환하는 데 핵심이 되는 글(2장 참조)로 평가되고 있다.

이 논문은 텔레비전 담론의 의사소통 과정에 초점을 맞추어 미디어 메시지의 산출·유통·소비와 관련한 아주 오래된 관점에 도전하여, 새로운 의사소통 이론을 제안한다. 의사소통 과정에서 미디어의 메시지를 정적이고 투명하며 불변하는 것으로 간주했던 전통적 관점과 달리, 홀은 보내진 메시지가 (설령 그럴 수 있다 쳐도) 받아들인 메시지와 같다고 보기는 좀처럼 힘들며 의사소통은 체계적으로 왜곡된다고 주장한다.

「기호화/기호 해독」은 매스커뮤니케이션〔비조직적인 일반 대중을 대상으로 전달하는 대량 정보. '매스미디어'는 이 매스커뮤니케이션의 매체媒體이다.〕 연구의 토대가 되는 〔기존의〕 의사소통 이론들에 홀이 취한 유보적 태도에서 비롯되었다. 이 논문은 매스커뮤니케이션 연구 안에서 발견되는 관습적인 의사소통 모델을 설명하는 것으로 시작되는데, 이 모델은 '발신자'로부터 '메시지'를 통해 '수신자'로 가는 일직선적 형태로 움직인다. 이 모델에 따르면, 발신자는 메시지를 만들어내고 그 의미를 고정시키는데 이것은 수신자에게 직접, 그리고 투명하게 전달된다.

그러나 홀은 이러한 의사소통 과정이 지나치게 단순하다고 말한다. "거기서 유일한 왜곡은, 그 혹은 그녀가, 반드시 받아야만 하는 메시지를 받아들이지 못할 수도 있다는 점이다."(RED : 253) 뒤에서 다시 살펴보겠지만, 홀은 서로 다른 청자들이 의미를 '발견'하는 방식이 아닌 그것을 '산출'시키는 방식들에 특히 관심을 보였다.

매스커뮤니케이션 연구 2차대전 이후 미국에서 유행했던 일련의 연구 성과물로, 1950년대와 1960년대 영국의 주류 사회학에 특히 큰 영향을 미쳤다. 사회학은 영국의 초창기 문화 연구에 중요한 영향을 미쳤지만, 현대문화연구센터는 자신들의 연구 방식을 미국 매스커뮤니케이션 이론의 과학적 모델과 일치시키려고 하지 않았다. 현대문화연구센터의 관심은 미디어가 사회에 미치는 '영향'에 있었으며, 개별 행위에 대한 경험적 연구로 그것을 측정하고자 했다.(즉 그들의 연구는 이론이 아닌 관찰에 기초하고 있다.)

매스커뮤니케이션 연구는 미디어에 대한 프랑크푸르트학파(테오도어 아도르노, 발터 베냐민, 막스 호르크하이머 등 전쟁 전 미국으로 건너와 미디어의 광범위한 부정적 영향력을 실감한 독일의 마르크스주의 지식인 그룹)의 초기 작업에서 발전되어 나와 그것을 대체한 것이다. (대개는 광고를 통해 좀 더 효과적으로 시청자들에게 영향을 미치는 방법을 알고자 했던 상업 단체들에게 투자를 받은) 매

홀은 논문에서 다음과 같이 주장하며, 매스커뮤니케이션 모델을 이루는 세 요소를 모두 의문에 부친다. 즉, (1)의미는 발신자가 단순히 고정시키거나 결정하는 것이 아니다. (2)메시지는 결코 투명하지 않다. (3)청자는 수동적인 의미의 수용자가 아니다.

왜곡은 메시지의 담론 체계 안에

예컨대 난민들에 관한 다큐멘터리가 그들의 곤경에 대한 동정어린 설명을 제공하고자 했다고 해서, 시청자들이 반드시 그들을 동정적으로 바라보리라는 보장은 없다. '리얼리즘'과 '사실들'을 아무리 강조한다 해도 그 다큐멘터리 형식은, 여전히 생산자의 의도를 왜곡하고 시청자들에게서 모순된 감정들을 불러일으키는 기호 체계(텔레비전의

> 스커뮤니케이션 연구는 미디어에 대해 훨씬 더 긍정적이며 낙관주의적인 관점을 지니고 있었다. 그것은 미디어가 사회의 밝은 모습을 제공한다는 가정 아래 작업했다. 미국은 다민족사회이며 다양한 사회 그룹들의 본고장이므로, 미디어는 당연히 이런 특징을 반영하고 또한 강화하리라는 결론이 여기서 도출된다. 이런 맥락에서 소위 미디어의 '다원주의'는 미국과 같은 민주적 사회에서 '이데올로기의 종식'을 예고하는 말로 사용되었다. 그러나 매스커뮤니케이션 연구 안에서 아무런 문제 없이 '과학적인' 것으로 간주되었던 것이, 홀과 현대문화연구센터에 이르러 지극히 이데올로기적인 것으로 드러났다. 홀이 "아메리칸 드림은 경험적으로 입증되었다."(ROI : 61)라는 날카로운 반어법으로 강조했듯 '다원주의'는 문화적으로 특수한 (이데올로기적인) 가치이다. 「기호화/기호 해독」은 무엇보다도 매스커뮤니케이션 연구와 그것의 경험주의적 요구[주장]를 비판하기 위해 쓰였다.

시청각적 기호들)를 통해 전달되어야 한다. 여기서 왜곡은 생산자나 시청자 측의 '실패'를 의미하는 것이 아니라, 이 체계 내부에 내장되어 있는 어떤 것이다.

홀은 '의사소통적 교환'에서 양측, 즉 메시지가 생산되는 순간('기호화')과 그것을 수용하는 순간('기호 해독') 사이에는 '불일치'가 존재한다(E/D : 131)고 주장한다.

이 '불일치'는 홀의 논점에서 결정적 중요성을 지닌다. '불일치'는 의사소통이 선택의 여지 없이 기호 체계 안에서 일어날 수밖에 없기 때문에 발생한다. 기호화와 기호 해독의 순간들은 각각 담론 체계의 입구 혹은 출구 지점들을 이룬다.

1장에서 살펴보았듯, 언어는 실재를 그대로 반영하는 것이 아니라 실재를 구성 혹은 '왜곡한다.' 따라서 지극히 기초적인 단계에서조차 "시각적 담론은 삼차원적 세계를 이차원적 평면으로 이전시킨다. 물론 시각적 담론은 그것이 의미화하고 있는 지시체 혹은 개념 바로 그것일 리는 없다. 영화 속의 개는 짖을 수는 있어도 물지는 못한다!"(E/D : 131)

발신자 = 생산자, 수신자 = 소비자 회로

'메시지의 담론적 형식은 의사소통적 교환에서 특권적 지위를 차지'하는데, 홀이 보기에 의사소통은 언어와 담론에 관한 것 이상의 의미를 띠고 있으며 구조주의만으로는 기호화와 기호 해독의 순간 사이에 발생하는 불일치가 충분히 설명되지 않는다. 궁극적으로 홀은 미디어의

베트남전쟁 당시 미 해군 선박에 오르는 베트남 난민들

홀의 논문 중 가장 유명한 「기호화/기호 해독」은 현대문화연구센터가 구조주의로 전환하는 데 핵심이 되는 글로, 1970, 80년대 문화 연구의 방향에 결정적 영향을 미쳤다. 이 논문에서 홀은 난민 다큐멘터리의 예를 들어, 다큐멘터리가 아무리 '리얼리즘'을 강조한다고 해도 시청각적 기호는 '기호 체계'를 거쳐야 하기 때문에 왜곡은 체계 내부에 내장돼 있는 것이라고 주장한다.

메시지가 띠고 있는 언어적 함의보다는 정치적 함의에 더 많은 관심을 갖는다. 그는 1973년판 「기호화/기호 해독」에서 한 가지 사실을 분명히 하고 있다.

> 내가 기호학적 관점을 차용한다 해도, 나는 이것을 오로지 텔레비전 담론의 내재적 구조에만 관련되는 폐쇄적인 형식적 관심을 가리키는 것으로 간주하지는 않는다. 그것은 의사소통 과정에 존재하는 '사회적 관계들'에 대한 관련성을 반드시 포함해야 한다.(E/D 73 : 1)

의사소통의 사회·정치적 차원에 대한 홀의 관심은 논문 첫 부분에서부터 두드러지게 나타나는데, 여기서 홀은 마르크스의 상품 생산 이론을 토대로, '발신자-메시지-수신자'로 구성된 의사소통 모델에 대한 대안을 제시한다. 이 모델은 홀이 (유통과 분배와 같은) '계기들'이라 부른 몇 개의 요소들로 구성돼 있으나, 일차적으로는 생산/기호화와 소비/기호 해독의 지점들에 관련된다.

홀은 마르크스의 용어를 전유하여 의사소통에 관한 전통적인 직선형 모델을 하나의 회로로 대체한다. 이 회로 안에서 '발신자'는 '생산자'가, '수신자'는 '소비자'가 된다. 매스커뮤니케이션 연구에서 '수신하다'는 의사소통 과정의 마지막을 표시하는 것으로 수동적 의미를 내포하고 있으나, '소비한다'는 것은 생산이나 의미의 '재생산'에 이르는 능동적 과정이다. 여기서 홀은 매스커뮤니케이션 이론(관찰자의 반응이 '무릎뼈를 톡 쳤을 때'(E/D : 131) 나타나는 것 같은 본능적 반작용처럼 기술되는)과 같은 행동 과학, 구조주의의 언어 중심적 추상성, 그리고 문화에

담론과 지시체 '담론'과 '지시체'라는 용어는 홀의 연구에서 중요한 관계에 있다. '담론'은 프랑스 지식인 미셸 푸코에게서 차용한 개념이다. 소쉬르와 바르트가 재현 문제에서 상대적으로 좀 작은, 고립된 단위들(언어/기호 시스템)에 관심을 가졌던 반면, 푸코는 좀 더 광범위한 재현 시스템, 즉 특정한 역사적 순간에 권위를 획득하고 지배적 지위를 차지했던 특정 주제에 관한 서사·문장·이미지 전체에 관심을 기울였다. 지배적 특질과 역사를 강조한 데서 알 수 있듯, '담론'이라는 개념은 (의미 생산 문제에만 한정되는) 구조주의와 달리 지식과 권력 생산의 문제와 관련해 역사적으로 더 특수한, 정치화된 재현에 대한 관념을 제공했기 때문에, 홀에게 상당히 매력 있는 용어가 되었다. 이 책에서도 '9/11'을 하나의 시청각적 담론, 즉 21세기 초의 특수한 역사적 사건을 기술하는 재현의 한 덩이(예컨대 영화의 장면, 권위자들의 진술, 사진, 목격자의 이야기, 추측들)로서 고찰하고 있는데, 홀은 푸코처럼, 다른 것들은 배제한 채 어떤 주제에 관한 특정한 이해 방식을 통제하거나 허용하기 위해 담론이 작동하는 방식에 관심을 기울였다. 홀이 보기에, 푸코는 담론 바깥에 물리적인 실제 세계가 존재하지 않는다는 것이 아니라, 담론을 통해서만이 실제 세계가 그 의미를 획득한다고 말했다는 점에서 매우 중요하다. '9/11'이라는 사건은 정말 일어났다. 그것은, 그것을 묘사하기 위해 동원된 각종 재현물 전체 그 이상이다. 그러나 뒤에 다시 설명하겠지만, 그 사건의 의미는 담론적으로 생산된다. 라클라우와 무페가 발췌한 요약 부분에서 홀은 좀 더 일상적인 예를 든다: "당신이 발로 차고 있는, 가죽으로 된 그 둥근 물체는 물리적 대상, 즉 공이다. 그러나 사회적으로 구성된 게임의 법칙이라는 맥락[담론] 안에서만 그것은 '축구'가 될 수 있다."(R: 45) 홀의 용법에서 알 수 있듯 담론은 '지시체', 즉 기호가 우리에게 가리키는 언어 외부의 실제 세계(당신이 발로 차는 공, 진짜 사람을 무는 개)의 망각을 수반하지 않는다. 홀은 소쉬르식 구조주의에 비판적 태도를 취해왔는데 그 이유는 다음과 같다. (1) 그것은 언어 바깥의 물질세계를 간과한다. (2) 그것은 언어를 특정한 시점에 놓고 (공시적으로) 바라봄으로써 역사적 (통시적) 차원을 소홀히 한다. (3) '추상화'나 난해한 이론으로 흐르는 경향과 더불어 그것이 보이는 '형식주의'는 정치에서 후퇴할 위험성을 내포한다.

대한 문화주의의 표현적 관점 등과 자신의 주장을 차별화한다.

매스커뮤니케이션 연구에서 '수신자'는 직선의 끝을 상징하지만, 홀은 그렇게 보지 않는다. "생산이 소비를 결정하듯 소비는 생산을 결정한다."(RED : 225) 여기서 홀은 하나의 절합된 의사소통 모델을 제안하는데, 이 모델에서 의미는 순회하는 도중 어떤 특정 순간에 자리를 잡지도, 그것으로 보장받지도 못한다.

생산, 유통 등의 과정들은 그것들과 연결된 다른 계기들과 관련을 맺으며 상호 결정되고 결정한다. "절합되어 있는 다음 계기를 완전히 보장할 수 있는 그런 계기는 없다."(E/D : 128~9) 이 맥락 안에서 알튀세의 용어를 차용한 홀은, 기호화와 기호 해독은 중층적으로 결정된, 상대적으로 자율적인 계기들임을 암시하고 있다.

중층결정 『마르크스를 위하여』의 한 논문에 등장하는, 알튀세의 '모순과 중층결정'이라는 개념에 큰 영향을 미친 프로이트적 개념. 알튀세는 중층결정이라는 말로 경제적인 것뿐만 아니라 이데올로기적이고 정치적인 수많은 결정적 힘들이 존재한다는 것을 나타냈다. 알튀세의 '중층결정' 관념은 연결되거나 절합된 수많은 결정들을 뜻한다. 이는 마르크스의 '결정론적' 시각에 근거한, 토대에서 상부구조로의 기계론적 움직임과 절연한 것이다.

상대적 자율성 홀과 현대문화연구센터의 작업에 특별히 큰 영향을 미친 용어이다. '상대적 자율성'이라는 말은, 이데올로기에는 경제에서 독립되는 수준이 있음을 암시한다. 이 모델에서 결정은 이루어지지만 단지 '최종 심급'에서만 그렇다. 경제는 어떤 방식으로든 항상 상부구조를 결정하지만, 그것이 반드시 지배적인 것이라고 말할 수는 없다고 알튀세는 주장한다.

테러리즘·참사·비극, 기호화된 9/11

이 같은 추상적 절합 이론들을 설명하기 위해, 미디어의 '9/11' 보도를 예로 들어 기호화와 기호 해독의 특정 계기들을 자세히 살펴보자.

2001년 9월 11일 뉴욕 세계무역센터와 충돌한 두 대의 비행기 이미지가 전세계 시청자들에게 전파됐을 때, 그 사건의 의미는 모든 이에게 아주 충분히 분명해 보였다. 미국이 테러리스트 공격의 비극적 희생물이 되었다는 것이다. 이 사건을 둘러싼 비극적 감정은, 그 뉴스를 접하고 큰 상처를 받은 유럽과 미국 시청자들의 반응을 보여주는 미디어 보도로 한층 강조되었다. 그런데 미디어는 이런 애도 장면과는 극히 대조적으로 이 뉴스를 축하하고 있는 듯 보이는 팔레스타인 사람들의 모습도 역시 내보냈다.

동일 사건을 다루는 미디어의 보도에 대해 시청자들이 보인 이 같은 대조적인 반응은, 세계무역센터 빌딩의 붕괴에는 어떤 단일한 의미도 존재하지 않음을 암시한다. 「기호화/기호 해독」은 미디어의 이데올로기적 역할은 무엇인지, 그리고 미디어는 어느 정도로 의미를 좌우하고 제3의 의미들을 발생시키는지 탐구함으로써, 왜 미디어가 보도하는 동일한 사건을 다양하게 읽는 것이 가능한지 하는 문제를 새롭게 조명하고 있다.

첫 번째 비행기가 북쪽 건물에 부딪친 지 15분 쯤 후 뉴욕의 세계무역센터에는 카메라팀이 이미 출동해 있었다. 두 번째 충돌과 그 여파는, 그것이 우리 눈앞에 전개되는 것과 동시에, 그 사건에 어떤 즉시성을 부여하는 텔레비전을 통해 생방송으로 중계됐다. 그럼에도 불구하고 '9/11'의 의미는 기호화라는 고립된 계기에서 즉각적으로 발생한 것이 아니다. 그 보도는 그것이 절합되는 좀 더 광범위한 의사소통 회로에 의해 중층결정되었다. 예컨대 그 혼돈스러운 미증유의 감정에도 불구하고, '9/11'이라는 생산물은 홀이 '방송의 제도적 구조'라 불렀던 것이 세워놓은 기존의 일상과 규칙들에 의지하고 있었다. 한 논평가가 강조했듯 여기에는 다음과 같은 것들이 포함된다.

    적당한 장소와 사람들을 구하기 위해 각종 기관들과 접촉하기, 인터뷰하기, 기자회견에 참가하기, 특정 종류의 다큐멘터리 자료를 이용하기. 기타 부수적인 뉴스 포맷들—마감 시간 맞추기, '사실들' 포함하기, 특정 부류의 사람들(증인이나 권위자)의 사진이나 그들에게서 따낸 인용들 싣기.(Karim 2002 : 102)

이 같은 물질적 구조뿐 아니라, "지난 3세기 동안"(E/D : 102) 서구에서 유통돼온 '폭력, 테러리즘, 이슬람'에 관한 저널리즘적 담론으로 '9/11'의 기호화 작업이 이루어졌다.

이러한 맥락에서 기호화는 생산의 물질적 맥락(기호화는 여기서 발생한다.)으로 구성되는 '계기'이자, 의사소통의 담론적 영역으로 들어가는 입구라는 홀의 논점을 이해할 수 있다. 홀에게 기호화는 "생산의 제도적-사회 관습적 관계들이 언어의 담론적 규칙들 이면을 반드시 통과해야 하는"(E/D : 130) 결정적으로 중요한 순간이다.

    날것 그대로의 역사적 사건은 그 형태 그대로 텔레비전 뉴스로 방송될 수 없다. 사건들은 텔레비전 방송 담론의 시청각적 형식 안에서만 의미화될

2001년 미국 뉴욕에서 일어난 '9/11 테러'

미디어들은 미국이 테러리즘의 비극적 희생자가 되었다고 보도했다. 그러나 뉴스는 사건을 '날 것 그대로' 전달하지 않는다. 9/11 보도 또한 그 명백한 즉시성에도 불구하고, 하나의 시청각적 담론으로 재구성된 것이었다.
홀은 '발신자/수신자'로 된 전통적인 직선형 의사소통 모델을 '생산자/소비자'의 회로로 대체한다. 이 회로 모델로 홀이 얘기하고자 한 것은, 기호화와 기호 해독은 중층적으로 결정된다는 것이었다.

수 있다. 하나의 역사적 사건이 담론의 기호 밑을 통과하는 순간, 그것은 언어의 의미화에 필요한 모든 복잡한 형식적 '규칙들'에 종속된다. 이를 역설적으로 표현하자면, 하나의 사건이 소통 가능한 사건이 되기 위해서 먼저 하나의 '이야기'가 되어야 한다는 것이다.(Karim 2002 : 129)

뉴스는 순수한 혹은 '날 것 그대로의' 사건 형태로 우리에게 주어지는 것이 아니라, 언어라는 지배 체계의 '형식적 규칙들'(소쉬르의 랑그)에 종속된다. 엄밀히 말해 텔레비전 뉴스를 '언어'라고 하긴 힘들지만, 그것이 고도로 기호화된 혹은 '관습적인' 담론이라는 사실을 염두에 둘 때 이 같은 유추는 생산적으로 기능하게 된다. 예컨대 책상, 정장 차림, 그리고 공식적 자세 등은 모두 '권위' '진실성' '진지함' '객관성' 같은 가치들을 전달 혹은 '의미화'하기 위해 사용되는 텔레비전 뉴스 내부의 '기호들'이다. 마찬가지로 개별적인 뉴스 '아이템' 역시 실제의 역사적 사건 위에 뉴스 창만 제공한다고 성립하는 것이 아니라, 그 사건을 하나의 '이야기'로 변형시켜야 한다. 참사·스캔들·살인사건 등은 '그대로' 보이는 것이 아니다. 그것은 뭔가를 '의미하거나' '뜻하기' 위해서 담론적으로 생산되어야 한다. 즉, (일련의 약호들 혹은 기호 체계 내부에서)기호화되어야 한다.

'9/11' 또한 그 명백한 즉시성에도 불구하고, 보도를 접한 시청자들이 그날 본 것은 재구성되지 않은 사건 자체가 아니라, 하나의 '이야기'를 만들기 위해 아마추어들이 찍은 비디오, 목격자들의 진술, 그리고 기자들의 이야기를 신중하게 편집하여 만든 선택적 조합, 즉 하나의 '시청각적' 담론이었다.

시청자가 '생산자'가 되는 까닭

한편 이렇게 기호화된 '메시지 형식'이 의미를 산출하고 "'영향'을 미치기"(E/D : 130) 위해서는 보는 이들에 의해 해독되어야 한다. 홀은 텔레비전 방송 담론은 그 생산자가 새겨넣은 내재적 의미를 담고 있는 것이 아니라고 암시한다.(생산/기호화 과정이 그것의 의미를 보호하고 결정하는 데 중요한 작용을 한다는 것을 앞에서 살펴보았지만 말이다.) 보는 행위야말로 의미화의 잠재적 가능성을 현실화한다. 텔레비전 메시지가 '사회적 용법이나 정치적 효과'(E/D : 130)를 획득하는 것은 바로 그러한 기호 해독의 순간이다.

홀이 보기에 기호 해독은 의사소통 과정에서 가장 중요하지만 또한 가장 자주 간과되어온 양상인데, 이는 텔레비전 방송 담론이 '도상' 기호들을 사용한다는 사실에 기인한다. 도상적 기호는 의식적인 기호 해독 작용에 저항하는 경향을 보이는데, 그것은 도상적 기호들 자체가 보는 사람이 사용하는 인식[지각]의 약호들을 재생산하기 때문이다.

이 [도상적 기호]를 통해 우리는 '소'를 나타내는 시각적 기호를 (그것을 재현하는 것이 아니라) '소'라는 실제 동물 그 자체로 생각하게 된다. 그러나 만일 동물 보호 매뉴얼(가축 교본) 안에 시각적으로 재현된 소, 또는 한 걸

도상적 기호 미국의 철학자 찰스 퍼스Charles Peirce(「기호화/기호 해독」에 그의 저서 『사변적 문법Speculative Grammar』(1931)이 인용되어 있다.)는 '지시적' 기호, '상징적' 기호, '도상적' 기호들을 구별함으로써 기호학 내부에 큰 영향을 미쳤다. '도상적 기호'란 사진처럼 그것이 가리키고 있는 대상(지시물)을 꼭 닮은 시각적 기호이다.

음 더 나아가 '소'라는 언어적 기호를 생각해본다면, 정도의 차이가 있기는 하지만 어쨌든 그 두 가지는 모두 각각이 재현하고 있는 소의 개념과 자의적인 관계를 맺고 있음을 알 수 있다. 지시물의 개념과 자의적 기호와의 절합—그것이 시각적이든 청각적이든—은 자연의 산물이 아니라 관습의 산물이다.(E/D : 132)

소쉬르를 따라 홀은 기호의 자의적 본성을 강조한다. 비록 기표와 기의, 그리고 시각적 기호들과 '사물들' 간의 관계가 자연적인 듯 보일지라도 사실 그것은 관습적 관계라는 것이다. 홀은 여기서 더 나아가 문화적으로 구성된 기호와 자연적으로 주어진 혹은 보편적인(일반적인) 지시물 간의 혼동을, 언어학 이론에서 '외연적 의미'와 '내포적 의미' 간의 혼동과 연관시킨다.

'외연적 의미'와 '내포적(함축적) 의미'의 구별이 잘못된 것임을 강조하면서도(아무리 '글자 그대로'인 듯해도 실제로 모든 기호는 함축적이다.), 홀은 이 같은 구별이 가지는 분석적 가치를 인정했다.

외연적 의미와 내포적(함축적) 의미 『신화론』의 마지막 장 '오늘날의 신화'와 『기호학의 요소들 Elements of Semiology』에서 바르트는 '내포적(함축적) 의미'(기호의 연상적 의미)와 '외연적 의미'(기호의 축자적 의미)라는 용어를 상세히 설명하고 있다. 외연적 차원에서는 어떤 기호의 의미에 관한 일반적 합의가 존재한다. 그러나 내포적 차원의 경우, 예컨대 광고의 '언어'는 우리가 동의하거나 혹은 동의할 수 없는, 계급과 이데올로기로 특징지어지는 각종 연상들(암시적 의미들)을 드러낸다. 바르트가 이데올로기는 함축적 의미의 차원에서 주로 작동한다고 보는 것은 이 때문이다.

이데올로기적 의미는 외연적 차원에서는 상대적으로 고정적인 듯 보이는 데 반해, 함축적 차원에서는 "의미의 유동성과 연상〔암시적 의미들〕이 좀 더 충분히 활용 및 변형될 수 있기 때문에"(E/D : 133), 이데올로기의 개입과 논쟁이 이루어지는 중요한 장소이다. 홀은 이 대목에서 언어의 '다多악센트성'을 강조한다. "기호는 늘 새로운 악센트를 부여받게끔 되어 있으며 의미를 놓고 벌어지는 투쟁, 즉 언어 안에서 벌어지는 계급투쟁에 전적으로 뛰어든다."(E/D : 133)

다악센트성은 기호 해독에서 중요한 함의를 갖는데 만일 우리가 볼로시노프의 이론을 받아들인다면, 텔레비전 메시지의 '수용'이라는 개념은 의문시될 수밖에 없기 때문이다. 시청자들은 생산자가 그곳에 주입해놓은 고정된 의미들을 수동적으로 이해하는 존재로 더 이상 간주될 수 없으며, '기호 해독'은 필연적으로 시청자들의 사회적 지위에 따라 달라지는 의미를 둘러싼 투쟁과 관련된다. 이러한 맥락에서 생산자가 '이미 구성한 기호'는 "잠재적으로 하나 이상의 함축적〔내포적〕형태들로 변화"(E/D : 134)한다.

여기서 홀의 관심사는 그 자신이 텔레비전 기호의 '다의적 가치들'이라 부른 것, 즉 하나 이상의 것을 의미할 수 있는, 잠재적으로 충돌하는 다양한 의미들을 실어나를 수 있는 능력에 있다. 의미는 단일하지 않고 다양하다. 시청자들의 '작업'은 메시지의 중심에 새겨넣어진 참된 핵심적 의미를 발견하는 것이 아니라, '상대적 자율성'의 정도에 따라 의미를 산출하는 데 있다. 소비자가 생산자이기도 한 이유가 바로 여기 있다.

그러나 여기서 홀이, 텔레비전의 메시지가 우리가 바라는 바대로 모든 것을 다 의미할 수 있다고 말하는 것은 아니다. 게다가 텔레비전 메시지가 산출할 수 있는 한정된 수의 의미들은 "평등하지 않다."(E/D : 134) 따라서 홀은 '다의미성'을 (자유롭고 민주적인 선택을 의미하는) '다원주의'와 혼동해서는 안 된다고 말한다. 사회는 홀이 '선호된 의미들'이라 부른 "지배적인 문화 질서"(E/D : 134)를 구성하기 때문이다.

이데올로기 투쟁 가능성 보여주는 '선호된 의미들'

지배적 혹은 '선호된 의미'라는 개념으로 홀은 다의적 기호들의 정치적 함의―이것은 그 기호들에 "기입되어" 있다(E/D : 134)―에 역점을 두게 된다. 다양한 "사회적 의미와 실천, 용법, 권력, 이익"(E/D : 134) 등이 여기에 해당된다. 선호된 의미들은 '상식' 혹은 '의심의 여지없이 당연함에 기대어 '지배적 문화 질서'를 반영하는데, 그것은 "사회, 문화, 정치 세계의 분류 체계"(E/D : 134)를 강제하며 그 정당성을 인정한다.

　홀이 보기에 의미와 해석은 위계적으로 구성된다. 따라서 지배적 의미와 지배적 읽기는 제도적·정치적·이데올로기적 차원에 걸쳐 지배적 문화 질서를 반영한다. '9/11'에 관한 텔레비전 뉴스 보도는 '문명화된' 사회에 가한 '테러리스트들의' 공격이라는 지배적 혹은 선호된 의미들을 보호하는 방식으로 작동했다. 이러한 담론 안에서 '테러리즘'과 '문명'은 상식으로 기호화되고 (추측컨대 빈번히 그렇게) 해독되었다. 그러나 이 말들은 가치중립적이거나 '순수한' 라벨이 아니며, 오히려 서구 사회의 지배적 문화 질서의 이데올로기적 흔적을 실어 나르고 있다. 물론 하위 담론적[부수적]이기는 하지만 '9/11'을 제3의 방식으로 설명하는 경우도 있었다. 그러한 설명에서는 결코 '문명적이지 않은' 미국의 해외 정책이 그 공격과 결부지어졌으며, 오히려 미국이 '테러리스트'로, '테러리스트'들은 해방 전사 혹은 반제국주의자들로 호명되었다.

상식 상이한 사회 그룹 간의 '무의식적' 전제 혹은 신념들이라고 가정된 것을 지칭하기 위해 그람시가 사용한 용어. '상식'에 대한 상식적 관점은 상식을 의문의 여지없는 것으로 간주하는 데 반해, 그람시는 상식이 지배적 질서에 대한 동의를 뜻하는 체제 순응적 사유 방식이라고 암시한다. 따라서 상식은 의문에 부쳐지거나 '양식良識'으로 대체되어야 한다. 어떤 것을 상식이라고 말하는 것은 그것을 의문의 여지가 없는 것(원래 그런 거야.)으로 간주하고, 사실상 문화적이며 특수한 것을 자연적이고 보편적인 것처럼 제시하는 것을 말한다. 따라서 홀이 강조했듯, 상식은 헤게모니의 유지와 관련해 이데올로기적으로 중요한 역할을 수행하는 것임이 틀림없다.
"[상식의] '자동적' 특질, 투명성, '자연성', 그것이 기초하고 있는 전제를 고찰하는 것에 대한 거부, 변화나 수정에 대한 저항, 즉각적 인식의 효과야말로 상식을 '자동적이고' 이데올로기적이며 무의식적인 것으로 만든다."(CMIE : 325)
「기호화/기호 해독」에서 홀은, 미디어의 메시지는 상식으로서의 지위를 자연스레 얻게 되는데, 이는 부분적으로 그 메시지의 수행적 performative 특질 때문이라고 암시한다. '9/11'의 서사를 무대에 올리거나 이야기하는 반복된 상영performance을 통해 문화적으로 특수한 하나의 읽기 방식이 단순히 개연성 있는 보편적 해석이 아닌 상식으로 탈바꿈하는 것이다.

'테러리스트'와 같은 시니피앙을 놓고 벌어지는 이데올로기적 투쟁은, 홀이 표현했듯 '선호된 의미들'이 결코 "모호하지 않으며 논의의 여지가 없지도 않다는"(E/D : 134) 사실을 폭로한다.

지배적 의미들이란 모든 사건들이 어떻게 의미화되어야 하는지를 규정하는 일방적 과정을 뜻하지 않는다. 그것은 그 사건에 대한 어떤 해독을 강화하고 그것의 개연성을 확보하고 그것을 정당한 것으로 만들기 위한 '작업'—이 작업은 선호된 의미가 함축적으로 의미화되어 있는 지배적 규정 안에서 일어난다.—으로 구성된다.(E/D : 135)

여기서 홀은 그람시를 따라, 문화와 이데올로기는 위에서 일방적으로 부과된 외부 구조가 아니라 그 안에서 끊임없이 싸움이 벌어지는 투쟁과 타협의 장소임을 암시한다. 서구에서 '9/11'에 관한 선호된 의미 또는 선호된 읽기가 '비극적' 사건이라는 표현과 관련된다고 할 때, 이 의미화된 것이 논쟁의 여지없이 고정적인 것은 아니다. 뉴스를 통해 쌍둥이 빌딩의 붕괴를 경축하는 듯 보인 팔레스타인 사람들의 이미지는, '비극'이 이 사건의 내재적이거나 고정된 의미가 아님을 강하게 환기하고 있다. '9/11' 이후 쌍둥이 빌딩은 한편으로는 진보한 민주주의 문명을, 다른 한편으로는 압제적인 신식민주의적 자본주의를 함의하는, 다의미적 혹은 다악센트적인 기호가 되었다.

'선호된 의미들'은 이처럼 항상 논쟁적이며 변화를 향해 열려 있다. 이 용어를 통해 우리는 결국 기호화와 기호 해독이 "전자가 무언가를 '선-호'할 수는 있지만 전자가 후자를 규정하거나 보장할 수는 없

'테러리스트' 조지 부시?

9/11을 다룬 텔레비전 뉴스 보도는 문명화된 사회에 가해진 '테러리스트'의 공격이라는 선호된 의미들을 전달했다. 이런 담론 안에서 '테러리즘'과 '문명'은 상식으로 기호화되고 해독됐지만, 이 말들은 결코 가치중립적인 것이 아니었다. '반문명적인' 미국의 해외 정책과 9/11 테러를 결부지어 보면, '테러리스트'로 호명되어야 할 대상은 오히려 미국이었기 때문이다.

는—후자 또한 그 자체 존재의 조건을 갖고 있기에—"(E/D : 135), '비대칭적이고 동등하지 않은' 과정임을 알 수 있다. 게다가 기호화와 기호 해독의 계기 사이의 '일치' 또는 '필연적 상응'의 결여는, (비록 홀은 문자 그대로의 오해가 발생함을 인정하지만) 개인적 혹은 개별적 '오해'와는 거의 무관하며(다소 관계가 있을 수는 있지만) 오히려 '체계적으로 왜곡된 의사소통'과 전적으로 관련된다.

기호 해독의 세 가지 입장

부분적으로는 '오해에 대한 상식적 의미를 해체'하기 위해, 홀은 기호 해독을 가능하게 만드는 세 가지 가설적 입장들을 설명하면서 논문을 끝맺는다. 이 입장들은 프랭크 파킨Frank Parkin의 저서 『계급 불평등과 사회 질서*Class Inequality and Social Order*』(1971)에서 발전되어 나왔지만, 홀은 파킨의 작업이 지닌 경제 결정론을 피하고 있다.

1. 지배적-헤게모니적 입장 : 기호 해독자가, 기호화 과정과 지배적 문화 질서가 정당화시킨 코드에 따라 메시지를 해독하는 경우. 이것은 '완벽히 투명한' 커뮤니케이션의 한 예가 될 수 있다. 즉 유럽이나 미국의 지배적[주류 담론적] '9/11' 뉴스 보도를 시청하고, 그 사건은 '문명화된 나라'에 대한 테러리스트들의 공격 이외에 아무것도 아니라는 상식적 결론을 도출하는 기호 해독자.
2. 타협적 입장 : 지배적 텔레비전 코드를 채택하면서 동시에 그것

에 저항하는 잠재력을 가진 기호 해독자의 모순적 입장. "그것은 어떤 사건들에 대한 지배적 개념 규정에 특권적 지위를 부여하면서도, '국지적 상황'에는 이를 좀 더 타협적으로 적용하여 판단을 유보한다."(E/D : 137) 홀은 임금 동결 보도에 대한 노동자들의 반응을 그 예로 든다. 노동자들은 국익의 차원에서는 임금 동결에 찬성할 수 있으며 따라서 지배적-헤게모니적 입장을 채택한다. 그러나 이것은 현장 노동자나 조합의 차원에서 파업을 하겠다는 그/그녀의 결정과는 별 상관이 없다. 서구가 구축한 이슬람='비문명'의 이미지와 서구 이슬람교도들에게 자행되는 인종적 학대에 항의해 시위를 벌이면서, 동시에 '9/11' 뉴스를 접한 후 미국에 대한 '테러리스트들의 공격'을 맹비난하는 영국의 이슬람교도도 여기에 속한다.

3. 대항적 입장 : 홀이 보기에 "가장 중요한 정치적 계기들 중의 하나"(E/D : 138)인, 지배적인 텔레비전 코드를 인식하고 그것에 대항하는 기호 해독자들의 입장. 홀은 앞에서 예로 든 임금 동결 보도에서 '국익'과 관련된 모든 사항을 '계급 이익'으로 바꾸어 생각하는 기호 해독자들을 상상한다. '9/11' 때 영국의 이슬람교도들이 부시 행정부가 이끄는 '테러리즘과의 전쟁'을 '이슬람과의 전쟁'으로 믿고 있다는 뉴스 보도가 있었는데, 이 또한 대항적 읽기의 실례가 된다.

이 세 가지 입장들은 하나의 연속체를 이루는 일부분이라고 이해하는 것이 가장 좋은데, 이 연속체들을 가로질러 시청자들은 자신이 채택하거나 거부한 자신들의 정적인 관점들을 분리시키기보다는 이동시킨다. 따라서 홀은 '대항적 입장'이란 "보통 타협적 방식으로 의미화되고 해독되는 사건들이 대항적 읽기의 대상으로 주어지기 시작하는"(E/D : 138) 계기라고 말한다. 어떤 시청자가 주초에 공공 분야의 파업에 공감했다는 사실이, 한 주일이 지난 후 그 시청자가 여전히 파업을 지지하리라는 사실을 보장하는 것은 아니다.

홀이 말하는 입장과 관련해 또 하나 지적할 점은, 그 입장들이 개별 시청자들의 '개인적' 이(오)해를 가리키는 말이 아니라는 것이다. 홀에게 이 입장들은 특정 사회 그룹들과 관련된 이데올로기적 입장들을 의미한다. 홀이 사용한 예들을 보면 그가 마르크스주의/계급('노동자들')의 개념 안에서 사유하고 있음을 알아차릴 수 있다. 그러나 홀은 이러한 입장들이 결코 계급으로 단순히 환원될 수 없음을 분명히 하고 있다. '9/11'의 예가 암시하듯, 사회 그룹들은 연령이나 성뿐만 아니라 종교, 민족성 등의 차원에 따라 규정되기 때문이다.

마지막으로 홀이 말한 세 가지 입장들은 실제 시청자 연구를 위한 규범적 모형으로 제안된 것이 아니라, 어디까지나 가설적인 모델임을 짚고 넘어가야 한다. 이 같은 맥락에서 이 입장들은 "경험적으로 시험되고 또한 수정되어야 한다."(E/D : 136)고 처음 지적한 이도 홀이었다. 그리고 이 중요한 '테스트'와 '수정'을 수행한 사람은 예전에 홀의 제자였던 데이비드 몰리David Morley(Morley 1980, 1986, 1992를 보라.)이다.

몰리의 연구는, 영국 BBC에서 방영된 유명한 저녁 뉴스 매거진 쇼

프로그램인 〈네이션 와이드Nation-wide〉를 가지고 현대문화연구센터의 미디어 그룹이 수행한 프로젝트(1975~1977)에서 비롯됐다.

몰리는 계급, 직업, 인종 등에 따라 그룹별로 모인 상이한 시청자들에게 이 텔레비전 쇼의 한 에피소드를 상영하고 지배적·타협적·대항적 읽기라는 가설들을 시험하였다. 이 같은 '민족지학적' 연구방법을 통해, 시청자들의 반응이 매우 모순적이며 계급이나 사회적 지위에 따라 엄격하게 결정되지 않는다는 사실이 드러났다.

그러나 몰리는 자신의 작업을 홀의 연구에 대한 비판이나 기호화/기호 해독 모델의 '붕괴'로 여기는 데 대해서는 의문을 제기했다.(몰리는 애초에 홀이 아닌 파킨의 한계에 관심을 갖고 있었다.) 몰리는, 기호 해독이 계급과 같은 결정적 요소들에 구애받지 않은 채 자유롭게 떠도는 것처럼 제시하는 존 피스크John Fiske나 존 하틀리John Hartley(1978) 같은 문화이론 비평가들과 자신의 작업을 차별화하기 위해 애를 쓴다. 그럼에도 불구하고 몰리의 작업은 계급(혹은 인종이나 젠더와 같은 다른 요소들)이 시청자들의 반응을 직접 결정하는 요소가 아니라는 점을 설득력 있게 밝히고 있다. 예컨대 노동계급에 속한 시청자가 보수당이 내보내는 당 정책방송에 반드시 대항적 읽기를 산출하리라는 보장은 어디에도 없다는 것이다.

미디어는 이데올로기 투쟁의 장

앞서 「기호화/기호 해독」이 문화주의에서 구조주의로의 전환을 보여주는 논문으로 간주되어왔음을 강조한 바 있다. 이를 통해 우리는 홀의 이론적 입장들이 어떻게 실천되고, 이른바 '문화주의/구조주의 구분'과 관련하여 홀이 자신의 작업을 어디에 위치시켰는지 살펴볼 수 있다. 확실히 홀의 이 논문은 현대문화연구센터 이전에 작업한 『대중예술』(2장 참조), 그리고 호가트·톰슨·윌리엄스 등의 문화주의적 시각과 홀 자신을 차별화하고 있다는 점에서 이론적으로 정교하며 자의식적이다.

구조주의와 기호학은 「기호화/기호 해독」 같은 미디어 담론 고찰에 필요한 좀 더 확실하고 철저한 용어들을 홀에게 제공한다. 홀은 그 덕분에 텔레비전 커뮤니케이션의 '언어'가 세계를 반영하는 게 아니라 구성한다는 것, 따라서 그것은 '완벽히 투명한' 듯 보이는 것을 '체계적으로 왜곡한다'고 주장할 수 있었다.

그러나 홀의 논문에 전통적인 반이론적 문화주의와의 결별이 나타난다고 해도, 그것은 여전히 '대문자' 이론에는 회의적이다. 한편으로 홀은 구조주의적 관점을 채택하고 있으면서, 다른 한편으로 기호에 대한 자신의 관심이 폐쇄적이며 형식적이지 않음을 강조한다. 실제로 기호 해독의 순간을 특권화하고 의미를 산출하는 데 시청자들의 능동적 역할을 강조한 것은, 인간의 행위에 대한 홀의 문화주의적 신념을 의미한다.

「기호화/기호 해독」은 두 가지 패러다임 중 어느 쪽도 그 자체만으로는 불완전하다는 점을 폭로한다는 점에서 「문화 연구 : 두 개의 패러다임」(2장 참조)에서 이론적으로 설파된 내용들을 실천적으로 행하고 있다. 언어/담론이 자가동력적 기계라는 구조주의적 주장은 타협적 읽기와 대항적 읽기라는 개념으로 의문시된다. 한편 문화주의의

'소박한 휴머니즘'은, '경험' 자체는 언어로 구조화되며, 그러한 읽기들[타협적 읽기와 대항적 읽기]은 '담론 내의 투쟁'(E/D : 138)의 일부분을 형성한다는 홀의 주장으로 배척된다.

홀의 논문에서 핵심을 차지하는 '투쟁'에 대한 강조는, 궁극적으로 그람시의 영향을 보여준다. '헤게모니'와 '상식'의 개념은 홀을 '문화주의냐 아니면 구조주의냐'라는 이항 대립에서 벗어나게 해주었다. 「기호화/기호 해독」에서 홀은, 텔레비전 담론은 강제가 아닌 동의로 지배적 문화 질서의 가치와 의미들을 재생산하고 보호하는 데 중요한 이데올로기적 역할을 담당한다고 주장한다. 그러나 이러한 지배적 혹은 선호된 의미들은 그것이 뭔가 다른 것을 뜻할 수 있도록 논쟁과 변화를 향해 열려 있다. 이러한 맥락에서 미디어는 이데올로기를 표현하는 것이 아니라 이데올로기적 투쟁이 일어나는 장소라고 할 수 있다.

이러한 이론적 고찰은 미디어 실천을 다룬 홀의 가장 정교한 논의이자 다음 장의 주제인 『제의를 통한 저항』과 『위기 관리하기』의 단초를 마련하고 있다.

미디어 메시지를 '대항적으로' 읽어라!

홀은 현대문화연구센터에 있을 당시 미디어를 구조주의적으로 설명한, 영향력 있는 다수의 글을 출판했다. 이를 통해 홀은 신문 사진의 기호학(1972a)과 미디어 안에서 이루어지는 '일탈'의 형성 문제(1974)부터, 전후 영국의 사진 뉴스 매거진 《픽처 포스트》(1972a)와 텔레비전 다큐멘터리 프로그램 〈파노라마Panorama〉(1976) 설명에 이르는 모든 문제들을 총망라하였다.

그러나 이어지는 일련의 문화 연구 작업에 가장 큰 영향력을 미친 논문은 바로 「기호화/기호 해독」이었다. 홀의 논문에 나타나는 주요 개념들은 다음과 같이 요약될 수 있다.

1. 미디어의 메시지는 '의미화 틀'(메시지는 바로 이 틀을 통해 작용한다.)과 생산자와 소비자 간의 사회적 관계들로 체계적으로 왜곡된다.

2. 기호화(생산)와 기호 해독(소비)의 계기들은 미디어 메시지의 삶이라는 하나의 과정 속에 특권화되어 있는데, 바로 그 순간에 의미는 생산되기도 하고 재생산되기도 한다.

3. 미디어 메시지는 지배문화적 질서에 순응해 항상 어떤 의미나 해석을 '선호'하는 방식으로 작용하지만, 늘 하나의 악센트만을 가지고 있는 것이 아니기 때문에 일련의 대안적인 의미들을 창출해 낼 여지가 있다.

04

인종주의와 강도 사건의 정치학

Stuart Hall

핸즈워스 청소년들이 더 엄중한 처벌을 받은 이유

1972년 11월 5일 술집을 나선 아일랜드 노동자 로버트 키넌Robert Keenan은, 아시아인과 카리브 해 지역 아프리카인의 밀집 거주 지역인 버밍엄의 빈민가 핸즈워스 가를 지나 집으로 가는 도중, 다양한 인종적 배경을 가진 15세에서 16세 정도 되는 세 소년과 마주쳤다. 키넌은 근처 공터로 끌려가 구타를 당하고 30펜스의 돈과 열쇠꾸러미, 그리고 담배 몇 개를 강탈당했다. 나중에 체포된 가해 소년들은 보호감독 40년형을 선고받았다. 그 후 언론이 '강도 사건'이라 부른 이 일은 전국적으로 미디어의 주목을 받았다. 홀과 현대문화연구센터 역시 이 사건에 큰 관심을 가졌다.

가장 영향력 있는 공동 프로젝트로서 홀이 버밍엄센터 소장으로 재직하던 시절 출판된 『제의를 통한 저항』과 『위기 관리하기』는 이 사건을 거치면서 구상된 것이다. 표면적으로 이 두 책은 매우 상이한 텍스트이다. 『제의를 통한 저항』은 백인 청소년 하위문화에 대한 연구서로, 『위기 관리하기』는 강도 사건과 관련된 위기 조사서이다. 하지만 두 책은 다음과 같은 이유에서 함께 살펴볼 필요가 있다. 무엇보다 두 책은 같은 프로젝트의 성과물이다.(강도 사건 프로젝트는 하위문화 프로젝트의 일부분으로 시작되었으며, 이것은 『제의를 통한 저항』에 가장 큰 영향을 미친 유일한 프로젝트이다.(RTR : 6)).

뿐만 아니라 『제의를 통한 저항』과 『위기 관리하기』는 1970년대 영국에 널리 퍼진, 많은 이들이 공유한 문화적·경제적 조건들 및 관심사들에 대한 상이한 반응들을 각각 표상한다. 무엇보다도 두 텍스트는 1970년대에 발생한 도덕적 공황의 원인들을 탐구하고 있다. 이러한 공황 상태는 희생양 혹은 민중의 악마들folk devils을 형성하는 것으로 귀결되었는데, 이는 일차적으로 청소년 하위문화(『제의를 통한 저항』) 및 흑인 이민 거주자들(『위기 관리하기』)과 관련이 있다. 『제의를 통한 저항』과 『위기 관리하기』는 이러한 공황 상태가 흑인 브리튼인들이나 백인 청소년들의 실제 행동과는 별로 관계가 없으며, 당시 영국 내부에 존재했던 좀 더 심오한 일련의 문제와 불안감들이 전이된 것이라 주장한다. 곧 이 책들에서 이 '불안감'들은 전후 영국을 해석하는 특정한 관점을 반영하는 동시에, 합의와 동의의 문화에서 사회적·경제적인 위기와 독재적 강압 문화로의 변천이라는 맥락에 위치해 있다. 결국 이 두 책에서 하위문화와 강도 사건은, 백인과 흑인 문화 자체에 있는 저항의 잠재적 형식들을 의미하는 것으로 간주된다.

따라서 도덕적 공황, 민중의 악마, 전이, 합의에서 위기로의 변화, 저항 등이 이 장의 주요 주제가 될 것이다. 이 목록이 암시하듯 『제의를 통한 저항』과 『위기 관리하기』는 모두 핸즈워스 사건으로 형성된 것들이지만, 두 책이 포괄하고 있는 주제는 그 단일 사건에 비해 훨씬 더 광범위하다.

『위기 관리하기』는 1972년 8월부터 1973년 8월까지 13개월 동안에

'강도 사건'이 일어난 영국 버밍엄의 빈민가 핸즈워스 거리

1972년 11월 5일, 세 명의 유색인종 소년들이 백인 노동자에게 빼앗은 것은 30펜스와 열쇠꾸러미, 담배 몇 개였다. 그러나 이 소년들은 보호감독 40년형을 선고받았다. 그 후 언론이 '강도 사건'이라 명명한 이 사건은 미디어의 주목을 끌었고, 홀과 현대문화연구센터 역시 '분개하여' 도덕적 공황과 청소년 하위문화 연구에 착수했다.

초점을 맞추고 있는데, 이 시기는 영국 내에서 강도 사건에 대한 극도의 불안감이 절정에 달했을 때이다. 핸즈워스 사건은, 강도 사건이 129퍼센트나 증가했던 이 기간 동안 미디어에 보도된 60개의 사건들 중 하나에 불과했다. 이 통계〔강도 사건 증가율〕하나만으로도 이 시기에 공포심이 그토록 커진 이유와, 이 시기 강도 사건이 왜 좀 더 엄중한 처벌을 요구받았는지를 알 수 있다.

그러나 이 통계에는 경험적 토대가 결여되어 있을 뿐만 아니라(강도 사건이라는 법적 범주 자체가 존재하지 않아 강도 사건의 비율을 측정하는 것은 불가능하므로), 강도 사건에 대한 공포가 일어나기 직전의 실제 범죄 수치는 높아지기는커녕 오히려 낮아지고 있었다는 사실, 그런데도 처벌(기간)은 완화되지 않고 더 길어지고 있었다는 사실을 『위기 관리하기』는 폭로한다. 강도 사건에 대한 반응은 "가해졌던 실제 위협에 전혀 비례하지 않았다."(PTC : 16) 그렇다면 과연 그 공황은 무엇에 관한 것이었는가?

영국을 휘감은 도덕적 공황

홀 등은 『제의를 통한 저항』과 『위기 관리하기』에서, 어떻게 인종·청소년·범죄가 전후 영국의 광범위한 사회적 불안에 대한 효과적인 은유가 되었는지를 고찰하기 위해 '도덕적 공황'이라는 용어를 사용한다. 이 용어는 특히 1950년대와 1980년대 공황의 개별적 '에피소드들'이 법의 개입을 요구할 만큼 '더 심각하고 오래 지속되는' 문제들과 연동됨에 따라, 청소년과 인종을 둘러싸고 소용돌이치던 사회적 불안

도덕적 공황 전후에 나타난 수많은 독특한 청소년 하위문화는 사회적으로 강력한 도덕적 반응을 일으켰다. 1950년대의 테디 보이[과장된 스타일의 에드워드 룩을 즐겨 입었던 1950년대 초 런던의 젊은이들], 1960년대 초의 모드족[1950년대 영국의 급성장 시기를 거쳐 태어난 풍요의 아이들. 패션에 강박증적 관심을 보이며 베스파 스쿠터를 몰고 다녔다.], 폭주족, 1960년대 후반과 1970년대의 펑크·스킨헤드·라스타파리안들rastas[레게 음악의 시장적 기반인 라스타파리아니즘(자메이카 흑인 토속신앙)을 믿는 이들. 길게 땋은 머리와 알록달록한 모자가 특징적이다.] 이 여기에 속한다.

이들은 전통적인 가족적 가치의 쇠퇴와 청소년 비행, 자유방임주의permissiveness, 범죄의 증가와 밀접한 관련을 맺고 있다. 부모, 교사, 언론, 법원, 경찰 등 권위자들은 이러한 청소년 하위문화를 사회 붕괴의 책임자로 간주했다. 그리하여 청소년 하위문화는 광범위한 일련의 사회적 문제들에서 하나의 희생양이 되었다. 모드족과 폭주족에 대한 유명한 연구서인 『민중의 악마와 도덕적 공황 Folk Devils and Moral Panics』(1972)에서 영국 사회학자 스탠리 코헨Stanley Cohen은 '도덕적 공황'이라는 말로 이 같은 사회적 반응을 기술하였다. '도덕적 공황'에 관한 그의 규정은 여전히 가장 믿을 만하다.

"어떤 조건, 에피소드, 사람, 혹은 그룹이 사회의 가치와 이익에 어떤 위협이 된다고 규정되기 시작할 때. 때때로 공포는 그냥 간과되거나 잊혀지기도 한다. 하지만 다른 때에 그것은 좀 더 심각하고 오래 지속되는 파장을 지니면서, 법이나 사회적인 정책, 심지어는 사회가 그 자체를 상상하는 방식에 변화를 가져올 수도 있다."(Cohen 2003 : 1)

최근 도덕적 공황은 레이브 신rave scene[보통 테크노/트랜스 음악을 틀어놓고 벌어지는 대규모 파티]이나 약물 복용, AIDS 공포, 유전사 실험, 난민 등과 관련하여 발생해왔다. 코헨의 책은 홀 등이 쓴 『제의를 통한 저항』과 『위기 관리하기』가 기대고 있는 일련의 광범위한 일탈 이론들—예컨대 조크 영Jock Young의 '확성기'(Young 1971)로서의 경찰의 개념—중 하나에 해당된다. 좀 더 자세한 설명은 홀의 논문 「일탈, 정치학, 그리고 미디어Deviance, politics and the media」(1974) 참고.

을 고찰하는 데 사용된다. 홀 등은 이러한 과정을 '의미화 나선'이라 칭한다. 의미화 나선은 개별적인 도덕적 공황들이 좀 더 광범위한 단일한 불안으로 수렴되고 한데 묶이는 것을 말한다.

예를 들어『위기 관리하기』에서 홀 등은 1960년대 초 모드mod족이나 폭주족과 관련되었던 개별적 공황들이, 1970년대에 이르러서는 강도 사건에 맞서 좀 더 광범위하고 체계적인 법 질서 캠페인으로 나아가는 과정을 도표로 나타낸다. 여기서 '의미화'는, 정작 중요한 문제는 공포를 유발하는 사건들이 일으킨 통제를 벗어난 소용돌이가 아니라, 그러한 사건들이 언론 안에서 의미화될 때 가속화되고 확대되는 방식에 있음을 드러낸다. 도덕적 공황은 청소년 하위문화 자체가 아니라 흑인과 백인 청소년들에게 어떤 라벨이 붙여지는지에 따라 확장되거나 축소된다. 예컨대, 핸즈워스 사건은 이후 미디어 보도를 통해 '강도 사건'으로 명명된 것이지, 경찰이나 법원이 처음부터 그렇게 불렀던 것은 아니다.

'강도'라 이름 붙이기

『위기 관리하기』의 첫 장에서 홀 등은 자신들이 '라벨의 역사'(강도 사건)라고 불렀던 것을 추적하여, 이러한 명명 과정의 함의를 고찰한다. 그렇다고 강도 사건이 그저 미디어의 신화적 구성물일 뿐이라고 주장하는 것은 아니다. 홀 등은 "강도들은 강도짓을 했고 강도 사건은 실제 발생한 하나의 사회적·역사적 사건이었음"을 강조한다. 그러나 "결국 강도들은 강도짓을 했고, 경찰이 그들을 잡았고, 법원이 그들을 감옥에 보냈다는 것, 그것이 다이다."(PTC : 186)라는 관념에 의문을 제기한다.

강도mugging라 불리는 범죄는 1970년대의 시작과 거의 동시에 영국의 거리에서 발생했지만, '강도'라는 라벨 자체는 훨씬 더 상징적이며 긴 역사를 가지고 있다. 강도라는 용어는 1940년대 이후 이 말을 일반적으로 쓰기 시작한 북미에서 영국으로 수입되었는데, 사실 이러한 미국식 용어는 19세기 영국에서 '교살강도garroting'라 불렸던 길거리 범죄의 초기 형태에 영향을 받은 것이기도 하다. 이러한 맥락에서 강도 사건은 단순히 이미 존재하는 현실(강도가 강도 행각을 벌이고, 미디어는 그 강도 범죄를 보도한다.)에 붙이는 투명한 표지〔라벨〕가 아니다.

'강도 사건'은, 특히 인종적 긴장 상태와 도시적 불안에 대한 미국인들의 공포라는 이전의 함의에서 의미의 반향의 주요 원천을 도출해내는 하나의 '시니피앙〔기표〕'이다. 핸즈워스 청소년들을 강도라 이름붙인 미디어의 행태는, 이 라벨에 이미 담겨 있던 인종적 함의와 분리될 수 없다.

그러나 『위기 관리하기』는 단순히 강도 사건이라는 시니피앙을 형식적·언어학적으로 설명하는 데 집중하지 않는다. 이 책은 강도 사건을 둘러싼 공황의 상징성을 부각시키고는 있지만, 이 공황이 '체포의 증가' '흑인 거주지역의 경찰력 증강' '더욱 엄격해진 처벌' 같은 실제적이고 구체적인 결과들을 낳았다는 사실을 강조하고 있다.

그러나 강도 사건이라는 명명 문제에 초점을 맞춤으로써 홀 등은 "범죄에 대한 어떤 사회적 대응이 특정한 범죄 패턴들의 출현에 선행하는 것이 가능한지—역사적 개연성이 있는지—의 문제를 가장 역설적인 형식으로 제기할 수 있었다."(PTC : 181) 예컨대, 고속도로에 설치된 속도 감시 카메라가 더 많은 속도 위반자를 '양산'하듯, 강도 방지팀이 오히려 더 많은 강도들을 만들어낸다고 얘기할 수 있다는 것이다. 좀 더 정확히 말하면, 흑인 거주지역과 흑인 보행자들을 표적으로 삼는 일이, 더 많은 흑인 강도들을 양산할 수 있다는 것이다.

홀 등은 『위기 관리하기』에서 이것이, 흑인 청소년들이 강도가 될 가능성이 더 높다는 것을 뜻하기보다는 인종주의적으로 양식화된 정책이 강도로서 흑인들의 책임을 '확대시키고' '만들어낸다'는 사실을 여지없이 입증한다고 보았다.

미디어는 경찰과 달리 국가를 위해 '봉사'하지 않을 뿐 아니라, 단순히 지배집단의 자장 안에 놓인 것으로 간주할 수도 없지만, 경찰과 마찬가지로 범죄를 규정하고 확대하는 데 핵심적 역할을 담당한다. 『위기 관리하기』의 2부는 핸즈워스 사건의 개요와 함께 지역 및 중앙 언론이 그것을 어떻게 재현했는지 보여줌으로써, 미디어 관련 논의의 '초석을 마련'한다. 신문의 머리기사부터 사설, 독자투고란까지 모두 조사한 홀 등은, "고도로 구조화된, 범죄에 관한 일련의 이데올로기들"(PTC : 136)에 주목하면서, 미디어의 상대적 자율성에 따라 달라지는 취재기사들 간의 차이를 설명한다.

하지만 어디에도 근절해야 할 '음모 이론' 같은 것은 존재하지 않으며, 이를테면 '인종주의적'인 방송인을 흑인으로 바꾼다고 해서 이 문제가 사라지는 것도 아니다. 지배 이데올로기와 미디어 이데올로기 간의 이러한 '조화'는, 의식적으로 의도된 것이 아니라 뉴스 생산의 (무의식적) 구조 안에 새겨져 있다.

여기서 홀 등은 「기호화/기호 해독」에서 제시한 몇몇 논점들을 발전시킨다. 예컨대 뉴스가 (화제 및 사건에 따른 뉴스 배열과 같은) '조직 요소들', '뉴스적 가치들'(무엇이 '뉴스를 만들 수 있을까'를 선택하고 순위를 매길 때 기자들에게 영향을 미치는, 명시화되지 않은 규칙들), '일차적 정의자' 등을 통해 어떻게 기호화하는지를 고찰한다.

일차적 정의자Primary definers 미디어가 뉴스 아이템을 선정할 때 우선적으로 권위자들(정치인, 교수, 고위 경영자)에게 의존하는 방식. 이로써 미디어는 권위적이며 공정한 관점들을 제공하고자 하지만, 역설적으로 부지중에 '기존의 권력구조'(PTC : 58)를 재생산하게 된다. 권위적 인물들이 내놓는 이러한 '일차적 정의들'은 하나의 의견을 제시하는 데 그치지 않고 이후의 논의들, 그것에 대해 무엇이 말해질 수 있고 무엇이 말해질 수 없는지를 규정한다. 홀은 다음과 같이 강조했다.

"흑인들이 어떤 문제를 자신들이 바라보는 방식대로 규정하는 프로그램을 보기란 실로 매우 어렵다. 지금 중요한 문제는, 스튜디오에서 벌어지는 논의가 흑인들이 에녹 포웰Enoch Powell을 위해 질문을 구성한다는 전제를 깔고 있는지, 아니면 포웰이 흑인을 위해 질문을 구성한다는 전제를 깔고 있는지이다."(Hall 1974a : 98)

미디어가 일차적 정의와 (예컨대 흑인 '대표'가 내리는) 부차적 정의 간의 '균형'을 추구하고자 할 때에도, 논쟁의 이데올로기적 색채는 이미 정해져 있다. 해당 사안은 에녹 포웰과 관련된 특징한 문제가 아니라, 수많은 다른 경우들 중 한 예가 되어버린다.(158쪽 '포웰과 포웰주의' 참조) 특히 범죄를 보도할 때 미디어의 균형에 내재되어 있는 이러한 불균형은 극대화된다. 범인이 [자신의 범죄 행위를 바라보는 미디어의 관점과 다른] 상반된 관점을 제공할 수 있는지의 여부와는 무관하게, 그의 행위는 미디어에 의해 불법으로 간주된다.

욕망과 혐오, 인종주의의 이중성

이처럼 도덕적 공황은, 사회 내부의 불안을 처리하고자 그 불안이 전이되는 대상인 민중의 악마나 희생양을 확인하는 일과 관련이 있다. 여기서 홀의 핵심어는 '전이'이다.

전이는 억눌린 불안이나 욕망이 꿈이나 무의식 차원에서 어떻게 처리되고 '해소되는지'를 기술하는 프로이트적 개념이다. 저 깊은 공포나 금지된 욕망을 '안전하게' 처리하기 위해, 공포나 욕망은 다른 사물들로 투사 혹은 전이되거나, 연상을 통해 작용하는 상징들로 압축된다. 홀 등은 『제의를 통한 저항』에서 "지배문화는 그 도덕적 공황을 통해 민중의 악마를 찾아내고자 한다."고 암시했다.(RTR : 74) 그러나 도덕적 공황은 단순한 악몽이 아니라 환상이다. 공포와 욕망의 (전이된) 대상인 민중의 악마들은 매우 애매모호한 적이다.

홀이 주장하고 있듯 전후의 호황은 일반적으로 바람직하게 여겨졌지만, 동시에 호황이 불러일으킨 자유방임적인 소비문화는 지배적 현상과 전통적 가치들을 위협하는 것으로 인식되었다. 전이의 이러한 이중성은, 어떻게 믹 재거Mick Jagger[록 그룹 롤링 스톤의 멤버. '섹스와 마약' 등으로 1970년대 자유방임주의의 대표 인물로 꼽힌다.]가 "세계 정세를 논하기 위해 특권층 유명인사를 만나러 올드베일리[런던의 중앙 형사재판소]에서 헬리콥터로 이동"(RTR : 74)할 수 있었는지 설명해준다. 마찬가지로 영국에서 가장 유명한 인종주의적 코미디언인 버나드 매닝Bernard Manning이, 인도 음식을 사랑한다며 자신은 인종주의자가 아니라고 단정적으로 말할 때, 그의 주장에는 어떤 모순도 없었다.

1950~60년대 영국의 인종주의 유인물
유색인종의 이민 제한과 흑인에 대한 노골적인 적대감을 드러내고 있다. 홀이 참여한 공동 프로젝트 『제의를 통한 저항』과 『위기 관리하기』는 1970년대 영국에서 발생한 인종주의와 같은 '도덕적 공황'의 원인들을 탐구했다. 홀 등이 보기에, 이러한 공황 상태는 청소년 하위문화와 흑인 이민 거주자들을 '희생양'으로 삼는 것으로 귀결됐다. 이들의 존재 혹은 실제 행위는 공황과 관련이 없다. 다만 영국 내부의 문제와 불안감이 이들에게 전이됐을 뿐이다.

인종주의는 욕망과 혐오를 통해 무의식적으로 작동한다. 인종·인종주의와 도덕적 공황에 관한 홀의 사유들은, 이 같은 전이의 이론들이 앞서 나온 강도 사건을 이해하는 데 어떤 도움을 주는지 설명해준다.

영국 안에서 자라난 '바깥의 역사'

자신의 초기 인종주의 연구(1970년대)를 회고하면서, 홀은 현대문화연구센터가 다음과 같은 사실을 발견했다고 상기했다.

> 인종주의는 무엇보다도 프로이트적인 꿈의 작용처럼 작동한다. 우리는 인종주의가 전이와 부인, 그러니까 (버나드 매닝의 예에서 볼 수 있듯) 두 개의 모순적인 사실을 동시에 말할 수 있는 능력으로 자신을 드러낸다는 사실, 말하자면 표면적 형상은 문화에서 말해지지 않은 혹은 억압된 내용들을 말하고 있음을 알고 있다.(RCC : 15)

홀은 논문 「인종주의와 반동Racism and reaction」(1978)에서 이러한 견해를 전개하는데, 원래 인종평등위원회에 기고했던 이 글은 『제의를 통한 저항』과 『위기 관리하기』의 핵심 논점들에 대한 입문서 역할을 톡톡히 해낸다.

「인종주의와 반동」은 영국의 인종주의와 전후의 도덕적 공황에 관한 해설서이다. 그런데 이 책은 특이하게 이러한 공황의 근원을 1500년대 후반까지 거슬러 올라가 찾는다. 당시 여왕 엘리자베스 1세는 식량 부족과 인구 증가로 나라가 기아에 처하자 영국 해안에서 흑인들을 몰아내라고 명한다. 홀은 이 말을 인용하며, 국내의 구체적인 문제들을 '대외적' 존재(인종)에게로 투사하는 것은, 영국에서 전혀 새로운 일이 아니라고 지적한다.

노예무역의 결과로 16세기 영국에 수천 명의 흑인들이 실재했음을 보여주는 이러한 예를 통해, 홀은 '인종'은 단순히 전후 이민으로 시작된 최근의 대외 문제가 아니라 '영국적인 것' 자체를 구성하는 내적 특질임을 강조한다. "그것은 당신이 젓고 있는 설탕 속에, 그 유명한 영국의 '단 것' 속에, 탁자 위에 놓인 '영국' 찻잔 아래 깔린 찻잎 안에"(RAR : 25) 있다.

이러한 함축적이며 광범위한 비유들로 홀은, "영국의 역사 내부에 존재하는 바깥의 역사 …… 그 다른 역사 없이는 영국 역사도 존재하지 않는다."(OAN : 49)는 것을 강조한다. 차와 설탕은 각각 남아시아와 카리브 해에 있는 식민지 플랜테이션에서 영국으로 수입되었다. 노예, 정복, 식민화의 무게를 지고 건너온 이 생산품들은, 영국이 지배적이고 부유한 제국의 열강으로 부상하는 데 기여했다. 홀에 따르면, 영국의 문화('국가적' 관습인 영국식 '한 잔의 차')뿐만 아니라 경제 역시 단순히 내부의 동력만으로 형성된 것은 아니다.

나아가 홀은 전후 영국의 인종주의는 이러한 (자국의) 해외 역사에 대한 체계적 부정에서 비롯됐다고 주장한다. 인종주의는 내부 문제를 외적인 문제로 뒤집어버림으로써 '우리'와 '그들', '자신'과 '타자', '내부'와 '외부'라는 일련의 이항 대립을 마련한다. 인종주의는 "뿌리 깊은 역사적 망각, 일종의 역사적 기억상실증, 혹은 어떤 결정적인 정신적 억압"(RAR : 25)을 통해 작동하는데, 이는 식민통치 역사의 전이와 관련된다.

그러나 과거 영국의 제국주의 그 자체만으로는, 전후 흑인들이 정착하면서 생겨난 영국 내 인종주의 문제의 특수성이 충분히 설명되지 않는다. 「인종주의와 반동」의 주요 논점들 중 하나는, 인종주의는 자연적으로 발생하는 보편적인 것이 아니라 문화·역사적으로 특수한 것이며, 그 형태도 단일하기보다는 다양하다는 점이다. 이로써 홀은 1940년대 이후 영국 사회와 인종주의를 좀 더 구체적으로 분석할 수 있었다. 홀이 이야기한 '영국식 한 잔의 차'에 나오는 설탕과 차는, 제국의 값비싼 상품 거래를 가리키는 단순한 비유가 아니라, 전후 카리브 해(설탕)와 남아시아(차)에서 수입된 값싼 노동력에 대한 은유이기도 하다.

포웰주의의 출현

「인종주의와 반동」은 전후 시기 흑인 이민과 그것을 관통해 나타나고 있는 '인종 관계'의 악화를 도표로 보여주며, 전쟁 후에 발생한 노동력 부족 현상을 기술한다. 영국은 노동력 부족 문제를 해결하기 위해 1948년 국적법을 만들어 자국의 식민지와 이전에 식민지였던 나라들에 문호를 개방한다.

이러한 문호 개방은 1950년대의 호황 덕분에 '한층 원활해졌고', 결과적으로 짧은 기간이나마 흑인/백인 간 융화를 둘러싼 낙관적 전망을 가져왔다. 그러나 '본국에서 자라난' 인종주의는, 1958년 런던의 백인 노동자계급 거주지역이었다가 점차 상당수의 흑인 인구가 정착하게 된 노팅힐에서 발생한 인종폭동으로 점점 명백해지기 시작했다.

홀은 이 폭동을 다른 형태의 반사회적 청소년문화와 연결시키는 《타임스*The Times*》의 사설을 인용한다. 이 사설은 이러한 현상들을 "**성숙한**〔홀의 강조〕사회에서라면 나타나지 않을 사회적 행위들 중 한 요소"(RAR : 28)로 보고 있다. 홀이 보기에 노팅힐 폭동이 미디어의 비상한 관심을 끈 것은 부분적으로, 그 폭동이 백인 십대들(테디 보이)에 의해 촉발되었고, 따라서 청소년・인종과 관련한 초기의 도덕적 공황을 압축적으로 보여줬다는 데 기인한다.

1960년대에 이르러 인종주의는 영국문화에서 훨씬 더 광범위하게 퍼진 관행적 요소가 된다. 1962년, 1968년, 1971년에는 흑인 이주자들의 유입을 제한하는 이민 법령들이 도입되었다. 이 시기 높아만 가던 인종적 불관용은 대중정치의 수준에서 잘 나타나는데, 그것은 에녹 포웰Enoch Powell(1912~1998)의 반이민 연설에서 절정을 이루었다.

홀에 의하면 포웰주의Powellism는 인종에 대한 단순한 반응 이상을 뜻한다. 그것은 1968년의 사건들을 뒤따르는 좀 더 광범위한 공포와 불안감을 분명히 드러내고 있다. 1964년은 미국에서 학생 반란, 베트남전쟁 반대 시위, 전투적인 '블랙 파워 운동black power movements' 등이 일어난 해였다. 포웰이 '내부의 적'이라고 부른 것은 흑인 이민자들을 직접 가리킨 말이 아니라, 1968년의 여파로 사회 질서와 권위가 직면한 좀 더 광범위한 편집증적 위기의식을 표현한 것이었다. 그런데도 이 위기는 "주로 인종을 통해 주제화되었다. 인종은 하나의 프리즘으로, 영국 사람들은 그것을 통과해 증대하는 위기를 헤쳐나가고, 위기를 이해하고, 처리하도록 요구받았다."(RAR : 30)

1970년대까지 불경기가 지속되면서 영국의 흑인 공동체들은 높은 실업률과 정면으로 맞서야 했으며, 흑인 청소년들은 자신들이 불공평한 실직 상태에 놓여 있음을 알아차린다. 게다가 포웰주의로 대변되는, 위기에 대한 대중의 반응으로 출현한 법과 질서로 인해 사회 안에서 흑인들은 점점 더 많은 범죄를 저지르는 것으로 나타났다. 흑인 청소년들은 위기 처리 수단으로 등장한 통행 제지 및 수색 캠페인의 주요 타깃이 되었다.

홀은 수위를 높여가는 이 같은 백인 인종주의에, 원래 '조화'를 추구했으나 1960년대 후반에서 1970년대를 거쳐 점차 '정치화하고' '조

포웰과 포웰주의 포웰주의는 우파 정치인 에녹 포웰에게서 유래한 명칭이나, 단순히 그의 이념에 '관한' 것 이상을 의미한다. 포웰주의는 좀 더 광범위하게 1960년대 후반에서 1970년 사이의 지배 이데올로기적 세력을 지칭하는데, 이는 결국 좀 더 '바람직한' 얼굴을 한 '대처주의'로 흡수된다.(5장 참조) 포웰은 주류 당 정치의 입장에서는 지나치게 과격한 사람으로 인식되었지만, 그의 견해들은 계속해서 (예컨대 1968년과 1971년의 이민 법령) 보수당과 노동당의 정책·정략으로 채택되었다. 홀은 포웰주의를 "영국 정치문화의 핵심부에 형성된 '공식적인' 인종주의 정책"(RAR : 30)으로 보았다. '피의 강'(1968)과 같은 유명한 연설을 통해 포웰은 흑인 이민과 눈앞에 닥친 무질서가 직접적 관련이 있는 것처럼 만들었다. 홀 등이 『위기 관리하기』에서 지적하고 있듯, 강도 사건에 대해서도 포웰은 "그것은 영국 몇몇 대도시의 인구 구성상의 변화와 관련된 범죄 현상"(PTC : 327)이라고 말했다. 결정적으로 홀에게 포웰주의는 '인종주의' 이상을 의미한다. 그것은 1968년 이후의 권위의 '위기'가 어떻게 인종이라는 형상을 중심으로 응축되었는지에 관한 문제이기 때문이다.

'포웰주의'의 주창자 에녹 포웰과, 1968년 에녹의 '피의 강' 연설에 반대하는 시위대

우파 정치인 에녹 포웰에게서 유래한 '포웰주의'는 인종주의 그 이상을 의미했다. 포웰은 흑인 이민과 눈앞에 닥친 무질서가 직접 관련이 있는 것처럼 만들었다. 그러나 홀은 포웰의 사례에서 1968년 이후의 권위의 '위기'가 인종 문제를 중심으로 응축되었다고 보았다. 즉, 포웰주의가 1960년대 후반에서 1970년 사이의 지배 이데올로기 세력을 지칭하고, 이것이 결국 '대처주의'로 흡수됐다는 것이다.

직화된' 저항 공동체로 탈바꿈하는 흑인 거주자들의 분위기 변화를 도표화한다.

강도 사건의 이데올로기적 함의

역사적으로 인종주의와 도덕적 공황을 서술한 홀의 글은 강도 사건과 같은 일들이 왜 1970년대 초반에 그처럼 중요한 의미를 띨 수밖에 없었는지를 해명해준다. 여기서 홀은 흑인들이 1970년대 초 강도에 눈을 돌리게 된 데에는 광범위한 구조적 원인들이 (예컨대 실업에 대한 반응, 혹은 저항의 정치화된 형태로) 분명 존재할 거라는 사실을 시사한다. 또한 홀은 1970년대 초 도덕적 공황의 주요 지점으로 갑자기 출현한 강도 사건이 왜 바로 그 시기에 그 같은 정도의 우려(예컨대 불경기, 포웰주의, 대중적 인종주의의 출현, 미국발 위기가 조만간 영국에 도달하리라는 생각)를 불러일으켰는지를 설명한다. 홀에 의하면, 도덕적 공황은 다음과 같은 이유로 인종주의라는 이데올로기적 형태를 띠게 된다.

그것〔인종주의〕은 실제 문제들과 그 문제들의 근저에 놓인 조건들에 역점을 두는 것이 아니라, 〔이 문제들을〕 기존의 〔확인된〕 사회적 그룹으로 투사 및 전이시킴으로써 공포와 불안을 처리한다. 즉, 도덕적 공황은 실질적 토대를 가진 대중적 공포와 불안을 결정화結晶化한 후 어떤 단순하고 구체적이며 확인 가능한 사회적 대상을 대중에게 제공함으로써 대중의 공포와 불안을 해소하고자 한다.(RAR : 33)

홀이 보기에 도덕적 공황이라는 시니피앙은, 그것이 청소년이든 인종이든 혹은 두 개가 합쳐진 이미지이든지 간에, 위기의 '실제' 원천이 아니라 좀 더 깊은 내부적 문제들이 외부화된 징후들이다. 따라서 (정부와 같은) 권위자들이 미숙한 심리학자처럼 (강도 사건과 같은) 징후들을 일으킨 조건들이 아니라 이 징후 자체를 '치료'하려 한다면, 치료는 일시적일 수밖에 없다. 최악의 경우, (점증하는 도덕적 공황처럼) 그 조건들은 더 곪아 들어가고 악화될 것이다.

그런데 이처럼 도덕적 공황에서 '민중의 악마'가 위기의 원천이 아니라 단지 그것의 '시니피앙' 혹은 '매개물〔전달자〕'일 뿐이라면, 과연 홀이 제안하는 '진정한 문제들', 곧 그 시니피앙들이 은폐하고 있는 실제 문제들은 무엇이란 말인가?

'도덕적 공황'이라는 용어는 어떻게 민중의 악마가 그처럼 시대의 강력한 기호가 되었는지는 어느 정도 설명해주지만, 왜 그렇게 되었는지를 이해하는 데에는 도움을 주지 않는다. 이 시니피앙들이 상징하는 실제적 불안들은 과연 무엇이며, 주어진 역사적 순간에 그것들은 어떤 목적 혹은 기능에 봉사하는가?

이 질문들에 답하기 위해 『제의를 통한 저항』과 『위기 관리하기』는 전통적으로 도덕적 공황이라는 용어와 관련되었던 방법론적 접근방식을 발전시키는 동시에 그것에서 한 걸음 더 나아간다. 이러한 접근법은 일탈에 관한 전통적인 사회과학 이론 내부에서 사용된 교류적 혹은 '라벨링labelling' 접근으로 알려져 있는 방법(예컨대 민중의 악마를 도덕적 공황의 '라벨'로 간주하는 방식)에 기초하고 있다.

홀 등은 이러한 교류적 방식을 중시한다. 강도 사건 같은 일은 그저 단순히 일어나는 자연발생적 사건이 아니라 문화적으로 구성된 과정이라는 것, 이를테면 미디어 내부에서 이름 붙여지고 의미화되는 것이라고 여기기 때문이다. 하지만 강도 사건을 대중의 반응과 라벨링의 차원으로만 설명하기에는 부족함이 있다고 홀 등은 주장한다. 실질적 토대는 따로 있다. 홀 등의 작업이 도덕적 공황에 대한 코헨의 교류적 방법과 갈라지는 지점이 바로 여기다. 홀 등은 자신들이 '구조적' 혹은 역사적 접근이라 부른 방식과 교류적 방법을 연결시킨다.

『제의를 통한 저항』과『위기 관리하기』에 따르면, 도덕적 공황은 하나의 상존하는(따라서 무-역사적인ahistorical) '순수한 미디어적 구성물'이 아니며, 이를 설명하려면 계급 구성·이데올로기·헤게모니 상의 역사적 변천을 포함한 좀 더 광범위한 구조적 힘들에 대한 설명이 덧붙여져야 한다. 『제의를 통한 저항』과『위기 관리하기』는 이러한 인식을 통해 전후 영국 정치에 대한 특유의 해석, 즉 합의와 동의의 문화에서 위기와 강압의 문화로의 변천이라는 기술을 할 수 있었다.

풍요·합의·중산계급화, 전후 영국의 세 가지 신화

『제의를 통한 저항』과『위기 관리하기』에서 홀 등은 전후의 이데올로기를 지탱하는 세 가지 상식적 범주를 다음과 같이 설명하고 있다.

1. 풍요Affluence : 전후의 경제 부흥과 '십대 소비자'들의 출현.
2. 합의Consensus : 사회보장제도와 같은 전후의 새로운 조직에 관한 정당과 유권자들의 폭넓은 '동의'. 이는 '체계 안의 공통의

이해관계'(RTR : 21)을 제공함으로써 계급을 가로질러 영국 사회를 통일하는 것을 목표로 하고 있다. 합의는 공유된 국가적 관점과 사회적 갈등의 종식에 대한 믿음을 기술하는 데 사용되기도 했다.

3. 중산계급화Embourgeoisement : 노동계급의 쇠퇴와 중산계급적 가치를 중심으로 한 영국 사회의 재통일

이 세 가지 개념으로 홀 등은 전후의 경제적 붐을 일으킨 '실질적 토대'가 존재하기는 하지만, 많은 논평가들의 주장처럼 그러한 전후 붐이 계급 없는 사회를 만들어낸 것은 아니라는 사실을 논증하고자 했다. 이러한 주장은, 사회적 불평등이란 자본주의가 치유할 수 있는 무언가가 아니라, 자본주의의 구조적 특질이자 그것을 부드럽게 굴러가게 만드는 필수불가결한 요소라는 인식에 근거하고 있다.

이윤을 창출하기 위해서는 소수의 이익을 위해 다수를 착취할 수밖에 없다. 1장에서 고찰한 홀의 신좌파적 논문(「계급 없음의 감각」)에 나타나 있듯 '계급 없음'이란 하나의 기정사실이 아니라 이데올로기적 감각으로 이해되어야 한다. 풍요와 합의, 그리고 중산계급화는 결코 갑자기 출현한 것이 아니며(사회보장제도는 합의의 정치 내부에서 이무어진 사회 개혁의 허니임이 틀림없다.), 분명히 이데올로기적 범주들이다. '합의 정치'는 계급 차별이 왕성하게 살아 있을 때, 이미 계급 차별이 극복된 것으로 가정한다.

『위기 관리하기』에 따르면, '전통주의자들의 합의'는 체면, 노동, 규율, 가족, 법, 영국적인 것 등 서로 관련된 일련의 주제와 이미지들을

중심으로 형성되었다. 이러한 상식적 이미지들은 합의에 필요한 '조직화 요소들'을 구성하고, 사회를 '결합'하는 데 일조했다. 앞에서 보았듯이 상식은 자연스럽고 '본능적 느낌〔직관〕'인 듯 보이지만, 사실상 지배 질서에 대한 하위문화의 동의를 암시한다.

말했다시피 홀 등의 전후 변화에 대한 해석은 그람시의 '헤게모니' 이론에 그 토대를 두고 있다. 풍요와 같은 용어들은 결코 순진무구한 기술적 개념이 아니다. 그것은 헤게모니적 지배를 수호하고, '자발적 동의'를 이끌어냄으로써 노동계급의 저항을 해체하기 위해 사용되는 이데올로기적 범주들이다. 초창기 전후 헤게모니의 토대가 되었던 풍요·합의·중산계급화라는 이데올로기적 신화는, 실업률 증가와 임금 동결 등과 함께 1960년대 후반의 반문화를 거쳐 합의의 가치들이 가시적으로 파괴된 1960년대와 1970년대에 이르러 그 실체를 드러냈다. 지배계급은 더 이상 동의를 통해〔사회를〕이끌어나갈 수 없게 되었고, 좀 더 직접적인 강압, 즉 힘에 의한 통치로 권위를 유지해야 했다.

국가 헤게모니의 붕괴와 강압통치

헤게모니적 동의에서 강압으로 변화하는 전후 사회의 동향은, 헤게모니의 '위기'와 『제의를 통한 저항』 및 『위기 관리하기』에서 기술된 '법과 질서'의 사회 탄생을 이해하는 데 매우 중요하다.

홀 등은 전후 시기를 해석하면서, 인종 및 청소년 하위문화 그리고 그와 관련된 '일탈적' 제의들이 바로 도덕적 공황의 근원 혹은 권위상 위기의 원천이라는 주장에 의문을 제기한다. 이와 반대로, 우리는 도덕적 공황이라는 이름 붙이기가 국가 헤게모니를 유지하는 데 결정적이지는 않더라도 분명 매우 편리한 수단을 제공한다고 주장할 수 있다. 왜냐하면 그 수단은 "'권위'를 옹호하는 초계급적 연합의 토대를 제공하기 때문이다."(PTC : 177) 홀 등은 특히 국가가 '위기'의 시대로 접어들 때 더욱 그러하다고 암시한다.

『위기 관리하기』의 3부는 영국의 전후 변화를 신중하게 역사화된 마르크스주의 시각으로 제공한다. 이에 따르면 이러한 변화는 (주로 '동의'로 통치한) 대략 전후 초기 몇 년 동안의 '성공한' 국가 헤게모니에서, 헤게모니의 위기가 빚어진 1970년대 동의가 '고갈'되면서 '독재주의적' 형식의 리더십으로 전환된 것과 관련이 있다.

이러한 맥락에서 경찰과 법원, 미디어가 왜 그처럼 과도하게 강도 사건에 반응했는지 이해할 수 있다. 국가 헤게모니의 붕괴라는 맥락에서 보면, 강도 사건은 영국 사회 외부의 고립된 한 사건 혹은 '민중의 악마'와 같은 다른 무언가로 투사될 수 있는 것이 아니라, "당신이 젓고 있는 바로 그 설탕" 같은 것이 된다. 즉, 강도 사건은 영국 사회에 내재하는 위기의 한 징후인 것이다. 뿐만 아니라 강도 사건은 권위주의적 대응 방식을 합법화하고 대중화함으로써 위기를 처리하는 하나의 수단을 제공한다.

'도덕적 공황은 이데올로기적 의식의 주요 형식들 중 하나로 보이는데 이 이데올로기적 의식으로 '침묵하는 다수'는 점증하는 강압적 수단들을 옹호하도록 설득되며, '보통 이상으로' 행해지는 통제에도 합법성을 부여하게 된다.(PTC : 221)

동의에서 강압으로의 이동은 1970년대에 절정에 달했던 경제적 위기, 높은 실업률, 불경기 등으로 일정 부분 조건지어진 것이다. 홀 등은 마르크스와 마르크스주의 이론가인 알튀세와 그람시를 끌어들여 강도 사건을 둘러싼 위기는 무엇보다도 "영국 자본주의 그리고 영국 자본주의에 대한 위기, 특히 전제정권 이후 극도로 취약한 경제적 토대 위에서 급속하게 변화하는 조건들을 맞아 스스로 안정화하려고 애쓰는 선진 산업자본주의 국가의 위기"(PTC : 317)임을 폭로한다.

하위문화적 양식 혹은 강도 사건에 관한 특정 연구로 시작된 『제의를 통한 저항』과 『위기 관리하기』의 작업은, 「대처주의Thatcherism」나 「새로운 시대New Times」(6장 참조) 등 이후에 나온 홀의 저작들에서

하위문화 현재의 문화 연구 내부에서 종종 모호하게 규정되고 있는 이 용어는, 『제의를 통한 저항』을 통해 정확하고 신중하게 제한된 의미를 띠게 된다. 이 책은 하위문화라는 개념을 이중적 절합의 측면에서 상관적으로 규정한다. 곧 하위문화의 한 쪽은 '부모문화'와, 다른 한 쪽은 '지배문화'와 절합하고 있다는 것이다. 부모문화란 글자 그대로 가족을 가리키는 말이 아니라 청소년들이 자신의 현재 위치나 나아갈 바를 발견하는 곳으로서의 계급문화를 뜻한다. 예를 들어, 히피들의 부모문화는 중산계급인 반면, 스킨헤드의 부모문화는 노동계급이라는 식이다. 하위문화들은 부모문화 내부에 존재하는 특징적인 소규모 (하위) 그룹들인 동시에 그 자체로 부모문화의 일부분을 이루고 있다. 홀 등이 보기에 청소년들의 결정적 특징은, 그들이 부모문화 및 지배문화(예컨대 지배 세력권)와 이중적으로 절합하고 있다는 데 있다. 이 책은 미디어가 청소년들을 본질적으로 무계급적인 것처럼 만드는 데 반대한다. 그러한 태도는 『제의를 통한 저항』이 중점적으로 다루려 했던, 하위문화의 정치학 및 권력관계를 간과하고 있기 때문이다.

채택된 훨씬 더 광범위한 정치적 프로젝트의 일부분이 되었다.

결정적으로, 『제의를 통한 저항』과 『위기 관리하기』에서 이루어진 전후 영국의 정치적 변동에 대한 구조적 설명은, 헤게모니는 단순히 그저 주어진 것이 아니라 끊임없는 투쟁의 장소임을 분명히 하고 있다. 지배문화와 하위문화 사이의 관계 또한 영원히 고정된 것이 아니라, 현재 진행 중인 저항과 협력, 교섭의 과정에 기초한 것이다. 그럼 이제 『제의를 통한 저항』과 『위기 관리하기』에서 탐구한 저항과 투쟁의 과정들을 고찰해보자.

펑크족은 어떻게 계급 차별을 타개하는가?

『제의를 통한 저항』은 (이 책에서 중점적으로 다루고 있는) 백인 노동계급뿐만 아니라 중산층, 흑인, 여성들의 청소년 하위문화에 대한 다양한 논문들을 모아 만든 책이다.(이 장에서는 홀이 공저자로 참여한 「하위문화, 문화, 그리고 계급Subculture, cultures and class」이라는 글에 초점을 맞출 것이다.)

『제의를 통한 저항』이 출간된 당시(1976)만 해도 청소년 하위문화의 특징은 주로 앞에서 설명한 풍요와 합의, 중산계급화를 둘러싼 논쟁과 관련지어서만 논의되었다. 예컨대 청소년들은 풍요의 새로운 수준, 10대 소비자와 매스커뮤니케이션의 출현(예를 들어 1950년대 상업 텔레비전의 출현) 같은 현상들과 결부되어 이해되었다. 이런 논의들 속에서 청소년들은 이 같은 [시대적] 변화에 대하여 전혀 독창적이지 못한 수동적 관계만을 형성할 따름이었다. 그런데 『제의를 통한 저항』은, 홀 등의 프로젝트에서 부각된 저항이라는 용어가 시사하듯 〔청소년 하위문화에 대한〕 이전의 관점들에서 결정적으로 이탈하였음을 암시한다.

홀 등이 그람시를 따라 헤게모니를 영원히 보장된 무언가가 아니라 끊임없는 투쟁의 장소로 간주했다는 사실은, 저항이 청소년 하위문화에서 하나의 중요한 역할을 담당하고 있다는 것, 혹은 반드시 그래야 한다는 것을 함축한다. 그러나 『제의를 통한 저항』이 주장하듯, 이런 사유는 저항에 대한 우리의 사고방식도 바꾸어놓았다.

저항이 반드시, 노동계급이 권력을 장악하기 위해 협력하고 봉기함으로써 헌신과 연대의식을 드러내는 것일 필요는 없다. 노동계급의 투쟁에 나타나는 이러한 혁명적 이미지는 가능한 저항의 여러 형태들 중 하나일 뿐이다.(그람시는 이를 '기동전war of manoeuvre'이라 부른다.) 이 저항 형태는 지배문화와 하위문화를 뚜렷이 가르고 있는 고정된 권력 구조를 완전히 전복시키는 일과 관련된다.

그러나 그람시의 헤게모니 개념이 시사하듯, 그러한 권력 구조가 영원히 고정적이거나 안정적인 것이 결코 아니라면, (그람시가 '진지전 war of position'이라 부른) 끊임없는 교섭과 투쟁에 기초한 다른 형태의 저항을 고려해봐야 한다. 홀은 전통적 마르크스주의 평론가들이 취할 법한 태도, 즉 혁명적 저항만을 강조하고 다른 모든 것들을 '포섭'으로 간주하는 방식이 아닌 '또 다른' 방식을 주장한다.

그 대신 우리는 그 계급이 어떤 조건에서 어떤 방식으로 '가공되지 않은' 물질적·문화적 재료를 이용해 그 전반적인 대응의 범위〔폭〕를 형성해왔는지 이해하도록 노력해야 한다. 몇몇은 …… 계급투쟁 속에서 살아남아 지식과 권력의 거대한 보고寶庫를 형성해 '공간〔입지〕을 확보한다.' 계급의 역사에서 반복적으로 나타나는 어떤 것이 있다면, 그 또한 고정된 선택지(개혁 대 혁명)는 아니다. 그것은 투쟁의 전통 속에서 매우 상이한 환경에 따라 사용되고 변용된 잠재적인 역사적 '공간들'이다.(RTR : 45)

거부와 전복으로 작동하는 경향이 있는 혁명적 저항과 달리, '제의적 저항'은 이용과 변용에 관한 문제이다. 이러한 형태의 저항은 반드시 계급 구조의 '혁명', 즉 단순한 전복을 뜻하지 않는다. 그것은 잠재적 형태들이며 "주어진 것이 아니라 만들어진 것"(RTR : 44)이다. 가공되지 않은 재료들과 공간들이 어떻게 만들어지고 이용되고 적응되는지를 강조하고 있는 앞의 인용문에는 특정한 형식의 문화적 행위, 즉 브리콜라주에 대한 암시가 들어 있다.

어떤 한 그룹의 집단의식은, 특정한 양식들과 공간들(거리 모퉁이 같은 인근 지역, 혹은 청소년들이 모여 자신들의 제의를 행하는 버려진 운동장 같은 곳), 그리고 대상들(펑크족의 안전핀)의 선택과 변용으로 형성된다.

이러한 브리콜라주는 (계급 차별의 극복이 아니라) 계급 차별과 협상하는 하나의 수난이다. 노동계급의 '테디 보이'들은 상류계급의 에드워드 의복 양식—1950년대 초 새빌 로우 Savile Row〔런던의 고급 양복점들이 있는 거리〕가 이것을 다시 유행시킨다.—을 차용함으로써, 계급적 스타일에 부착된 문화적 가치들에 대한 도전과 거부를 표현했다. 현재의 청소년 스타일에서도 이와 유사한 양상들이 발견된다. 부와

명예, 성공을 함축적으로 드러내면서 디자이너의 이름을 과시적으로 드러내는 일, 〔영국 축구 선수〕 베컴David Beckham 식으로 머리는 다듬는 일 등은 빈민가 출신의 수많은 영국 청소년들이 하위계층의 경험과 협상하는 하나의 수단이다.

홀 등은 저널리즘이 특정 대상이나 재료들 자체에 초점을 맞추면서 청소년문화에 맹목적으로 열광하는 경향이 있다고 주장하는데, 『제의를 통한 저항』은 이러한 대상들이 어떻게 사용되고 차용되며 변용 및 번역되는지에 주목하고 있다.

청소년 하위문화에서 물건〔대상〕그 자체는 어떤 양식도 만들어내

브리콜라주Bricolage '원시' 사회가 그들을 둘러싼 일상세계에 어떻게 반응하고 그것을 어떻게 재조직하는지를 기술하기 위해 클로드 레비-스트로스가 사용한 용어이다. 브리콜라주는 우리가 가공되지 않은 재료들을 가져다가, 즉흥적으로 그것들을 활용하고 연결하는 등의 대안적인 방식으로 새로운 의미를 창조하는 일을 뜻한다. 『하위문화 : 양식의 의미*Subculture : The Meaning of Style*』(1979)에서 딕 헤브디지Dick Hebdige는 청소년 하위문화를 일종의 브리콜라주로 간주한다. 모드족을 예로 들면서 그는 "원래 대단히 고상한 교통수단이었던 모터스쿠터가 어떻게 그룹의 결속을 드러내는 위협적인 상징물로 변했는지"(Hebdige 1979 : 104) 지적한다. 좀 더 일반적인 청소년 브리콜라주의 예는 학생들이 교복을 입는 방식에서 잘 드러난다. 무엇보다도 교복은 제도적 속성, 획일성, 규칙에 대한 순종, 그리고 규율과 권위를 체현하도록 고안된 것이다. 그러나 교복은 그러한 규칙들을 상징적으로 무너뜨리고 획일성에 도전하는 학생들에 의해 제의적으로 변용된다. 치마 주름은 풀리고, 단추는 채워지지 않는다. '규칙적' 복장이 레저 복장과 결합되거나 액세서리들로 장식되고, 피어싱이 드러나고, 머리는 길어지고, 스커트는 지나치게 짧아진다.

'브리콜라주'의 사례인 테디 보이와 펑크족

1976년 『제의를 통한 저항』이 나올 때까지만 해도 청소년 하위문화는 풍요와 합의, 중산계급화를 둘러싼 논쟁과 관련지어서만 논의됐다. 그러나 홀 등은 이러한 관점에서 이탈하여 '저항'을 청소년 하위문화의 주요 코드로 부각시켰다. 노동계급의 '테디 보이'들은 상류계급의 에드워드 의복 양식을 차용하여 계급적 스타일에 부착된 문화적 가치들에 도전했으며, 펑크족은 피어싱과 각종 '노예패션'을 차용하여 전통적인 미美 의식을 거부하였다.

지 못한다. 양식을 만들어내는 것은 청소년들이 옷을 입는 바로 그 방식, 즉 "양식화하는 행동"(RTR : 54)이다. 물건들이 그것의 지배적 의미에서 떨어져 나가 새로운 문맥 안에서 새롭게 절합되는 것은, 바로 이 같은 양식화를 통해서이다. 노동계급의 모드족이 전유한 옷차림이 암시하듯, 거기에는 복장으로 드러나는 계급적 함의가 새겨져 있지 않다.

이 과정을 거치며 어떤 물건에 대한 '미리 주어진' 혹은 자연스런 사용방식은 전복되고 변화한다. 단순하게 어린아이다움을 뜻할 뿐인 안전핀은, 펑크족의 피어싱과 각종 본디지 기어bondage gear[일명 노예패션이라고 부르는 본디지 패션에 필요한 각종 장신구들]의 맥락에 놓일 때는 전혀 다른 의미를 띠게 된다. 물론 이러한 과정은 양쪽으로 통한다. 한편으로 '미'에 대한 전통적 코드에 대한 거부에서 비롯된 펑크족의 전위적 스타일은, 다른 한편 1970년대 이후 패션 산업에 재전유되면서 그와 관련된 여러 가지 혐오스러운 스타일이 지금까지도 패션쇼 모델들에게 각광을 받고 있다.

여기서 홀 등의 논점이 확실히 구조주의와 양식의 기호학에서 암시를 받았음을 알 수 있다. "상품 역시 문화적 기호들이다. 지배문화는 모든 상품에 의미, 연상, 사회적 함의들을 이미 부여해놓고 있다."(RTR : 55) 여기서 중요한 문제는, 이러한 기호들이 (과장, 고립, 연합, 수정 등을 거쳐) 어떻게 재기호화되고 무엇을 반영하게 되는가 하는 것이다. 하위문화가 차용한 이러한 잡동사니들로 전복적 양식이 성립된 것이다.

제의적 저항, 실패할 수밖에 없는 상징적 투쟁

그러나 혁명적 저항과 마찬가지로 제의적 저항은 계급투쟁의 가능한 형식들 중 하나로 취급된다. 이에 대한 홀 등의 설명 또한 몇몇 비평가들이 지적하고 있듯 결코 유토피아적이거나 경축적이지 않다. 제의적 저항은 계급 문제를 푸는 하나의 '해결책'이 아니라, 여전히 진행 중인 협상의 과정이다. 실업이라든가 낮은 봉급, 교육 상의 불평등 같은 문제들이 다 해결되었다고 말하기는 힘들다. 이러한 의미에서, 이 역시 대개는 "실패할 것으로 운명지어진"(RTR : 47) 상징적 투쟁이라고 해야 한다.

하위문화적 양식과 제의는 하위계급적 경험을 타개하거나 버텨내는 데 사용될 수 있을 뿐, 상상적인 해결 방식 외에 다른 해결책을 제시하거나 실제로 문제를 해결하지는 못한다.

여기서 홀 등이 사용하는 그람시의 헤게모니 개념은, 실제적 존재 조건에 대한 '상상적 관계'라는 알튀세의 이데올로기 개념과 연결된다. 계급에 대한 하위문화적 해결책은 구체적 실재가 아닌 '희망' 또는 '노스탤지어'라고 홀 등은 주장한다. 예컨대 그들은 스킨헤드의 노스탤지어에 주목한다.

> 따라서 노동계급 복식의 원형적이고 '상징적인' 형식을 부활시키고 축구 경기의 초점을 이동시켜 축구의 '목적'을 '전유'함으로써, 스킨헤드는 노동계급에 속한 성인들이 더 이상 별로 찬동하지 않는 어떤 계급[부모문화]적 가치를—단지 '상상적'이기는 하지만—새롭게 규정한다. 그들은 고안자와 관람자들에 의해 급속하게 파괴되고 있는 영토와 지역의 개념을 새롭게 주장한

다. 그들은 상업화·전문화·스펙터클화한 게임을 엄연히 존재하는 하나의 사실로 '강조한다.'(RTR : 48)

홀 등은 알튀세의 입장을 따르는 필 코헨Phil Cohen(1972)을 좇아 청소년 하위문화를, 그들의 실제 존재 조건을 '마법적으로'(즉 환상적 방식으로) 해결하는 것, 즉 그러한 조건들에 대한 상상적 관계를 통해 해결하는 것으로 간주한다.

강도 사건은 해답이 아니다!

정치적으로 그리고 지적으로 『위기 관리하기』는 '개입intervention' (PTC : x)의 정신으로 쓰어진 책이다. 저자들은 바로 이 같은 차원에서 책을 읽도록 요구한다.

『위기 관리하기』는 1973년 핸즈워스 청소년들에 대한 가혹한 구형 이후 저자들이 느낀 '격분'에서 비롯되었다. 책의 대부분은 그러한 범죄들에 대한 사람들의 과잉반응에 초점을 맞추고 있으며, 마지막 부분에서는 강도 사건의 정치학을 고찰한다. 강도행위를, 불경기에 '가장 취약했던'(PTC : 331) 영국 흑인 노동계급 공동체가 직면한 점차 심화되는 경제적 위기라는 맥락 안에 놓음으로써, 홀 등은 『제의를 통한 저항』 안에서 제기되었던 이슈로 잠정적으로 돌아오게 된다.

경제 침체기의 위기 관리가 곧 흑인 관리와 동일한 의미를 갖게 된 것은 우연이 아니다. 흑인 때문에 실업률이 상승하고('그들이 우리의 일자리를 빼앗는다') 경제적 부담이 증가한다는('그들이 나라를 등친다')

의식은 상식적인 인종주의 논리의 핵심이 된다. 이와 동시에 경제적 침체는 보수를 받지 못하는 흑인 공동체와, 생존의 또 다른 형식으로 발생하는 특정한 형태의 범죄 행위들을 점점 더 많이 발생시키기 때문에 흑인 범죄 발생에 책임이 있다.

홀 등은 체계적 인종주의가, 흑인들을 '하위' 구조의 불행한 희생자로 여기는 것, 즉 그들을 단순히 사회의 하층부에 위치시키는 데 그치지 않는다고 주장한다. 즉, 흑인 공동체가 자신들의 인종과 계급을 '의식하게' 되는 것은 바로 이 인종주의를 통해서이며, 이 안에서 인종주의는 흑인 공동체로 하여금 저항과 투쟁의 전략을 계발해나가게끔 한다.

홀 등은 흑인 청소년을 이중적으로 위치지워진 '계급 일부'(PTC : 389)라는 관점에서 탐구한다. 이들은 백인 노동계급의 일부이면서 동시에 카리브 해의 식민지 노동이라는 좀 더 광범위한 역사의 일부분이기도 하기 때문이다.(이 입장은 앞서 달콤한 음료인 영국식 한 잔의 차와 관련된 홀의 은유로 설명했다.)

영국에 거주하는 흑인의 종속적 지위에 대한 모든 정치적 반응은, 이러한 역사와 그 복잡한 얽힘과 관련이 있다. 이 같은 맥락에서 강도 사건은 단순히 경제적 침체의 한 징후가 아니라, 인종주의에 대한 하나의 대응으로도 해석될 수 있다.

> 범죄가 흑인 노동계급의 하위성 문제에서 하나의 해결책이라고 환영할 것이 아니라, 실직한 흑인 청소년들의 일부가 백인을 대상으로 폭력을 사용해 훔치고 소매치기하고 강탈하고 약탈하는 행위들이, 어떻게 영구적 추방이라

는 자신들의 경험을 억눌리고 전이된 방식으로 표현하고 있는지 잠시 숙고해봐야 한다.(PTC : 391)

여기서 흑인의 범죄를 '전이된 표현들'이라고 묘사한 것에 주목해보자. 인종주의가 무의식적으로 작동하듯, 강도 사건의 정치학 또한 그렇게 움직인다. 『위기 관리하기』는, 인종주의와 자본주의의 잘못된 점을 바로잡겠다는 의도에서 강도를 낭만주의적으로 해석하고 있는 것이 아니다. 그럼에도 불구하고 홀 등은 강도 사건이 인종주의와 위기의 억압된 조건들의 회귀라는 정치적 무의식을 드러내고 있다고 주장한다. 인용문의 맥락에서 제기된 '폭력'의 문제는 매우 중요한 것으로, 이는 『위기 관리하기』와 알제리 독립에 참여했던 프란츠 파농 Frantz Fanon을 연결시키고 있다.

파농(1925~1961) 카리브 해 출신으로 2차대전 때 자원병으로 유럽으로 건너온 파농은, 프랑스에서 정신의학을 공부한 후 프랑스 식민지인 알제리로 건너가 그곳에서 잔혹한 식민통치를 목도한 후 압제받는 이들과 함께 투쟁을 시작했다. 파농은 알제리가 독립을 쟁취하기 전에 사망했지만, 많은 이들이 그를 포스트식민 저항운동의 창시자로 생각하고 있다. 이러한 명성은 독립 투쟁 이전과 그 와중에 발간된 그의 저술, 특히 『검은 피부, 하얀 가면 Black Skin, White Masks』(1952)과 『대지의 저주받은 자들 The Wretched of the Earth』(1961)에 기초한 것이다. 파농이 주로 관계한 저항 형식은 폭력인데, 그는 자신의 이러한 입장을 『대지의 저주받은 자들』(서문 「폭력에 관하여」를 참고하라.)에서 전개하였다. 파농은 '탈식민화는 항상 폭력적 현상'이라면서, 그것은 식민통치로 갈라진 다양한 분파의 피업악 단체들을 통일시키고 존엄과 자존을 회복하는 수단이라고 주장했다.

1981년 브릭스턴 폭동

런던의 흑인 밀집지역인 브릭스턴에서 일어난 이 폭동은, 백인 경찰이 흑인을 과잉 진압하는 과정에서 발생한 인종차별 문제로 시작됐으나, 점차 빈민가의 백인 젊은이들까지 합세하여 영국 전역의 가난과 계급 갈등 문제로 확산되었다.

홀 등은 『위기 관리하기』에서 인종주의가 단순히 흑인들을 사회 하층부에 위치시키는 것으로 끝나지 않는다고 주장했다. 이 인종주의로 흑인 공동체가 자신들의 인종과 계급을 '의식'하고, 더 나아가 저항과 투쟁의 전략을 계발하게 만든다는 것이다. 이 예견은 적중했다.

홀 등은 파농을 인용하면서, 폭력이 개별 차원에서 볼 때 원주민들을 "열등감과 자포자기, 무위"에서 해방시킬 뿐만 아니라 "피식민자들을 '하나의 전체로서 함께' 묶는"(PTC : 384) 사회적 실천이라는 사실에 주목한다. 한데 폭력에 대한 파농의 이 같은 관점이 강도 사건에 대한 해석에 분명 잠재되어 있음에도, 『위기 관리하기』는 이러한 관점을 충분히 전개하지는 않는다. 홀 등은 폭력을 비열하고 무력한 행위로 간주하는데, 결국 그 폭력이 백인 노동계급, 다시 말해 자본주의 하에서 이미 궁핍해질 대로 궁핍해진 이들을 표적으로 삼았기 때문이다.(핸즈워스 강도 사건의 희생자는 바로 노동자였다.)

홀 등은 강도 사건을 저항의 영웅적 형식으로 이상화하거나 찬양하기를 거부하고, 그것을 극도로 복잡하고 애매한 사건으로 간주한다. 예컨대 어떤 측면에서 강도 사건은 일종의 '유사 정치적 의식'(PTC : 391), 즉 노동에 대한 적극적 거부를 뜻하는 하나의 지표로 해석될 수도 있다는 것이다. 다른 한편으로 1970년대 후반에는 "학교를 졸업한 젊은 흑인 청소년들이 마다할 일은 아무것도 없었다."(PTC : 391)는 점도 고려해야 한다.

『위기 관리하기』는 이 책이 제시하고 있는 곤경에 대한 어떠한 해결책도 주지 않는다. 강도 사건은 해답이 아니다. 강도 사건은, "흑인들 사이에서 불거져나온 정치적 투쟁 형태 —그 구조적 모순의 담지자는 바로 흑인이다.—에 대한 요구를 의미할 따름이다."(PTC : 393)

『위기 관리하기』는 대처주의와 그것의 기초인 포웰주의의 문제점을 이른 시기에 규명하였다는 점 때문에 가장 자주 거론되기도 하지만, 강도 사건을 정치적 구성물의 한 원형原型으로 해석한 것 또한 이 책의 선견지명이라고 할 수 있다. 이 책이 발간된 지 3년 후 브릭스턴에서 시작되어 장기화된 '인종폭동들'은, 좀 더 조직적이고 집단적이며 지속적인 형태의 폭력적인 거리 투쟁으로 나타났다.

청소년 하위문화와 강도 사건을 관통하는 하나의 위기의식

2장에서 전후의 경제 부흥이 1950년대 노동계급 문화에 미친 영향을 다룬 신좌파의 연구를 살펴보았는데, 『제의를 통한 저항』과 『위기 관리하기』는 이러한 분석을 백인 및 흑인 노동계급의 청소년 하위문화에 관한 좀 더 폭넓은 설명으로 발전시켰다. 두 저서는 교류적이고 구조적인 해석 방식을 결합하는 접근법으로 전후 영국문화를 해석하고 있다. 교류적 접근법으로는 청소년과 인종을 도덕적 공황이 만들어낸 민중의 악마로 해석할 수 있었고, 구조적인 접근법으로는 동의의 문화에서 강압의 문화로의 변화라는 관점에 입각하여 전후 시기를 역사적으로 분석할 수 있었다. 이 두 가지 접근법의 결합을 빌어, 청소년 하위문화와 강도 사건이라는 별개의 도덕적 공황이 사실은 영국 사회 내부에 현존하는 동일하고 심오한 위기의식이 전이되어 나타난 비유임이 밝혀졌다.

마지막으로, 이 장에서는 하위문화 그룹들(백인 및 흑인 영국 청소년)이 이러한 위기에 어떻게 반응했는지를 밝히기 위해, 홀 등이 저항의 의미를 재구성한 방식을 살폈다. 홀 등은 저항이 위기에 대한 마술적인 해법을 제공하는 것이 아니라, 위기와 타협하는 데 필요한 원형적 형태의 정치적 수단을 제공한다고 암시하고 있다.

05

우파에게 '새로운 시대'를 되찾으라

Stuart Hall

대처의 연이은 승리가 던진 충격

『위기 관리하기』가 출간된 지 1년 만인 1979년, 보수당 지도자 마거릿 대처가 영국의 수상이 된다. 이 책이 확신을 가지고 설명한 자본주의의 위기와, 동의의 문화에서 '법과 질서'에 의한 권위주의적 사회로의 이동이라는 예견은, 대처의 당선 뒤 펼쳐진 '철의 시대'로 그 통찰력을 더해가는 듯 보였다.

1979년부터 1983년 사이(1기 대처 내각) 영국의 국내 총생산은 4.2퍼센트, 산업 생산량은 10퍼센트, 제조업은 17퍼센트씩 각각 감소했다. 같은 기간 동안 실업률은 141퍼센트 증가하여 실업자가 3백만 명을 넘는 것으로 기록됐다. 이후 1986년까지, 다시 말해 2기 대처 내각(1983~1987)이 끝날 때까지 영국은 산업혁명 이후 처음으로 상품의 순수입국[일정 기간 동안 수입 상품의 가치가 수출 상품의 가치보다 높은 나라]이 되었다. 그럼에도 불구하고 보수당은 3기 집권에 성공했고 대처는 전후 가장 인기 있는 지도자 중 한 사람이 되었다.

대처 내각 시기(1979~1990)의 여러 통계자료들과 대처 내각이 누린 오랜 인기 사이의 명백한 괴리를 어떻게 설명해야 할까? 대처의 세 번째 승리가 남긴 충격 속에서, 홀은 이 질문에 이렇게 대답한다.

내가 보기에 사람들은 〔대처가 내세운〕 각종 세목들을 믿으면서 대처주의에 표를 던진 것이 아니다. 사람들은 마음속으로 영국이 현재 대단히 번영하고 있으며 경제적으로 성공했다고 생각하지 않는다. 325만 명이 넘는 실직자들을 보면서 경제 부흥이 절정에 이르렀다고 믿을 사람은 아무도 없다. 이데올로기로서 대처주의가 한 일은, 사람들의 공포·불안·정체성 상실 등의 문제를 본격적으로 다룬 것이다. 그것은 정치를 이미지로 생각하게끔 만든다. 대처주의는 우리의 집단적 환상, 상상된 공동체로서의 영국, 사회적 상상력에 호소한다. 좌파가 '자신들의 정책' 쪽으로 대화를 이끌어내기 위해 홀로 고군분투하는 동안, 대처 여사는 이러한 이슈들을 완전히 장악하였다.(GAS : 167)

대처 내각의 경제 정책에 초점을 맞추는 일반적인 설명 방식과 달리, 홀은 1980년대 내내 보수당이 승리를 지킬 수 있었던 이유는 다름 아닌 이미지 차원에서 찾을 수 있다고 주장한다.

홀이 보기에 대처주의와 그 정치적 성공의 가장 큰 특징은 정책이 아닌 이미지에 있다. 이는 정당의 이미지가 모든 것을 좌우하고 대변인이나 정치적 홍보 활동같이 미디어가 지배하는 오늘날의 문화에 비추어 볼 때 특히 설득력 있는 설명같다. 마거릿 대처가 권력을 잡았을 당시, 대처의 주된 정치적 적수였던 노동당 지도자 마이클 풋 Michael Foot은 1981년 영국 언론의 풍자만화에서 허수아비Wurzel Gummidge〔영국 동화에 나오는 걷고 말하는 허수아비〕로 그려졌다는 사실을 유념해야 한다. 홀이 이야기하는 이미지는 단순한 표상이 아닌 이데올로기적 재현의 문제이기 때문이다.

1979년부터 1990년까지 영국을 이끈 마거릿 대처

대처 내각의 승리로 홀 등이 『위기 관리하기』에서 예견한 자본주의의 위기와, 동의의 문화에서 권위주의적 사회로의 이동은 현실이 되었다. 대처는 '철의 통치'로 영국의 부흥을 약속했지만, 대처 집권기 영국 경제는 부진을 면치 못했다. 그럼에도 대처는 처칠 이후 가장 인기 있는 지도자가 되었다. 홀은 이 괴리에 대한 해답을 대처 내각의 정책이 아닌 이미지에서 찾았다.

'대처주의Thatcherism'는 대처 내각과 관련된(그러나 반드시 그것에만 국한된 것은 아닌) 광범위한 문화적·이데올로기적 힘들을 자세히 설명하기 위해 홀이 만들어낸 신조어이다. 1970년대 후반과 1980년대를 거치면서, 홀은 자신의 지적 에너지를 대처주의에 대한 현장 비평으로 돌린다. 이러한 비평은 사회주의적 월간지인 《맑시즘 투데이 Marxism Today》와 《새로운 사회주의자들The New Socialists》에 처음 실렸고, 이후 『대처주의의 정치학The Politics of Thatcherism』(1983)과 『쇄신을 향한 험난한 여정The Hard Road to Renewal』(1988) 두 권의 책으로 묶여져 나왔다.

이제부터 한 세기 동안 지속된 대처주의 논쟁에 홀이 어떻게 기여했는지 살펴보자. 홀은 이 논쟁이 "전후 영국의 정치·문화적 삶에서 역사적 전환점"(HRR : 1)을 형성했다고 본다. 홀의 관심은 이러한 논문들을 통해 무엇이 대처주의를 성공으로 이끌었는지 설명하는 데 있지 않다. 그의 궁극적 목표는 어떤 조건들이 대처주의를 생겨나게 했으며, 그로부터 좌파는 무엇을 배울 수 있는지 확인하는 것이다.

홀은, 세 번의 선거 승리에도 불구하고 대처주의는 필연적인 결과가 아니라, 자본주의와 문화의 세계적 변화에 대한 우파들의 특수한 반응일 뿐이라고 주장한다. 좌파들이 이러한 변화에 등을 돌린 데 반해, 대처주의는 (앞에 제시된 통계가 드러내듯 서투른 방식으로나마) 이 같은 변화의 중요한 지점들을 파악할 수 있었기에 승리했다는 것이다.

1988년 10월, 홀은 '새로운 시대'라는 기치 아래 다른 좌파 지식인들과 연합하여 하나의 논쟁적 프로젝트에 착수한다. 이는 대처주의에 대한 홀의 초기 비판을 토대로 그것에서 한 걸음 더 나아가려는 시도로서, 자본주의의 역사적 변화에 직면한 좌파에게 대안적인 정치적 의제를 제공하는 걸 목표로 삼았다. 여기서는 '새로운 시대' 프로젝트와, 그것을 예견한 각종 논쟁들, 즉 포디즘 이후, 포스트모더니즘, 그리고 주체성에 대한 핵심적 논쟁들을 함께 고찰할 것이다.

대처의 이데올로기 프로젝트, 포클랜드전쟁

홀이 주장했듯, 이미지로 정치를 생각하도록 만든 것이 대처주의의 성공 요인 중 하나라면, 포클랜드전쟁(1982~1983)은 분명 그 상징적 성취의 한 정점을 이루었다. 권력을 잡은 첫 3년 동안, 대처는 약속과는 달리 경제 운을 되돌려 영국을 불경기에서 구해내는 데 실패했다. 집권 초기에는 그녀의 조국뿐 아니라 내각도 안정과는 거리가 멀어 보였다. 그러나 1982년, 사정은 극적으로 변화한다. 그해 대처 내각은 〔남아메리카 대륙의 동남단에 있는〕 포클랜드 섬의 통치권을 지키기 위해 아르헨티나와 전쟁을 시작했다. 순수하게 경제적 관점에서 보면, 30억 파운드가 넘는 비용—이는 앞서 제시된 통계자료에 비추어볼 때 영국이 감당하기 어려워 보일 만큼 큰 액수이다.—이 들어간 이 전쟁을 통찰력 있는 정치적 행동이라고 하기는 힘들었다.

영국에서 8천 마일 떨어진 대서양 남부에 위치한 포클랜드 섬은, 각종 현안에 둘러싸여 있던 〔수세에 몰린〕 전후 영국 제국에게 그다지 중요한 곳은 아니었다. 사람이 살기에 적당하지 않은, 접근하기 어려운 장소였고, 상업적 가치도 모호했다.

그러나 대처주의라는 맥락에서 볼 때 이는 논점에서 빗나간 주장이다. 대처는 포클랜드전쟁을 경제적 관점이 아니라, (마치 2003년 부시-블레어의 대 이라크 전쟁에서처럼) 도덕적 원칙에 입각하여 정당화했다. 이러한 도덕적 원칙은 일련의 이미지들을 통해 명료화되었는데, 이 이미지들 속에서 영국의 과거는 홀이 "역사 부흥이라는 고도의 선택적 형식"(ESB : 71)이라 표현한 것에 종속된다.

나[대처 여사]는 운명의 부름에 따라 자유 세계 역사에서 영국의 이름을 가장 높이 떨쳤던 윈스턴 처칠 같은 위대한 인간의 족적을 따라가면서 내가 느끼는 겸허를 여러분이 모두 이해하리라 생각한다.(ESB : 71)

처칠의 이미지를 빌어 대처는 영국이 예전에 벌인 '원칙에 입각한' 나치 독일과의 전쟁, 그리고 그것이 수반하는 제국의 위대함을 상기시켰다. 또다시 해양을 지배할 수 있는 용맹스런 혈통의 영국! 향수를 불러일으키는 제국의 언어—대처의 포클랜드 캠페인은 바로 그 언어 로 이루어졌다.—는 영국 유권자들 사이에서 엄청난 인기를 끌었다. 전쟁 이전의 여론조사에서 3위까지 추락했던 보수당은, 전쟁 후에는 20퍼센트 차이로 선두를 달리게 된다.

홀은 이러한 우세가 토리당원들[보수당원. 17세기에 설립된 토리당은 보수당의 전신이다.]과 여피족의 투표 덕분이라고 보는, 다소 위안을 주는 견해를 거부한다. 그것은 또한 대처주의가 가장 적의를 보였던 바로 그 그룹들, 즉 흑인과 노동계급의 지지에 힘입은 결과이기도 했기 때문이다. 『쇄신을 향한 험난한 여정』에서 홀은 영국 육체노동자의 반수 이상이 대처 여사를 지지하고 있음을 나타내는 수치를 인용한다.

그렇다면 대처주의는 어떻게 사회 안에서 일제히 민중의 악마로 구성되었던 이들의 동의를 이끌어낼 수 있었을까? 이를 단순히 허위의식의 극단적 사례라고 볼 수 있을까? 앞 장에서 살펴보았듯, 홀은 위에서 아래로 내려다보는 이데올로기적 관점을 신뢰하지 않는다. 그 안에서 지배문화는 민중들의 눈을 속이기 때문이다. 홀은 대처주의의 성공이, 빈틈없이 전체화하는, 군중들을 기만하는 설득력 100퍼센트의 이데올로기 생산 능력에서 나왔다고 보지 않는다. 홀이 지속적으로 강조하는 것은 바로 대처주의의 근본적인 모순적 특질이다.

포클랜드 관련 논문 「제국의 반격The empire strikes back」(1988a〔1982〕)에서, 홀은 전쟁에 관한 대처주의의 시대착오적 표현에 주목한다. 홀은 이를 '핵미사일 시대'의 '대 함대'로의 귀환이라 부른다. 포클랜드와 관련한 대처주의의 이미지는 대처주의 이데올로기를 구성하는 주요 요소들, 즉 전통적(도덕적) 가치, 영국다움, 애국심과 가부장제와 완벽히 일치한다.

홀은 대처주의의 이데올로기 프로젝트를 조금 더 일반적인 의미에서 '퇴보적 근대화'라고 묘사한다. 이러한 모순적 표현을 통해, 홀은 미래에 대한 대처주의의 비전이 퇴영적이며 향수 어린 과거로의 회귀로 세워지고 정당화되는 방식, 예컨대 자유무역 담론이 국민성이나 제국 같은 보수적 테마들과 연결되는 방식을 강조한다. 홀이 표현하듯 퇴보적 근대화는 "과거에 대한 퇴보적 버전으로 사회를 후퇴시킴으로써, 근대에 대한 퇴영적 버전으로 그 사회를 '교육하고' 훈육하려는 시도"(HRR : 2)를 뜻한다.

홀은 대처주의의 성공이 "모순적 담론들을 동일한 이데올로기적

대처주의의 정점을 상징하는 포클랜드전쟁

1982년 대처는 남아메리카 대륙에 있는 포클랜드 섬의 통치권을 지키기 위해 아르헨티나와 전쟁을 시작했다. 일견 무모해 보였던 이 전쟁은, 그러나 철저히 계산된 정치적 행동이었다. 대처는 경제적 관점이 아니라 도덕적 명분으로 이 전쟁을 정당화했고, 이 전쟁으로 추락 직전의 보수당은 다시 가장 인기 있는 정당이 되었다.

구성물 안에"(HRR : 10) 절합하는 능력에서 기인한다고 본다. 대처주의의 이러한 모순적 담론들의 압축과 연결을, 홀은 '독재적 포퓰리즘'이라고 매우 효과적으로 표현했다.

독재적 포퓰리즘 『쇄신을 향한 험난한 여정』의 첫 장은 "우파의 새로운 독재주의"(HRR : 28)와 그 '포퓰리즘적' 성향을 다루는 『위기 관리하기』의 끝에서 두 번째 장을 발췌한 것이다. 이어지는 글들에서 홀은 대처주의의 가장 두드러진 특질 중 하나를 '독재적 포퓰리즘'이라고 표현한다. 이 용어는, 1970년대 탄압 정치로 그 방향이 정해진 합의의 문화에서 독재 정치로의 이동을 기술하기 위해, 그리스의 마르크스주의 지식인 니코스 풀란차스Nicos Poulantzas(1937~1980)가 『국가, 권력, 사회주의State, Power, Socialism』(1978)에서 사용한 '독재적 국가 통제주의'라는 개념을 발전시킨 것이다. 홀의 용법이 암시하고 있듯, 독재적 포퓰리즘은 부분적으로 (동의에 의한 통치라는) 그람시의 헤게모니 개념을 발전시키려는 시도였다. 홀의 독재주의 설명에서 특징적인 점은, 독재주의가 어떻게 일반 대중의 불만, 예컨대 이민・청소년문화・강도 사건을 둘러싼 '도덕적 공황' 등에 호소하기 위해 '이용되고' 또 그것으로 '정당화되었는가'를 인식한 데 있다. 독재적 포퓰리즘은 '인기'만으로 대중을 움직이는 것이 아니다.(이 맥락에서 홀은 '대중적인'〔인기 있는〕 것과 '대중주의적인'〔인기에 영합하는〕 것을 신중히 구별한다.)

독재적 포퓰리즘은 "대중의 공포, 불안, 잃어버린 정체성"(GAS : 167)에 이데올로기적으로 호소함으로써 대중을 움직인다. 예컨대 포클랜드전쟁의 경우에는, 제국이 무너지고 영국적인 것Englishness의 핵심이 상실됨에 따라 영국의 지위가 점차 주변화하는 데 대한 영국인들의 공포를 틈타 국가 부흥에 대한 대중주의적 호소가 이용되었다. 이 밖에도 1980년대 후반 에이즈의 유행 이후 대처주의가 취한 동성애에 대한 강력한 권위주의적 태도도, 전통적인 가족적 가치에 대중주의적으로 호소한 것이었다.

대처주의의 포퓰리즘이 보이는 독재적 양상은, 왜 홀이 대처주의를 '지배적인 것'이 아니라 '지배적인 프로젝트'로 보았는지를 설명하는 데 도움이 된다.(홀이 보기에 대처주의의 포퓰리즘은 동의에 의한 통치로 패권을 잡은 것이 아니라, 강압적 수단들을 사용해서 헤게모니를 잡으려 했다.)

'새로운 시대', 좌파는 무엇을 할 것인가?

대처주의의 모순적 본질에 대한 이 같은 인식에서, 홀은 전통적인 계급 동맹이 그 자체로 불안정하고 모순적인 것으로 변화했다는 사실을 이끌어냈다. 홀은 구원해야 할 통일된 노동계급 같은 것은 존재하지 않는다고 강조했다.

이에 대해 전통적 좌파 중 일부는 '경제적 실재'와 '계급적' 이슈의 포기라고 비판했지만, 홀은 자신의 입장은 계급의 포기가 아니라 전통적 계급 동맹의 붕괴에 대한 인식에서 나온 것이라 주장했다. "이는 '하나의' 노동계급, 즉 본질이며 영원하게 완전히 '대처주의적'이거나, 아직 도래하지는 않았지만 전적으로 혁명적인 주체로서의 노동계급에 의존하는 정치는 더 이상 적절하지 않다는 사실을 의미한다. 그것은 우리가 알아야 할 것을 더 이상 말해주지 않기 때문이다."(HRR : 6~7)

이 같은 입장은, 1950년대 초창기 홀의 경제 환원주의 비판의 연장선상에 놓여 있다. 만일 정말로 경제적 '토대'가 '상부구조'를 결정한다면, 대처 집권기에 분명 경제적으로 궁핍했던 이들이 계속 대처에게 표를 던지는 이유는 무엇인가? 홀이 「제국의 반격」에서 반어적으로 신랄하게 표현하고 있듯, "오, 경제 환원주의! 3백만 실업자가 100퍼센트 모두 노동당으로 향한다고 여기는 그대는 지금 어디 있는가?"(ESB : 69)

홀은 좌파가 대처주의에서 뭔가 교훈을 얻어야 한다고 생각했다. 대처주의 이데올로기 담론 분석은 『쇄신을 향한 험난한 여정』의 전체 프로젝트 중에서 절반 정도밖에 차지하지 않지만, 이 책은 대처주의가 좌파에 남긴 '위기', 그리고 무엇보다 그와 관련해 좌파가 해야 할 일을 논의하는 데 똑같이 집중하고 있다. 홀은 독자들에게 두 가지 뚜렷한 대안을 내놓는다. 좌파는 계속 혁명적 계급의식에 호소하거나, 아니면 현재의 정치와 문화 전반에 걸쳐 일어나는 변화에 눈떠 새로운 시대를 다시 구상하는 방향—우파의 대안으로서 대중적(민주주의적) 호소력을 갖는 그러한 방향—으로 움직이거나, 둘 중 하나라는 것이다.

쇄신을 향한 험난한 여정의 첫 계단은, 대처주의에 굴복하기보다는 그것에서 무언가를 배우는 일과 관계가 있다. 『쇄신을 향한 험난한 여정』에 실린 논문들은 대처주의의 '포퓰리즘'을 이해하려는 하나의 시도였는데, 이를 통해 좌파는 대처주의의 논리를 재생산하거나 베끼는 것이 아니라 홀 등이 명명한 새로운 시대를 둘러싸고 헤게모니 투쟁에 돌입하게 된다.

새로운 시대 프로젝트는 1989년 11월 《맑시즘 투데이》로 시작되었고, 이후 많은 논문들이 이 저널에 실린다. 이 논문들을 수정 및 개정하여 묶어 만든 책이 바로 『새로운 시대 New Times : the Changing Face of

Politics in the 1990s』(1989)이다.(여기에는 홀이 쓴 두 편의 논문과 서문이 실려 있다.) 홀과 마틴 자크Martin Jacque(《맑시즘 투데이》 주간)가 편집한 『새로운 시대』는 일관된 '선언'이나 완전히 형성된 하나의 입장 혹은 정설로 읽혀서는 안 된다. 이 책은 여러 다양한 관점, 때로는 상이한 관점에서 다양한 분야의 지식인들이 생산한, 현재 진행 중인 연구의 핵심들을 묶어놓은 것이다.

그러나 전체적으로 봤을 때, 홀 등의 새로운 시대 프로젝트는 좌파를 "시대와 더불어 움직이게"(NT : 12) 하고, 20세기의 마지막 3분의 1 기간 동안 일어난 경제·문화·사회 상의 역사적 추이에 직면하게 하려는 시도로 이해될 수 있다. 즉, 이 책은 이른바 '새로운 시대'를 능숙하게 전유한 대처주의를, 지나간 과거를 놓아주는 데 주저하는 좌파와 대비해 고찰하고 있다.

홀 등은 새로운 시대가 본질적으로 우파의 것이 아니며, 대처주의는 그들의 정치와 정책을 그에 맞추어 좀 더 성공적으로 적응시켰을 뿐이라고 주장한다. 이러한 맥락에서 대처주의와 세계 변화 사이의 구별을 강조한다. 시대와 더불어 움직인다는 것은, 우파 쪽으로의 이동 혹은 사회주의의 포기가 아니라, 이러한 새 시대를 우파에게서 되찾아 사회주의로 향하게 하는 것을 뜻한다. 이는 이제까지 우파가 이룬 것보다 더 진보적이고 대안적인 '형태와 굴절'(NT : 15)을 새로운 시대에 부여하는 것이다.

그렇다면 '새로운 시대'란 정확히 무엇을 의미하는가? 굴절에 대한 언급은 홀이 다악센트적 기호라는 볼로시노프(1장 참조)의 개념에 빚지고 있음을 암시한다.

대처주의에서는 새로운 시대라는 언어적 기호가 오로지 한 묶음의 의미만을 전달하는 단일 악센트적인 것이었지만, 홀은 그 기호의 의미가 우파의 지배담론에서 분리되어 좌파와 새롭게 절합되어야 한다고 생각했다. 새로운 시대라는 기호는, 우리가 그것에서 단일한 규범적 의미를 '읽어내야 하는' 고정된 궁극의 시니피에를 갖고 있지 않다. 의미는 그 안에 내장되어 있는 것이 아니라, 그것을 절합하고 강세를 부여하는 이들에 의해 사회적으로 생산되는 것이다. 새로운 시대란, 본질적으로 진보적이거나 퇴보적이지도, 좌파적이거나 우파적이지도 않은, 그 자체로서 논쟁적인 기호이자 지속적인 투쟁의 장소이다.

그러나 새로운 시대가 단순히 개념들을 놓고 벌이는 투쟁과 관련된 것만은 아니다. 거기에는 역사적 변천이 또한 기입되어 있기 때문이다. 개념들은 이러한 역사적 변천에 대한 하나의 반응이다. 즉, 이 용어가 우리가 원하는 대로 아무것이나 다 의미할 수는 없다는 것이다.

「새로운 시대의 의미The meaning of New Times」(1989)에서 홀은, 〔새로운 시대라는〕 은유 속에는 현재 사회에서 발생하고 있는 수많은 변화들이 기록되어 있음을 시사했다. 또한 이러한 변화들은 일련의 '포스트들'과 연관되는데, 대체로 포스트포디즘, 포스트모더니즘, 그리고 포스트 정체성post-identity 혹은 홀이 '주체의 혁명'이라고 부른 것들이 여기에 해낭된다.

포디즘과 대량소비 문화의 등장

'포디즘Fordism'은 1930년대 그람시가 만든 용어이다.(그람시의 「아메리카니즘과 포디즘Americanism and Fordism』(1971) 참조) 이는 20세기 초 〔미국의 자동차 왕〕 헨리 포드가 '모델 T' 생산에 처음 사용한 조립 라인 생산방식을 가리키는 말로, 좀 더 일반적으로는 '대량생산 시대'(NT : 117), 그리고 그와 관련된 노동조직화를 지칭한다.

포드는 하루 5달러 8시간 노동으로 체계화된 기계적인 노동 업무 시스템을 도입했다. 자동화된 생산 라인은 수고스런 작업들을 조립과정의 각 부분에만 집중하는 정적 노동력에 '양도convey'시켰고, 이는 생산 수준을 극적으로 끌어올리는 데 기여했다.

이 같은 방식은 〔미국 엔지니어〕 프레드릭 테일러Frederick Taylor의 발견에 기대고 있다. 테일러는 『과학적 관리의 원칙The Principles of Scientific Management』(1911)에서 노동 업무를 표준화하고 그 효과를 증대시키기 위해 시간 및 동작을 연구한 결과에 따라 노동 작업을 분해함으로써 얻는 생산성 향상을 설명하였다.(이는 '테일러주의'라고 불렸다.) 그러나 그람시가 인식했듯 포디즘의 의미는 단순히 작업장에만 국한되지 않는다. 그것은 '삶을 살아가고 생각하며 느끼는' 새로운 방식을 창안해냈다.

포드가 의도했던 바대로, 노동자들은 상대적으로 여유로워진 노동 시간 덕분에 자신들이 조립한 대량생산물을 즐길 수 있게 되었다. 따라서 포디즘은 전후 새롭게 출현한 대량소비 문화와 밀접하게 관련된다. 좀 더 일반적으로 말한다면, 포디즘(즉, 파편화, 소외된 고독한 노동자, 기능주의)의 사회적 영향은 20세기 벽두에 있었던 모더니즘 운동의 문화적 성과로 연결되었다. 예컨대 소외되고 고립된 개인을 모더니즘적으로 표현한 에드바르트 뭉크Edvard Munch의 〈절규The Scream〉,

피카소 같은 입체파 화가들의 작품에 나타나는 파편화되고 깨어진 표면, 장식적 화려함을 배제한 모더니즘적 건축의 기능주의는 포디즘과 매우 잘 조화된다.

  포디즘적 생산 양식은 1914년 미국에서 처음 시작된 이후 1945년부터 1973년 사이 서구 산업사회에 널리 퍼졌다. 포디즘은 1930년대의 불황 이후 찾아온 자본주의 경제의 성장 및 안정과 관련이 있다. 그러나 1970년대 초 다시 불경기가 다시 찾아오면서 포디즘은 더 이상 자본 고유의 모순적 불안정성을 극복하는 데 기여할 믿을 만한 해결책으로 보기 어렵게 되었다. 적어도 피상적으로는 포디즘이 내세운 '해결책'들, 곧 엄정함, 기계적 방식, 획일성에 대한 강조 등이 사실은 포디즘 자체의 문제였다는 점 또한 판명되었다. 포디즘은 점점 더 다양해지고 불안정해지는 세계 시장의 요구에 부응할 만큼 유연하지 못했던 것이다.

전지구적 자본주의의 속박, 포스트포디즘

그리하여 1970년대 초 불경기에서 포스트포디즘Post-Fordism이 출현한다. 포스트포디즘은 전통 산업 및 산업화한[공업화한] 생산 방식(예컨대 영국의 자동차 제조업)의 쇠퇴, 서비스 분야(보험, 연금, 그리고 금융 회사와 같은 금융 서비스)의 발흥 등과 관련된다. 그것은 더 이상 한 장소(마치 조선造船과 항구의 관계처럼)에만 국한되지 않는, 지역과 국가에 머무르지 않고 세계적으로 경쟁하는 새로운 기술 및 하이테크 산업의 출현과 밀접한 관계가 있다.

  포스트포디즘의 전지구적 속성은, 마르크스주의 지리학자 데이비드 하비David Harvey가 말한 '시-공간 압축'에서 부분적으로 기인한다. 위성통신의 출현과 최근 등장한 인터넷 덕분에 더욱 값싸진 운송비는, 전세계를 하나의 거대한 원격통신의 언어 안에서 '더욱 작아진 하나의 공간'으로 만들어놓았다.

시·공간 압축이 가져온 결과들 중 하나로 홀은 국가 자체가 "곤경에 빠지게 되었다."고 말한다. 서구 산업사회들이 스스로 조직해왔던 지배적 공간으로서의 국가는, 자급자족이 가능한 통일된 공간이라는 애초의 의미를 잃어버리고 훨씬 더 상호 의존적이며 상호 통합적으로 변모해가는 세계화의 초국가적 특성에 위협받게 된다. 이러한 국가의 탈중심화는 단순히 (국가적 경계에 더 이상 구애받지 않는) 포스트포디즘적 자본의 흐름이 가져온 경제적 효과에만 머무르지 않는다.

1970년대 이후 점차 증대되는 환경 문제에 대한 자각이 전세계적 관심을 불러일으키게 되는데, 이를 통해 우리는 지구 온난화와 오염의 형태를 띤 (포디즘적) 산업공해라는 부산물을 명확히 인식할 것을 요구받고 있다. 홀은 러시아 체르노빌의 고장난 원자로에서 누출된 방사선을 서구 유럽으로 실어나른 바람의 예를 들면서, 그 바람은 "국경에서 멈춰 선 후 여권을 만들어서는 '지금 당신네 지역에 비를 내려도 될까요?'라고 질문하지 않는다.'"(LG : 25)고 말했다. 전세계적 차원에서 발생하는 경제적·생태적 변화 속에서, 우리는 점점 더 국가를 '상상의 공동체'로 인식할 수밖에 없게 된다는 것이다.

포스트포디즘의 심화된 기술 혁신은 경직된 형식의 포디즘적 실천 방식을 대체해왔다. 예를 들어, 이제 더 이상 작업장은 지정학적으로 중요한 산업 중심 도시와 연결될 필요가 없으며, 또한 천연자원과 시장 때문에 반드시 서구 산업국들에 의존할 필요도 없다. 사업은 점차 좀 더 '먼' 공간에 위치시킬 수 있는, 이동 가능한 무엇으로 바뀌고 있다. 실리콘 밸리, 동남아시아의 저임금 노동착취 공장들, 혹은 사이버 공간의 (웹)사이트처럼.

이와 마찬가지로 노동 업무도 더 이상 특정 공간과 시간에 한정되지 않는다.(재택 근무자가 공장 노동자를 대체하며, '하루 24시간 주 7일 노동'이 '9시 출근 5시 퇴근' 방식을 대체한다.) 소비자 제품 또한 더욱 다양해졌다. (생산비 절감을 위해 동일한 제품을 대량 제조하는) 포디즘의 '규모의 경제'는, 데이비드 하비가 명명한 '범위의 경제'(1992 : 155)로 대체되어왔다. 범위의 경제는 엄청난 다양성, '1회 한정', 디자이너의 이름, 혹은 '한정판'의 출현 등으로 특징지어진다.

그러나 이 같은 유연성의 증대가 자본주의적 속박에서 벗어나는 새로운 해방은 아니다.(몇몇 비평가들은 그렇게 인정하지만 말이다.) 이러한 '유연성'은 장기적 일자리 보장을 위협하는 파트타임 계약 및 노동자의 비정규직화를 야기했고, 또한 포디즘과 관련된 집단적 노동

상상의 공동체 베네딕트 앤더슨Benedict Anderson이 『상상의 공동체*Imagined Communities*』(1983)에서 창안한 용어. 국가는 서구 사회에서 형성된 근대적 구성물이다. 그것은 부족적·종교적·지역적 차원의 집단적 동일시라는 이전 형식들을 대체·통합·흡수하는 방식으로 작동한다. 싱싱의 공동체라는 용어는 구성물로서의 국가의 속성, 그리고 통합과 일치에 대한 (상상적) 요구를 강조하려는 방법의 하나로 사용되고 있다. 국가는 구체적 경계, 법률 그리고 제도뿐만 아니라 표상과 이미지, 그리고 포클랜드전쟁 중 대처가 동원한 것과 같은 각종 서사들로 구성되는 하나의 '상징적' 공동체이다.

환경의 핵심 특질인 노동조합의 힘을 약화시켜왔다. 전지구화에는 불균등과 불평등이 계속 남아 있으며, 심지어 확장되고 있다. 전지구화는 미국이 주도하는, 가난한 나라들과 지속적으로 착취 관계를 맺고 있는 가장 '발전된' 산업사회에 통제되고 있다.

포스트모더니즘, "세계가 자신을 미국적으로 꿈꾸는 방식"
포디즘이 문화적 지배와 관련되었듯(모더니즘), 포스트포디즘 역시 그러하다(포스트모더니즘). 홀은 다음과 같이 강조한다.

> 몇몇 문화이론가들은, 점점 더 심화되는 전세계적 차원의 상호 의존성이 모든 강력한 문화적 정체성의 해체로 이어지고 있으며, 이는 문화적 코드의 파편화, 양식의 다양화, 그리고 덧없는 것, 일시적인 것, 가변적인 것에 대한 강조, 차이와 문화적 다원주의에 대한 강조 등을 야기한다고 주장한다. 전세계적 포스트모던이란 이 같은 현상들을 가리킨다. 사회적 삶이 마케팅 양식, 공간, 이미지, 국제 여행, 그리고 전세계적으로 네트워크화한 미디어 이미지와 커뮤니케이션 시스템으로 점점 더 많이 중재될수록, 정체성은 점차 특정 시간, 공간, 역사, 전통에서 이탈하고 분리되어 '자유롭게 유동하는 것처럼' 보인다.(QOCI : 302)

새로운 (포스트모던)시대에는 공유된 혹은 공통의 집단적 정체성, 즉 '문화적 소속감'을 유지하기가 점점 더 어려워진다.
홀은 세계화가 어떻게 국민성, 인종, 계급, 젠더를 중심으로 구조화된 전통 문화와 집단성의 "상대적으로 '안정적인' 특성"(Hall 1996 : 2)을 붕괴시켰는지 검토한다. 여기서 '상대적으로'라는 단어가 중요하다. 홀은 우리가 안정적이며 통합된 정체성의 시기에서 불안정하고

포스트모더니즘 앞에서 인용된 글(QOCI)에서, 홀은 포스트모더니즘과 관련하여 절충주의, 양식의 다양성, 일시성, 차이, 네트워크 사회, 전위, 자유롭게 유동하는 주체 등의 전문 용어들을 제시한다. 그러나 좀 더 일반적 조건으로서의 포스트모더니즘을 정의하는 일은 (아마도 필연적으로) 더욱 어려울 것이다. 그럼에도 영국의 문화비평가 피터 브루커 Peter Brooker는, '포스트모더니티' '포스트모더니즘' '포스트모던 이론', 이 세 용어를 다음과 같이 유용하게 구별했다.(Brooker 1999)

1. '**포스트모더니티**'는 2차대전 이후 출현한 것으로 포스트모더니즘의 역사적 측면, 즉 20세기 초의 몇 십 년간을 지배한 '모더니즘' 이후 혹은 후기 '모더니즘'을 뜻한다.(위를 보라.) 그것은 포디즘에서 포스트포디즘으로의 이동으로 특징지어지는 서구 자본주의 상의 변화와 관련이 있다.

2. '**포스트모더니즘**'은 이 시기의 문화적 조건과 그와 관련된 예술 및 일상생활의 특정 양식들을 지칭한다. 예컨대 포스트모던 건축은 절충주의적 특징을 보이는데, 하나의 건물이나 일련의 건물들 안에 르네상스·조지아·근대 등 상이한 시기의 양식들이 결합되어 있다.

3. '**포스트모던 이론**'은 포스트모더니즘과 관련된 이론적 논쟁들을 가리킨다. 특히 대문자 역사나 대문자 종교 같은 '거대'서사 또는 전체화하는 서사를 거부한 프랑스의 마르크스주의 지식인 장 프랑수아 리오타르, '시뮬라시옹' 개념으로 표상이 실재보다 더 실제적인 것이 되었다고 한 장 보드리야르, 깊이 없음·혼성모방·파편화 등과 같은 개념으로 포스트모더니즘을 해석하고자 했던 미국의 마르크스주의자 프레드릭 제임슨 등이 대표적 이론가들이다. 포스트모던 이론 논쟁은 일반적으로 구조주의와 포스트구조주의 이론 그리고 자크 데리다나 미셸 푸코, 자크 라캉 등의 프랑스 사상가들과 밀접한 관련이 있다.

복수적인 정체성의 시기로 옮겨왔다고 주장하는 것이 아니라, 정체성이 점차적으로 동요하고 있다고 주장하기 때문이다. 이를 통해 홀은 왜 통일된 집단적 정체성에 대한 신념을 가진 전통 좌파가 실패하고, 대처주의의 모순적인 독재적 포퓰리즘은 성공할 수 있었는지를 설명하고 있다.

포스트포디즘과 포스트모더니즘 관련 이론들은, '주체의 혁명'이 「새로운 시대」에서 왜 그토록 중요한 위치를 차지하는지를 이해하는 데 도움을 준다. 포디즘적 생산 양식의 쇠퇴는, 한 동네에 살면서 같은 공장에 출근하고 같은 술집에서 술을 마시는 전통적인 공동체의 쇠퇴와 맞물려 있다. 이는 계급, 국가, 또는 그룹으로 묶인 "집단적인 사회적 주체들이 점차 분할되고 '복수화하는'"(MNT : 119) 결과를 낳는다.

포스트포디즘은, 하이테크 산업·전자우편·인터넷 등이 더욱 다양하게 사람들을 '네트워킹하는' 새로운 방식, 즉 더 이상 지역 혹은 국가에 의해 구성되는 것이 아니라 전세계적 차원에서 전개되는 방식으로 주체를 다시 위치짓는다. 나아가 포스트모던의 주체성 개념은, 단순히 집단적 정체성이 분할되고 불안정해졌다는 사실뿐 아니라 그러한 분할과 동요 자체가 우리를 주체로 규정지으면서 우리 '내부'에 존재하고 있음을 시사한다.

「새로운 시대의 의미」라는 논문에서 포스트포디즘과 포스트모더니즘에 각별히 주목했음에도 불구하고, 홀은 그것들이 당대 사회의 변화를 설명하는 범주로서 '전적으로 만족스럽지'는 않다고 말한다. 같은 해 발표된 다른 논문에서 홀은 "포스트모던 시기에, 당신들은 모두 [스스로] 분산되었다고 느낄 테니, 나는 더더욱 중심에 있게 된다.'"(MS : 44)고 표현한 바 있다. 여기서 홀은 탈중심화한 주체에 관한 포스트모던 이론의 함의를 반어적으로 고찰하고 있는데, 카리브해 출신의 이민移民인 홀 자신도 디아스포라diaspora[이주·이산]를 통해 이미 탈중심화한 주체성을 지니고 있었다.

이 과정에서 홀은 보편적 조건으로서의 포스트모더니즘에 의문을 제기한다. 홀은 리오타르에게 "그는 누구에 대해 이야기하고 있는가?" "레프트 뱅크Left Bank(전후 파리 지식인들이 자주 가던 곳)를 돌아다니고 있는 그와 그의 친구들?"이라고 묻는다. 그리고 비슷한 어조로 포스트모더니즘을 "세계가 자신을 '미국적인 것'으로 꿈꾸는 방

주체 '주체'라는 용어는 홀이 '전체적이고 중심적이며 안정적인, 또는 자율적'이라고 부른, '자아'의 관점을 특권시하는 '정체성'이나 '개인' 같은 개념을 대신하여 포스트모던 및 포스트구조주의 이론에서 사용되는 개념이다. 홀에게 자아는 내적으로 파편화된, 불완전하고 다중적인 것으로, 그것은 생산된 담론 또는 위치지어진 담론이라 할 수 있다. 즉 담론에 종속되고 담론에 의해 결정되는 것이다.

이처럼 탈중심화된 정체성 관점은 포스트모더니즘의 핵심을 이루고 있는데, 이는 1980년대와 1990년대 홀의 사상에 많은 영향을 미친 20세기의 폭넓은 논의에 속한다. 홀은 이 논의를 다섯 명의 대표적 인물들로 정리하고 있다. 이데올로기를 '허위의식'으로 기술한 칼 마르크스, 무의식의 작용을 드러낸 지그문트 프로이트, 우리는 언어에 '의해 말해진다'고 한 페르디낭 드 소쉬르, 정체성은 오인과 결여를 전제로 한다는 사실을 밝힌 자크 라캉, 자아를 담론의 주체이면서 동시에 담론에 종속된 것으로 바라본 미셸 푸코. 주체에 관한 홀의 이론은 이러한 '위대한 사상가들' 외에도 1960년대 후기의 새로운 사회 운동, 특히 페미니즘(6장 참조)에도 깊은 영향을 받았다.

식"(PA : 132)이라고 정의했다.

포스트모더니즘에 대한 홀의 문제 제기는, 포스트모더니즘이 보편을 자처하는 서구 담론으로서 그 자체의 특수성과 내적 모순 문제에 집중하는 데 실패했음을 말하는 것이다. 홀이 언급한 포스트모던 이론가들 중 마르크스주의 지식인인 프레드릭 제임슨Fredric Jameson만이 「새로운 시대」에서 긍정적으로 인용되었다는 사실은, 따라서 매우 의미심장하다. 제임슨을 따라 홀은 '자본의 문화적 논리'를 탐구하는데, "그 논리 안에서 현재 문화는 가차 없이 물질적이며…… 물질적 세계는 대단히 문화적이다."(NT : 128)(제임슨은 「포스트모더니즘 혹은 후기 자본주의의 문화적 논리Postmodernism or the cultural logic of late capitalism」(1984)라는 유명한 논문에서 이러한 논리를 '포스트모더니즘'이라 불렀다.)

아마도 홀에게 포스트포디즘과 포스트모더니즘은 결정적으로 분기되는 것이 아니라, 균질적이지 않은 모순적 경향들로 보였을 것이다.(이러한 맥락에서 포스트모더니즘에서의 '포스트'라는 말과 새로운 시대에서의 '새로운'이라는 말의 차이를 생각해보라. 전자는 지나간 무언가를, 후자는 이제 막 출현하기 시작한 무언가를 뜻한다.)

홀이 지적하고 있듯, 맥도날드 같은 세계적 체인의 규격화된 상품들은 여러 가지 면에서 포디즘의 전형이라고 할 수 있다. 이와 마찬가지로 포스트포디즘은 전세계적이라는 함의를 띠고는 있지만, 사실 여전히 선진 서구사회에 뿌리를 내리고 있다. 따라서 홀의 새로운 시대 연구는 포스트포디즘이나 포스트모더니즘과 관련된 논의들에 엄격하게 한정되지 않는다. 홀 자신의 표현을 따르자면 우리는 '모든 것을 넘어선 것post-everything'이 아니다.

민족주의·국가주의 부추기는 세계화

홀은 "우리가 세계화를 지나치게 일원론적으로 생각하는 경향이 있다."(LG : 23)고 말한다. 세계화가 균질화를 낳는다는 일반적 가정과 달리, 실제로는 매우 모순적인 결과를 야기했다는 것이다.

홀이 보기에 세계화는 균질화뿐만 아니라 새로운 차이/분열의 생성을 모두 수반한다. 홀이 반복해서 주장했듯, 그것은 '지역과 세계로 동시에'(LG : 27) 나아가는 것을 뜻하며, 따라서 국민국가가 단순히 쇠퇴 일로에 있다고 보기 어렵다. 오히려 반대로 세계화는 많은 나라들이 방어적이고 배타적인 민족주의로 회귀하는 데 일조해왔다. 세계화의 이러한 경향을 홀은 '이중적 운동'이라고 표현했다. 한편으로 우리는 동유럽과 소비에트 연방의 해체를 목도하였고, 다른 한편으로는 그와 관련하여 한때 광범위한 한 집단에 속해 있던 지역들 내부에서 인종 갈등과 민족주의가 발흥하는 것을 보았다.

홀은 이러한 역설적 과정이 대처주의 프로젝트와, 그 결과물로 나타난 제국주의적 관념, 즉 포클랜드전쟁 같은 사건들로 탄생한 '영국적인 것'이라는 협소한 개념으로 충분히 예증되었다고 판단한다. "대처주의가 '당신은 우리의 일원인가?'라고 질문할 때, 우리의 일원이란 과연 누구인가? …… 우리의 일원이 아닌 수많은 다른 이들이 책 한 권을 족히 채울 만큼 많다."(LG : 26) 따라서 세계화의 출현은 앞서 살펴본 대처주의의 '퇴보적 근대화'의 핵심 특질인 국가적 정체성으로의 방어적인 회귀를 부추겼다.

미국의 마르크스주의자 프레드릭 제임슨
1988년 홀은 '새로운 시대'라는 기치 아래 다른 좌파 지식인들과 연합하여 하나의 논쟁적 프로젝트에 착수한다. 이 프로젝트는 자본주의의 역사적 변화에 직면한 좌파에게 대안적인 정치적 의제를 제공하는 걸 목표로 삼았다. 그 일환으로 나온 것이 「새로운 시대」 논문인데, 여기서 포스트모던 이론가 중 제임슨만이 긍정적으로 인용됐다. 홀은 제임슨을 따라 '자본의 문화적 논리'를 추적하고, 포스트모더니즘에 이론을 제기한다.

새로운 '주체'는 어떻게 형성되는가?

새로운 시대를 설명하는 홀의 방식이 지닌 독특함은, 포스트포디즘 및 포스트모더니즘 논쟁에서 제기된 세계화라는 이슈를 처리하는 방식에서 찾을 수 있다. 홀은 세계화 문제를 전세계적 차원에서 증가하고 있는 집단 이주 및 이민 문제와 함께 고찰하고 있다.

앞서 이야기했듯(4장 참조) 영국에는 엘리자베스 시대 이래로 많은 이민자들이 존재했으며, 지난 몇 세기 동안 이런 이주는 급속히 증가해왔다.(이것은 앞서 설명한 시공간 압축에서 부분적으로 기인한다.) 이러한 맥락에서, 초국가적인 세계 경제의 출현뿐 아니라 전후 노동자들의 이민 또한 독립된 나라 혹은 국민성이라는 통일된 개념을 붕괴시켰다고 볼 수 있다. 홀의 지적대로 "영국적인 것은 워싱턴, 월스트리트, 그리고 도쿄로 퍼져나간 엄청난 자본뿐만 아니라, 어마어마한 수의 [이민자들의] 유입을 통해서도 탈중심화되었다."(LG : 24)

홀의 지적처럼, 전세계적 자본주의는 새로운 이민 공동체로 생겨난 문화적 차이들을 단순히 통합하기만 한 것이 아니라, 그 문화적 차이들과 함께, 그것을 통해, 그리고 그것을 둘러싸고 작동해왔다. 예컨대 어떤 면에서 근대의 광고는 여전히 "강력하고 지배적이며 고도로 남성주의적인 오래된 포드주의 이미지, 다시 말해 매우 배타적인 일련의 정체성에 기초하고 있다. 그러나 그와 나란히 새로운 이국적 취향이 존재한다."(LG : 31)

예를 들어 최근 영국 맥도날드는 새로운 인도식 패스트푸드를 판매하기 위해, 인도의 방그라 음악[편자브 지방의 민속음악]을 곁들인 텔레비전 광고를 내보냈다. 치킨 티카[뼈 없는 닭고기를 소스와 구운 인도

요리), 빅맥, 감자튀김이 현재 영국을 반영하는 징후가 되고 있으며, 바로 그곳에서 인도풍이 최신 유행으로 자리잡게 되었다. 초국적 기업은 이 같은 사실을 재빠르게 포착했다. 영국의 존 스미스 맥주 광고부터 연속극 〈코로네이션 가街Coronation Street〉 시작 전에 나오는 캐드버리 초콜릿 광고에 이르기까지, 사람들이 접할 수 있는 가장 평범한 '어느 지방 특유의' 상품들 중 일부가 '인도식'으로 재포장되고 채색되어 다시 만들어진다.

홀은 차이에 주목하는 이러한 현상들을 유토피아적인 다문화주의와 혼동하지 않는다. 홀이 이야기하듯 "나(홀)는 모든 사람들이 '여기로 들어오세요. 당신의 생각을 말씀하세요. 기꺼이 당신 말을 듣겠습니다.'라고 말하는 어떤 이상적인 공간에 대해 말하고 있지 않다."(LG : 35) 근대의 광고는 차이를 통해 작동하는 듯하나, 동시에 그것은 세계문화의 불균등을 은폐하고 있으며, 그 차이는 지배문화 속으로 흡수된다. 홀이 강조하듯 "그들은 콜카타에서 이국적 음식을 먹고 있지 않다. 그들은 맨해튼에서 그것을 먹는다."(LG : 33)는 사실을 기억하는 일이 중요하다.

동시에 홀은 어떻게 이 시기 영국의 이민 공동체가, 영국 안팎의 문학·음악·영화·미술·사진 등을 통해 지역적 관점에서 세계화를 논하는 대표적 사례가 되어왔는지를 지적한다.

이러한 서사들은 "위치할 수 있는 다른 하나의 공간, 이야기를 시작할 수 있는 또 다른 공간"(LG : 35)을 제시한다고 홀은 강조한다. 그의 논문 「새로운 시대의 의미」는 '새로운 형태의 민족성'으로서 정체성의 지역적 정치학이, 어떻게 '영국적인 것'이라는 (대처주의의)

퇴영적 정체성에 대한 대안을 제시하고 있는지 고찰하는 것으로 마무리된다.

> 새로운 시대는 '지역적'이면서 동시에 '세계적'인 차원으로 나아간 듯 보인다. 그리고 민족성의 문제는, 모든 사람은 어떤 공간에서 유래하며 (비록 그것이 '상상의 공동체'에 불과한 것일지라도) 우리 모두 동일시와 소속감이라는 감각이 필요하다는 사실을 환기시킨다. 정체성과 동일시의 그러한 계기 (물론 그것을 영원하고 고정적이며 본질적인 무언가로 간주해서는 안 된다.)를 간과하는 정치학은 새로운 시대를 이끌어나갈 수 없을 것이다.(MNT : 133)

여기서 제시된 상상의 공동체는 이 장의 첫 부분에서 홀이 대처주의와 관련해 사용했던 것과는 매우 다른 개념이다. 새로운 시대의 새로운 주체는 균질화가 아닌 차이에 대한 인식(다시 말해 단순히 모든 사람은 생김새 다르다는 차원이 아니라, 우리 모두 서로 다른 특정한 맥락에서 이야기하고 있다는 것에 대한 인식)에서 출현한다.

그 차이들은 고정된 혹은 자연적 본질이 아닌 문화적·역사적으로 구성된 입장들이다. 대처주의가 내세운 영국적인 것이라는 협소한 개념에 반대하여 고안된 민족성으로서의 정체성이라는 관점은, 다음 장의 주제가 될 흑인 영국문화와 디아스포라문화에 대한 홀의 글쓰기로 더 잘 드러나게 된다.

토니 블레어는 인간화된 극우파의 새로운 버전

1980년대에 홀은, 좌파의 쇄신은 예전과 동일한 방식으로 사유하고 행동하되 단지 "좀 더 열심히, 그리고 좀 더 큰 '확신'을 가지고"(HRR : 11) 하자는 것이 아니라, 대처주의의 교훈에서 뭔가 배우는 데에서부터 다시 시작해야 한다는 것을 뜻한다고 주장했다. 1997년 이후 〔영국 수상〕 토니 블레어Tony Blair가 이끄는 새로운 노동당은 그러한 교훈들을 지나치게 잘 배운 것처럼 보인다.

새롭게 이름 붙이고 다시 꾸려진 노동당은 대처주의의 승리에서 핵심적 역할을 담당했던 것, 즉 이미지와 심상을 놓고 벌어지는 이데올로기 투쟁의 중요성을 날카롭게, 심지어는 강박적으로 인식하고 있음을 스스로 증명했다. 그러나 홀에 따르면 이제까지의 투쟁은 새로운 시대를 재절합하려는 좌파의 새로운 시도라기보다는, 오랜 우파의 영역을 좌파가 재점유한 것에 지나지 않는다. 토니 블레어가 영국 수상이 되기 한 세기 전, 홀 등은 "좌파가 내각 안에서, 실제로는 좀 더 정돈되고 인간화된 극우파 버전에 불과한 새로운 시대라는 브랜드를 산출할지도 모를"(NT : 16) 위험성을 지적한 바 있다.

이번이 처음은 아니지만, 이제 와 생각해보면 당시 영국의 정치에 대한 홀의 언급은 상당히 예언적이었다. 1998년 「아무 곳으로도 가지 않는 위대한 쇼The great moving nowhere show」라는 논문(이 제목에는 그의 이전 논문 「우익화하는 거대한 쇼The great moving Right show」가 암시돼 있다.)에서 홀은 다음과 같이 주장했다.

세계적 그리고 지역적 차원에서, 대처주의가 만들어놓은 '전환'의 큰 틀은

새로운 노동당을 이끄는 토니 블레어

"좌파가 내각 인에서, 실지로는 좀 더 정돈되고 인간화된 극우파 버전에 불과한 새로운 시대라는 브랜드를 산출할지도 모른다."

이러한 홀의 우려는 몇 년 후 현실이 되어 나타났다. 홀은 블레어가 대처주의의 승리에서 이데올로기 투쟁의 중요성을 강박적으로 인식하게 됐다고 보았다. 새롭게 이름 붙이고 다시 꾸려진 노동당이 벌인 투쟁은, 좌파의 새로운 시도라기보다는 우파의 영역을 재점유한 것에 지나지 않는다는 것이다.

근본적으로 수정되거나 전환되지 않았다. 따라서 쇄신의 프로젝트는 《맑시즘 투데이》(새로운 시대 논쟁이 전개되었던 잡지)가 처음 간행되었을 당시와 대체로 다르지 않은 상태로 남아 있다. 블레어는 몇 개의 노랫말은 배운 것 같다. 하지만 안타깝게도 음악은 잊어버렸다.(GMN : 14)

대처주의는 이데올로기 프로젝트

5장은 대처 집권기의 어두웠던 경제 전망과 대처주의 이데올로기 프로젝트의 성공 사이의 괴리를 강조하면서 시작된다. 홀은 포클랜드전쟁의 예에서 대처주의의 이데올로기적 이미지를 특징짓는 핵심 요소인 영국다움, 제국에 대한 향수, 가부장제, 도덕적 가치 등을 도출하고, 이를 통해 대처주의가 '퇴보적 근대화'와 '독재적 포퓰리즘'을 특징으로 하는 모순적 프로젝트임을 밝힌다. 이처럼 모순적인 대처주의는 계급을 불안정한 구조물로 간주하는 태도— 좌파는 이것을 이해하는 데 실패했다.—와 관련돼 있다.

이어 홀은 새로운 시대 프로젝트를 통해 좌파에게 시대에 발맞추어 움직이라고 요청한다. 실제 대처주의는 자본주의의 전지구적 위기에 대응한 하나의 반응으로 형성된 것일 뿐, 새로운 시대가 본질적으로 대처주의적인 것은 아님을 홀은 시사한다.

마지막으로, 대처주의와 새로운 시대에 관한 홀의 연구는 지금까지 그의 작업 중에서 가장 많은 논쟁을 불러일으켰음에 주목해야 한다. 그중에서 특히 시바난단A. Sivanadan(1990), 허스트Paul Hirst(1989), 그리고 제솝Bob Jessop(1998) 등의 좌파 지식인들의 비판이 주로 인용되는데, 이들의 핵심 논점은 크게 두 가지이다. 첫째, 대처주의의 이데올로기적 측면을 지나치게 강조한 나머지 대처주의가 실제 지니고 있는 것 이상으로 권위와 일관성을 부여하고 말았다. 둘째, 대처주의의 경제적 조건을 과소평가했다. 이에 대해 홀은 『쇄신을 향한 험난한 여정』서문에서 이러한 비판들에 대한 확고한 답변을 내놓았다.

06

정체성의 정치학

Stuart Hall

차이 억압하는 정체성 정치

앞에서 홀이 대안적인 정체성의 정치학을 위해 고찰한 새로운 시대의 함의를 살펴보았다. 이 대안적인 정체성의 정치학에서는 균질보다는 차이가, 국가적인 것보다는 지역적인 것 혹은 초국가적인 것이, 순수하고 고정된 기원보다는 맥락에 따라 달라지는 '입장들'이 강조된다. 정체성과 관련된 이러한 이슈들은, 1980년대 후반과 1990년대 홀의 연구에서 핵심을 차지하였고, 그 결과 관련 논문 수십 편이 출간되었다.

이 논문들에서 홀은 대처주의에 대한 반응에서 생겨난 특정한 관심이라는 단계에서 한 걸음 더 나아가, 민족성이라는 은유(이는 이미 홀의 논문「새로운 시대」마지막 부분에서 언급된 바 있다.)와 디아스포라의 문제를 탈식민적·다문화적 맥락 안에서 좀 더 광범위하게 탐구한다. 이렇게 서로 교차하는 개념들은 차례대로「새로운 민족성들New ethcicities」(1988),「최소 자아Minimal selves」(1987),「'탈식민'은 언제였는가?When was the "post-colonial"?」(1996) 등의 논문에서 검토되었다. 여기서는 우선 앞 장에서 소개된 다섯 번째 개념—이는 앞선 네 개념의 중심이 되는 개념이다.—인 정체성 문제를 고찰해보자.

「새로운 시대의 의미」마지막 부분에서 홀이 취한 정체성에 대한 입장은, 대처주의에 대한 단순한 정치적 대안이라고 보기 어렵다. 홀의 태도는 전통적인 '정체성 정치'에 연관된 구조를 뛰어넘어 사유하고자 하는 좀 더 근본적인 시도의 일환이기 때문이다.

1960년대 후반에서 1970년대 사이 등장한 '정체성 정치'라는 개념은, 여성해방 운동이나 흑인 의식의 발흥 같은 북미와 서구 유럽의 새로운 사회 운동과 연관되어 있다. 전통적인 정체성 정치는, 모든 타자들의 배제를 통해 공동 전선을 취하는 특정 공동체에 대한 절대적이고 완전한 헌신 및 그것과의 동일시로 규정된다. '이것은 흑인적이다.' '이것은 게이적이다.' '이것은 여성적이다.'와 같은 표현들에는, 배제를 통해 통합을 이룬 특정한 그룹의 정체성이 함축되어 있다는 점에서, 전통적인 정체성 정치의 흔적이 남아 있다. 확고한 연대에 기초한 이같은 정체성 정치에는 많은 힘이 실렸고, 특히 흑인·여성·게이의 권리를 정치적 의제로 내놓는 데 성공했다.

그럼에도 불구하고 정체성 정치는 일정한 문제점들을 안고 있다. 여성해방 운동과 페미니스트 정치학의 예를 보자. 1980년대 초 흑인 페미니스트들은, 내적 차이를 억압하거나 그 차이들을 모두 타자Other로 나타내는, 모든 여성이 다 동일하다는 암묵적 전제에 기초한 정치학에 도전하기 시작했다. 이러한 맥락에서 백인 페미니스트들은(그들은 더 이상 단순히 '페미니스트'가 아니었다.) '여성'을 하나의 보편적 범주로 사용한다는 점에서 비난을 받았다. 그것은 백인 서구 여성으로서 말하고 있다는 그들 자신의 발화 입장, 그리고 그것의 문화적 특수성을 망각한 결과였다. 헤이즐 카비Hazel Carby의 「백인 여성이여 들어라! 흑인 페미니즘과 자매애의 범위White woman listen! Black feminism and the

흑인 페미니즘 비평가 헤이즐 카비

홀은 「새로운 시대의 의미」에서 전통적인 '정체성 정치'를 뛰어넘는 '정체성의 정치학'을 주장한다. 일례로 헤이즐 카비는 논문 「백인 여성이여 들어라! 흑인 페미니즘과 자매애의 범위」에서 초기의 백인 페미니스트들이 말하는 '여성'의 보편적 범주에 이의를 제기했다. 홀이 말한 전통적인 정체성 정치의 문제점이 바로 이것이다. 정체성 정치는 내적 차이를 억압하고, 차이들을 모두 타자화하는 암묵적 전제를 강요하기 때문이다.

boundaries of sisterhood」(1982), 《페미니스트 리뷰Feminist Review》 특집호에 실린 〈많은 목소리들, 하나의 노래 : 흑인 페미니스트의 관점Many voices, one chant : black feminist perspectives〉(Amos 등, 1984) 같은 글들은, 초기 페미니스트 담론 안에서 침묵을 강요받았던 차이들을 대담하게 드러내고 있다.

정체성 정치학의 핵심 개념

1980년대 후반과 1990년대 홀의 연구는, 이러한 오래된 정체성 정치의 관념을 (거부한다기보다는) 재고하려는 시도로 이해해야 한다. 홀의 작업에서는 항상 '하나의 노동계급'이나 '하나의 흑인 공동체'처럼, 단일하고 균질적이며 통일된 정체성에 근거한 정치학에 대한 회의가 나타났다. 그런 그가 (앞 장에서 간략히 설명한) 주체성 문제를 이론적으로 전개하고 새로운 정체성의 정치학politics of identity을 명확히 규정하고자 한 유일한 시기는 바로 1980년대 후반이었다.

완전히 통일된 의미로서의 '정체성'이 있을 수 없다는 인식은, 정체성 정치란 무엇인가라는 우리의 의식을 당연히 변화시킨다. 그것은 정치적 참여〔헌신〕의 본질을 바꾸어놓는다. 절대다수의 참여는 더 이상 가능하지 않다. 새로운 정체성 개념을 고찰하는 일은 또한 정치학의 형태를 재규정하는 일을 숙고하게 만든다. 그 결과 다음과 같은 사항들이 도출된다. 차이의 정치학, 자기 반영성의 정치학, 맥락〔상황〕에 따라 달라지지만 끊임없이 작동 가능한 정치학. 무한한 분산의 정치학은 결코 정치학이 아니다.(MS : 117)

홀이 논하는 정체성의 정치학에서는 세 개의 용어가 중심을 차지하고 있다. 이 시기에 쓰어진 홀의 논문에서 반복해서 언급되는 이 용어는 차이, 자기 반영성, 맥락 의존성〔우연성〕이다.

차이의 정치학은 '하나' 안에 있는 '많은 것〔多〕'을 인식하는 것, 그리고 '흑인/백인' '정상/게이' '남성/여성'처럼 다양한 공동체를 개별 단위로 엄밀히 나누는 명쾌한 이항 대립을 거부하는 것과 관련이 있다. 차이들은 결코 (그룹이나 '개인'의) 정체성에서 외재적인 것이 아니라 내재적인 것이다. 자기 반영성은 발화 입장의 특수성을 부각시키는 것을 뜻한다.

이러한 맥락에서 우리는 더 이상 자연적이고 보편적인 발화 입장을 가정할 수 없다. 맥락 의존성은 다른 사건이나 맥락에 기댄다는 관념, 혹은 우리가 취하는 정치적 입장이 고정불변의 것이 아니라는 인식, 따라서 우리 자신을 시간에 따라 그리고 상이한 환경에 따라 재위치시켜야 한다는 인식이다. (앞에서 언급했듯) 예컨대 어떤 상황에서는 여성해방 운동이 진보적이지만, 또 다른 조건 속에서는 퇴영적 운동이 되기도 한다.

홀의 대안적인 정체성의 정치학을 이해하는 데 핵심이 되는 세 가지 개념, 차이·자기 반영성·맥락 의존성을 구체적으로 살펴보기 전에, 우선 위의 세 가지 개념만으로는 불충분하다는 홀의 마지막 언급을 제대로 이해하는 것이 중요하다.

"'차이의 정치학'은 끊임없이 작동 가능해야 하며, 무한한 분산의 정치학은 결코 정치학이 아니다."

"차이는 차이를 만들 수 있어야 한다!"

차이, 자기 반영성, 그리고 맥락 의존성은 순수하게 중립적인 개념이 아니라 포스트모던 이론과 포스트구조주의 이론에서 유래한 용어인데, 그 이론들은 차례대로 (특히 마르크스주의 비평가들에 의해) 정치학의 포기로 간주되었다. 이는 앞에서 나온 홀의 조건부적 언급을 이해하는 데 도움을 준다. 홀은 차이는 차이를 만들 수 있어야 한다는 점을 여러 번 강조했다.

정체성에 관한 글에서 홀은, 차연을 "의미의 무한한 연기"(CID : 397)를 뜻하는 말로 사용하거나, 혹은 자신들의 정치적 입장을 희생한 대가로 얻은 텍스트의 '형식적 유희'를 선언하기 위해 사용한 포스트구조주의자들(굳이 데리다를 칭하는 것은 아니지만)과 자신을 신중

차이와 차연 차이는 홀의 정체성 연구에서 핵심이 되는 개념으로, 자크 데리다의 차연 개념에서 힌트를 얻었지만 그것과 다른 지점에 신중하게 배치되었다. 구조주의의 관점에서 언어란 어떠한 정해진 개념도 갖지 않은 차이들의 체계임을 이미 살펴보았다. '뜨거운'이라는 시니피앙의 의미는 그것 아닌 어떤 것, 즉 차가운 것으로 확보되고 차별화된다. 데리다의 차연은 '차이화하다'와 '지연하다'라는 두 프랑스어의 의미 '유희'를 활용한 것으로, 포스트구조주의에 논리의 토대를 제공했다. 의미는 '뜨거운'이라는 시니피앙에 완전히 나타나 있는 게 아니라 의미화의 연쇄 속 어디에선가('차가운') 도출되기 때문에, 언어는 의미의 무한한 연기를 만들어낸다는 것이다. 구조주의는 일련의 대립을 통해 의미가 고정될 수 있다고 간주한 반면, 데리다는 의미가 항상 다른 어딘가에 있다고 보았다. 우리는 결코 종국적인 시니피에[기의]에 이르지 못한다. 왜냐하면 의미는 영원히 지연되고, 연기되고, 우리의 손에 닿지 않게 미끄러지기 때문이다.

히 구별한다. 이러한 맥락에서 홀은 "단단히 고정시킨 것을 느슨하게 만드는 일"(CP : 33)이라는 표현을 동원한다. 이 비유는 정체성이란 결코 확고히 정착된 것 혹은 어떤 한 점에 고정된 것이 아니며 그렇다고 해서 완전히 자유롭게 유동하는 것도 아니라는 홀의 생각을 적절히 나타내고 있다.

「최소 자아」에서 홀은 자신이 말하는 차연의 의미를 암시하는 확장된 은유 속에서 문장이라는 문법적 이미지를 사용하는데, 여기에는 데리다와의 차별성과 데리다에 대한 의존성이 동시에 존재한다.(데리다에게 언어는 항상 일차적이다.)

> 의미가 만들어지려면 문장이 끝나야 한다는 필연성과도 같은 자의적 중지가 없는 행동이나 정체성이라는 것이 과연 이 세상에 존재할 수 있을까? 잠재적으로, 담론에는 끝이 없다. 의미의 무한한 기호작용[만이 있을 뿐이다]. 그러나 어떤 특정한 것을 이야기하기 위해서는 말하기를 멈추어야 한다. 물론 모든 마침표는 잠정적이다. …… 그것은 영원한 것도, 완전히 보편적으로 참인 것도, 완전히 보장되는 것도 아니다. 그러나 지금 당장 내가 뜻하는 것은 이것이다, 이것이 바로 나다. …… 그리고 끝. 좋다.(MS : 45)

입장에서 입장으로, 문장에서 문장으로 이동하는 의미의 무한한 연기('무한한 기호작용')를 강조하는 특정 포스트모더니즘 브랜드도 있지만, 홀에게 의미는 그것[기호작용]이 '멈추었을 때' 발생하는 것임을 기억하는 것이 중요하다. 이 (완전한) 마침표는 결코 결정적이거나 고정적인 것이 아니라, 항상 자의적이며 맥락 의존적이다. 그러나 이러한 위치짓기는 모든 정체성의 정치학에서 필수적이다. 자기 반영성, 맥락 의존성, 차이만으로 홀이 만족하지 못하는 이유가 여기 있다. 개별적인 것들을 연결시키거나 함께 묶어 새로운 연합을 형성하는 '절합의 정치학이 있어야만 한다.'(홀의 정체성 이론 역시 절합에 기초한 것인데, 그는 여기서 데리다의 해체, 그람시의 헤게모니, 그리고 라클라우Ernesto Laclau와 무페Chantal Mouffe의 작업을 아우르고 있다.)

전통적인 정체성 정치에서는 그러한 연합이 차이의 억압과 통일성의 강조로 형성되었던 반면, 홀은 "차이 안의 '통일성들'"(MS : 45)이라는 개념을 취한다. 이러한 맥락에서, 정체성은 유목적인 것, 끝없이 헤매는 것, 또는 연기된 것이 아니다. 반대로 그것은 다음과 같은 사실을 전제하고 있다.

> 모든 정체성은 어떤 문화, 언어, 역사 안에 자리잡고 위치지어진다. ……그것은 국면적 특수성을 요구한다. 그러나 그 정체성이 반드시 다른 정체성들을 향해 무장을 갖추고 맞서고 있지는 않다. 그것은 고정적이고 영원한 불변의 대립 관계를 형성하지 않는다. 즉 전적으로 배제만으로 규정되는 것이 아니다.(MS : 46)

요컨대, 홀이 정체성 문제를 재고찰하기 위해 사용한 차이/차연이라는 어휘로 인해 홀의 작업이 포스트모던 주체성에 대한 1980~1990년대의 광범위한 이론적 논쟁 속에 놓이게 된 것도 사실이지만, 이는 이 어휘의 국면적 특질을 간과한 판단이다. 정체성에 관한 논문에서 홀의 일차적 관심사는, 최신 이론 흐름에 뒤떨어지지 않으려는 데 있는 게 아니라, 카리브인의 문화와 흑인 영국 디아스포라 문화 내부에서 일어난 역사적 변천을 확인하고 설명하는 데 있었기 때문이다. 이제 정체성·민족성·디아스포라를 다룬 가장 영향력 있는 홀의 논문, 즉 「새로운 민족성들」(1988)을 살펴보고, 홀의 이론을 실질적으로 논증해보자.

'흑인' 정체성은 어떻게 구성됐는가

'인종'이 대체로 피부나 눈동자 색 같은 신체적 혹은 생물학적 차이들과 관련된 개념이라면, '민족성'은 꼭 가시적이거나 자연에 토대를 두고 있는 것이 아닌 사회적 혹은 문화적 차이들을 기술하는 용어이다.

「새로운 민족성들」에서 사용된 바대로 민족성이라는 말은 반反본질주의적 개념인데, 이는 차이를 유전자 안에 고정된 생물학적 혹은 인종적 표지로서가 아니라 문화적 구성물로 이해하려는 시도라 할 수 있다. "민족성이라는 용어는, 모든 담론은 배치되고 위치지어지고 놓여지는 것이며, 모든 지식은 문맥 의존적이라는 사실, 그리고 주체성의 구성에서 역사·언어·문화의 공간을 인정한다."(NE : 446)

민족성에 대한 이러한 이해를 바탕으로 홀은 차이의 중요한 한 범주인 '흑인'을 피부색이나 색소 형성 문제와 관련된 인종적 표지가 아닌, 역사의 흐름에 따라 변화해온 (따라서 우연적이고 contingent) 역사적이고 담론적인 '위치짓기'로 다시 해석할 수 있었다. 좀 더 구체적으로 말해, 홀은 '흑인'을 영국적 맥락 안에서 정체성의 형성이라는 중요한 역사적 국면에 위치시킬 수 있었다. 실제로 흑인이라는 정체성은 하나의 입장에서 다른 입장으로, 또는 하나의 맥락에서 다른 하나의 맥락으로 지금도 이동하고 있다.

「새로운 민족성들」은 이러한 이동을 두 가지 계기〔시점〕로 가설적으로 기술하는 데에서 출발하는데, 각각의 계기들은 연속적이지 않고 서로 겹쳐지기는 하지만, 같이 놓고 볼 때 모두 동일화를 위한 하나의 징표로 '흑인'을 재위치시키고 있다는 점에서 공통적이다.

우선 첫 번째 계기를 보면, '흑인'이라는 용어는 다음과 같은 의미를 띠고 영국에서 출현했다.

> 매우 상이한 역사와 전통, 민족적 정체성을 지닌 단체 및 공동체들 사이에서 발생한 새로운 저항의 정치학을 조직하는 범주. 정치적으로 말한다면, 이 시점에, 통일화의 유일한 틀—이것은 상이한 공동체들 사이에 존재하는 민족적·문화적 차이들을 가로질러 구축된 정체성에 기초하고 있다.—로서 '흑인의 경험'은, 그 밖의 다른 민족적/인종적 정체성과 비교해보았을 때 단연 '주도적인 것'이 되었다.(NE : 441)

이 첫 번째 계기를 이해하기 위해서는, 미국을 통해 수입된 '흑인'이라는 라벨이 미국적 함의를 띠고는 있지만, 또한 영국 안에서 특정한 맥락(지위)과 의미를 갖는다는 사실을 인식해야 한다. 영국에서 '흑인'은 역사적으로 아프리카, 카리브 해, 남아시아 공동체를 지칭해 왔다. 이러한 상이한 공동체들은 흑인이라는 단일한 용어로써 자신들을 분명히 드러냈으며(이 적극적인 동일화는 특히 '흑인은 아름답다' 또는 '흑인 권력'과 같은 1970년대의 슬로건에서 두드러졌다), 이〔흑인이라는

'흑인은 아름답다!'

1964년 미국에서 일어난 '블랙파워' 운동은, 1970년대 들어 '흑인 권력' '흑인은 아름답다' 등의 슬로건을 내걸고 더 도전적인 양상을 띠었다. 홀은 「새로운 민족성들」에서 '흑인'을 피부색이나 색소 형성 문제와 관련한 인송석 표지가 아닌, 역사 흐름에 따라 변화해온 역사이고 담론적인 '위치짓기'로 재해석했다. 일례로 영국 내 '흑인'만 해도 아프리카, 카리브 해, 남아시아 등 그 출신이 다양한데, 이를 '흑인'이란 말로 통일하고 그 차이를 억압했다는 것이다. 이처럼 홀은 '민족성'이란 말을 통해, 차이를 문화적 구성물로 이해하려고 한다.

용어]는 '이주자들'이나 '유색인들' 같은 이전의 용어들을 대체하였다.

이 같은 통합된 흑인 공동체에 대한 투자야말로, 앞에서 설명한 전통적인 정체성 정치의 구체적인 예가 된다. 그것은 본질적으로 선량한 흑인 주체와 본질적으로 악한 백인 주체를 구성하여, 인종주의의 대립적 논리를 뒤집으면서 차이보다는 통일을 강조한다. 홀은 이러한 정치를 단순히 무시하는 것이 아니라, 오히려 이것이야말로 전후 영국의 인종주의 투쟁에서 필연적인 하나의 허구였고 지금도 역시 그러하다고 주장한다. 하지만 그럼에도 불구하고, 그것은 인종주의의 양극 구조를 해체하기보다는 그 논리를 전도시키고 그럼으로써 재생산하는 허구로 남아 있다.

이 순간 흑인은 하나의 보편적이고 인종적인 시니피앙으로 작동하게 되므로, 흑인은 제 자신을 하나의 구성물로 인식하는 데 실패하게 되며(즉, 자기 반영적이지 못하게 되며), 스스로 어떤 입장에서 출현했는지, 어떤 입장에서 말하고 있는지 알 수 없게 된다.

(대략 1980년대 중반에 시작된) 두 번째 계기[시점]를 홀은 '본질적인 흑인 주체라는 순수한 관념의 종식'으로 기술한다.

> 여기서 문제가 되는 것은, '흑인'이라는 범주를 구성하고 있는 주체의 입장, 사회적 경험, 문화적 정체성들이 엄청나게 다양하다는 인식이다. 즉, 본질적으로 '흑인'은 역사적·문화적으로 구성된 범주라는 인식이 문제이다. 흑인은 고정된 범문화적 또는 초월적 범주들 위에 기초한 것이 아니며, 따라서 자연에서는 아무 보장도 받을 수 없다.(NE : 443)

두 번째 계기는 '흑인'의 위치짓기 상의 변화, 즉 통일에 입각한 전통적인 정체성 정치에서 (홀이 정체성의 정치학이라 설명한 것과 유사한) 차이에 입각한 정치학으로의 변화를 드러내고 있다.

이는 ('흑인'은 본질적으로 구성된 것이라는 인식에 기초하고 있다는 점에서) 자기 반영적이며, (일련의 고정된 범주들에 의거할 수 없다는 점에서) 맥락 의존적인 정체성의 정치학이다. 첫 번째 계기에서 흑인은 '지배적인' 용어였다. 즉, 그것은 특정 정체성들 간의 권력관계를 은폐하면서 줄곧 작동했다. 이때 어떤 특정한 민족성들이 지배적인 것이 되었다.

이를 좀 더 구체적으로 표현하면, 1970년대와 1980년대 초에 사용된 '흑인'이라는 용어는, 남아시아보다는 카리브 해 지역 아프리카인의 민족성을, 여성 및 페미니스트보다는 남성 및 남성우월주의자들의 젠더 입장을, 동성애보다는 '이성애'의 섹슈얼리티를 특권시하였다.

첫 번째 계기의 '흑인'〔이라는 용어〕은 적극적이고 일관적인 정체성 정치를 세우기 위해 특정 발화 입장들을 부수적 문제로 취급하는 태도에 기대고 있었다. 레게 음악가이자 시인인 린튼 퀘지 존슨Linton Kwesi Johnson의 작업은 영국에서의 이 첫 번째 계기와 밀접하게 관련돼 있다. 그의 시들은 흑인의 시위나 항의 활동에서 자주 읽혔고, 흑인들을 '대표하는' 공동의 목소리, 곧 광범위한 백인 인종주의 문화에 대항하는 통일된 목소리로 만들어졌다. 예컨대 브래드퍼드에서 있었던 조지 린도George Lindo(1970년대 무장 강도죄로 억울하게 유죄 선고를 받은 자메이카인)의 석방을 촉구하는 시위 때 처음 낭독된 시 「그것은 영국을 무서워한다It dread inna Inglan」는, 백인의 적대에 아랑곳

하지 않는 흑인 공동체의 단결을 노래하고 있다.

> 바로 지금
> 아프리카인
> 아시아인
> 서부 인디언
> 흑인 영국인
> 영국 안에서 단호히 맞서라 (Johnson 2002 : 25)

이 시는 1970년대 다양한 민족성들을 가로질러 적극적인 흑인 의식을 표현했던, 광범위한 문화적 산물의 일부이다. 그럼에도 불구하고 이것〔문화적 산물〕은, 이러한 작업을 통해 동력을 얻은 지배적이고 집단적인 흑인 정체성의 정치적 중요성에 대한 논쟁을 원치 않았기에, 종종 다른 입장에 선 발화자들의 희생을 대가로 한 것이었다.

예컨대 존슨의 시는 『영국은 창녀다Inglan is a Bitch』라는 제목의 시집으로 출간되었는데, 이 시집의 제목은 인종적으로는 대항적이지만 백인과 흑인을 막론하고 쓰이는 여성 비하적 수사에 힘을 실어주는 표현이다. 타자의 억압에 의존하는 매우 공격적이고 남성적 또는 남성중심주의적 언어인 것이다.

1980년대 중반부터는 이러한 하위 정체성들이 두드러지게 확산되고 그에 대한 인식 또한 활발해지면서, 자연적이고 고정된 의식으로서 '흑인'이란 개념은 약화되었다. 「새로운 민족성들」에서 이러한 변화를 나타내는 전형으로 하니프 쿠레이시Hanif Kureishi〔동성애 섹슈얼리

레게 음악가이자 시인인 린튼 퀘지 존슨

1970년대 존슨의 음악과 시는 흑인을 '대표하는' 목소리로, 반인종주의 시위 때 자주 불려졌다. 그의 시는 광범위한 백인 인종주의 문화에 대항하는 '통일된' 목소리였다. 그러나 적극적인 흑인 의식을 표현했던 그의 시는, 여성 발화자들의 희생을 대가로 한 남성중심주의적인 것이었다. 1980년대 중반부터는 이러한 하위 정체성들에 대한 인식이 두드러지며, 통일보다는 차이가 중심 화두로 떠올랐다.

티를 전면에 내세운 것으로 유명한 영국 출신의 남아시아 예술가. 파키스탄인 아버지와 영국인 어머니 사이에서 이중 혈통을 물려받았다.]의 작업이 인용된 것은 우연이 아니다.

쿠레이시의 작업과 그것이 정체성 정치와 맺고 있는 관계를 고찰하기 전에, 재현을 둘러싸고 벌어진 논쟁들을 살펴보아야 하는데, 홀이 이야기한 두 가지 계기는 바로 이 논쟁들과 관련하여 (담론적으로) 위치지어져 있다.

"선량한 흑인" 주체라는 환상

홀은 「새로운 민족성들」에서, 정체성 정치학의 변화를 사유하는데, 이러한 사유는 사람들의 실제 '살과 피'에 대한 인류학적 연구를 기반으로 한 것이 아니라, 1980년대 영국의 흑인 영화 고찰에서 도출되었다.

무엇보다 「새로운 민족성들」은 민족성을 재현 내부에서 산출된 것으로 설명하고 있는데, 이 같은 사실이 정체성에 대한 홀의 설명을 덜 '실제적인 것'으로 만들지는 않는다. 홀이 보기에, 정체성을 문화와 재현의 외부에서 이해하는 일은 불가능하다. 홀은 이러한 사실을 '문화적 정체성'이라는 말을 때때로 써서 강조했다.

「새로운 민족성들」은 재현을 '파악하기 힘든 특질'로 설명하면서, 재현이라는 단어를 매우 다양한 의미로 사용한다. 예를 들어 이 논문은 재현에 관한 관습적 개념인 '모방'과, 더 급진적인 포스트모던적 이해 방식을 구별하고 있다. 전자에서 책과 영화 등은 재-현, 즉 그

'바깥'에 존재하는 실제 세계의 반영 또는 재생산으로 이해된다. 그러나 포스트모던적으로, 담론 바깥에는 아무것도 없다. 여기서 문제가 되는 것은, 그 자체로서의 재현〔즉 모방을 뜻하는 재현〕은 끝났다는 사실이다. 책이나 영화가 재현했다고 말할 수 있는, 담론 밖의 무언가는 존재하지 않는다.

홀은 이 두 가지 극단적 관점을 대체할 하나의 대안을 제시한다. 실제 세계는 재현 바깥에 존재한다. 그러나 우리는 재현을 통해서만 그것이 무언가를 뜻하거나 '의미하도록' 만들 수 있다. 또한 재현이란 반영적이라기보다는 구성적이며, 따라서 실제적이고 구체적인 영향력을 갖는다.

따라서 홀이 보기에 역사적으로 영국의 흑인문화가 주변적이며 열등하게 나타난 것은 결코 우연이 아니다. 그것은 미디어와 같은 제도가 선택 또는 '표준화한' 재현의 지배적 양식을 통해, 주변적이고 열등한 것으로 조성 또는 구성되어왔다.(NE : 441) 이러한 재현 속에서 흑인의 경험은 부재하거나, 혹 나타나더라도 스테레오타입화한 특질로서 드러나게 된다.(예컨대 〔19세기 중엽~20세기 초까지 미국에서 인기를 끈 뮤지컬 쇼로 출연자들이 얼굴을 검게 칠하고 노래했던〕 민스트럴 쇼에서의 흑인과 백인) 그러는 동안 흑인은 (재현을 생산한) 주체가 아니라 (그것으로 생산된) 대상이 되었다.

홀의 논문이 남긴 주요 공적은, 이 같은 재현의 지배적 양식과 앞에서 설명한 동일화의 두 계기들 사이에 연결고리를 만들어놓았다는 것이다. '문화적으로' 봤을 때, 지배적인 혹은 통합된 흑인 정체성은 "흑인을 백인의 지배적인 예술적·문화적 담론에서의 '타자', 즉 말을 하지 않는 혹은 보이지 않는 '타자'로 위치짓는 방식을 비판하는 것으로 자체적으로 구성된다."(NE : 441)고 홀은 주장한다. 여기서 홀은 재현의 지배적 양식에서 흑인이 차지하는 주변적 지위와, 대표적인 흑인 경험의 구성물을 연결시키고 있다.

「새로운 민족성들」은 예술적 묘사 과정에 속하는 재현(예컨대 영화를 만드는 일)과, 위임의 한 형식으로서의 재현(즉, 전체 흑인 공동체를 대신하여 '대표자'로서 발화하는 일) 사이의 긴장을 탐색한 것으로 읽힐 수도 있다.

흑인 예술가들이 '재현에 참여'할 기회는 대단히 드물었기 때문에, 그들 스스로 대표성을 띠고 흑인 공동체 전체를 위해 발화하는 데에는 부담이 뒤따랐다. 동시에 흑인을 '긍정적'으로 재현함으로써 흑인에 대한 주류문화 내부의 '부정적' 재현에 맞서야 한다는 압박도 존재했다. 린튼 퀘지 존슨의 작업에서 매우 두드러지게 나타나는 이 같은 부담은, 전통적인 정체성 정치와 얽혀 있는 문제이다. 흑인 간의 차이보다는 통일을 강조하고, 그러한 정체성의 권력 지향적이고 적극적인 측면을 강조한다는 점에서 그렇다.

두 번째 계기는 "재현의 관계를 놓고 벌어지는 투쟁에서, 재현 자체의 정치학을 놓고 벌어지는 투쟁"(NE : 442)으로 이동하는 것과 관련이 있다. 이는 재현을 모방으로 바라보는 관점에서, 재현이 '흑인' 정체성 구성에서 본질적 역할을 담당한다고 보는 관점으로 이동하는 걸 의미한다. 첫 번째 계기의 재현은 '있는 그대로 이야기'하려는 경향을 띠었다. 이는 존슨의 작업에서 이미 확인되었듯 흑인 공동체의 곤경을 '기록'하려는 욕망에서 명백히 드러난다.

이와 유사한 맥락에서, 영국의 흑인 영화비평가 코베나 머서Kobena Mercer는, 1970년대의 첫 세대 흑인 영화 제작자들 사이에서 리얼리즘이 지배적 장르가 된 이유에 주목하였다.(Mercer 1988, 1994 ; Mercer and Julien 1988) 이들은 주류 미디어 내부에 퍼져 있는 흑인에 관한 스테레오타입을 '바로잡기' 위해 다큐멘터리 전통을 이용했다. 재현의 리얼리즘 양식은, 인종주의적 사회의 거짓과 허구에서 구출해내야 할 거짓 없는 '진정한' 흑인 주체가 '그 바깥에' 존재하고 있음을 함축하고 있다. 이와 반대로 재현의 정치학은, '흑인'은 재현 바깥에 있는 무언가가 아니라 재현으로 구성된 범주, 즉 담론의 산물이며, 재현의 임무는 가능한 한 이를 확실하게 표현하는 데 있다는 인식과 함께한다. 「새로운 민족성들」에 인용된 〈핸즈워스의 노래Handsworth Songs〉(1987)나 〈구역Territories〉(1984) 같은 1980년대 흑인 영화들이 이러한 변화를 잘 예증해주고 있다.

두 작품은 모두 백인 주류 미디어 내부에서 유행한 다큐멘터리 장면을 채택했는데, 그러면서도 전통에 따라 그 장면을 좀 더 진실에 가까운 다큐멘터리로 채워넣은 것이 아니라, 장면들을 '자르고 풀칠해서', 즉 편집해서 단편적 서사를 만들어내거나 불협화음의 음악과 병치시킴으로써 해체하고 있다. 그 결과 백인 다큐멘터리 전통의 한계가 폭로되고 각 장면들은 더 이상 자명하지 않은 것이 되었다.

여기서 중요한 점은, '진정한 것'이라는 개념을 의문에 부칠 뿐 아니라 '흑인'이라는 범주가 구성된 것임을 폭로하고, '흑인다움'에 관한 지배적 재현 양식이 은폐해온 차이들을 드러내는 데 사용한, 인용·패티시·파편화를 중시하는 재현의 양식이다. 이를 통해 이러한 영화

「새로운 민족성들」에 인용된 영화 〈핸즈워스의 노래〉
1980년대 흑인 영화들은 '재현의 정치학'을 인식하고 이를 해체했다. 즉, '흑인'이 재현으로 구성된 담론의 산물이라는 인식이 움튼 것이다. 〈핸즈워스의 노래〉 역시 주류 미디어에서 유행한 다큐멘터리 장면을 삽입했지만, 이를 편집 기술로 해체하여 각 장면들을 더 이상 자명하지 않은 것으로 만들었다.

들은 재현과 권력의 관계에 대한 인식을 드러내는 동시에, 그 권력의 토대가 되는 허구를 폭로하여 그것에 이의를 제기하고자 한다.

첫 번째 계기의 투쟁이 "본질적으로 구악인 백인 주체 대신 본질적으로 선량한 흑인 주체를 상정하여"(NE : 444) 대립적 차이를 전복시키고자 한다면, 두 번째 계기는 통일되었다고 가정된 범주로서의 '흑인'을 가로질러 그것을 복잡하게 만드는 내적 차이들을 강조함으로써 모든 흑인은 '선량하다'거나 흑인은 모두 '동일하다'는 개념이 허구일 뿐임을 인정한다.

첫 번째 계기의 대립 논리가 '그들은 다 똑같다'는 인종주의적인 스테레오타입과 공범 관계를 형성하면서 '그들' 그리고 '우리'라는 이분법적 인종주의 논리를 부지 중 반복하고 있다면, 두 번째 계기는 인종주의가 재현에 토대하고 있음을 폭로하고 그것이 어떤 입장에서 발화되고 있는지를 드러냄으로써 그 논리를 해체하고자 한다. 그리고 이를 통해 (다큐멘터리 전통과 같은) 특정 맥락에서 발생했음에도 모두를 대변한다고 주장하는, 지배적인 서구 담론의 보편화 경향 또는 초월적 경향을 폭로한다.

이런 맥락에서 민족성은 단순히 흑인 민족을 가리키는 것이 아니다. 전통적으로 '백인'이나 '영국인'은 초월적 범주였지만, 이제 그들은 자신을 하나의 민족적 지표로 인식해야만 한다.(Dyer 1997을 보라)

정체성의 정치학의 새로운 시도들

「새로운 민족성들」의 마지막 단락에서 홀은 하니프 쿠레이시의 영화

〈나의 아름다운 세탁소My Beautiful Laundrette〉(1985)를, 1980년대 중후반 흑인의 재현의 정치학에서 변화를 나타내는 대표적인 예로 언급하고 있다.

〈나의 아름다운 세탁소〉는 최근 흑인 작가가 쓴 가장 매혹적이며 중요한 영화들 중 하나이다. 무엇보다 이 영화는 흑인의 경험을 획일적이고 자기충족적이며 성적으로 안정되어 있고 항상 '전적으로 옳다'고, 즉 한 마디로 말해 항상 긍정적인 것으로 재현하지 않았기 때문에 매우 논쟁적인 영화가 되었다.(NE : 449)

이 영화는 1980년대 중반 대처주의가 일으킨 동성애 혐오와 인종적 불관용이라는 문화적 맥락 안에서, 백인 노동계급인 조니와 신진 아시아 사업가 오마르 사이의 동성애 관계를 다루고 있다. 이 영화의 가장 급진적 면모는, 어느 한쪽의 편들기를 거부했다는 점, 다시 말해 선량한 흑인/악한 백인 주체라는 전통적 구분을 거부함으로써 첫 번째 계기의 재현과 관련된 관습적인 이항 대립을 무너뜨린 방식에 있다.

예컨대 이 영화는 몇몇 아시아인을 착취적인 기업문화를 이용하는 쇼비니즘적이고 물질주의적인 비즈니스맨이나 '마약 딜러, 남색가, 미친 집주인' 등으로 형상화함으로써, 흑인문화를 긍정적이며 '진정 옳은 것'으로 형상화하는 방식을 거부한다. 다시 말해 이 영화는 아시아인을 무자비한 대처주의의 희생자로 그릴 것으로 '기대된' 서사를 대담하게 무너뜨린다. 곧 이 영화가 남아시아 민족성, 동성애자들의 섹슈얼리티, 열망에 불타는 중산계급의 문화를 다루는 방식은, 모두 첫

「새로운 민족성들」에 인용된 쿠레이시의 영화 〈나의 아름다운 세탁소〉
홀은 하니프 쿠레이시의 이 영화를, 1980년대 중후반 흑인의 '재현의 정치학'에 일어난 변화를 나타내는 대표작으로 꼽는다. 대처주의가 혐오했던 동성애 문제를 다룬 것도 논쟁적이지만, 흑인/백인의 전통적 구분법에서 벗어나 지배적 재현 양식을 무너뜨렸다는 점에서 급진적이라는 것이다.

번째 계기의 재현, 즉 '흑인'을 모두 카리브 해 흑인으로, 남성으로, 남성우월주의자로, 노동계급으로 간주하는 지배적 재현 양식을 붕괴시킨다.

눈에 띄는 제목의 논문 「더러운 빨랫감Dirty washing」(이것은 「새로운 민족성들」에 인용되어 있다.)에서 쿠레이시는 첫 번째 계기의 '낙관적인 허구'에서 벗어날 필요성을 이야기한다. "오늘날의 영국을 이해하려고 한다면, 저자들은 마치 공보관이나 고용된 거짓말쟁이들처럼 〔그 현실을〕 변호하거나 이상화할 수 없다. 〔현실을〕 유일한 한 단체가 가치를 독점하고 있는 것처럼 재현하거나 감상적으로 다루어서는 안 된다는 것이다."(NE : 449)

1980년대 중반 쿠레이시가 촉발시킨 재현의 두 번째 계기는, 당시 영국의 아시안 영화와 텔레비전을 통해 점차 큰 반향을 일으킨다. 미라 시알Meera Syal 등의 〈이런, 맙소사!*Goodness Gracious Me!*〉(1996)와 〈애니타와 나*Anita and Me*〉(2002), 거린더 차다Gurinder Chadha의 〈해변의 피크닉*Bhaji on the Beach*〉(1993)과 〈슈팅 라이크 베컴*Bend it Like Beckham*〉(2002), 그리고 아유브 칸Ayub Khan의 〈이스트 이즈 이스트*East is East*〉(2000) 등은 모두 영국의 아시안문화를 보호하거나 이상화하기보다는 오히려 그것을 풍자하고 있다.

각각의 영화들은 더 이상 자기충족적이거나 획일적이라고 볼 수 없는 공동체 안의 내적 차이들과 맥락 의존적인 입장들을 강조하면서, 홀의 「새로운 민족성들」에서 드러난 새로운 정체성의 정치학을 서로 다른 방식으로 받아들이고 있다.

하지만 두 번째 계기의 예술가들이 좀 더 '낫다'거나 좀 더 '복잡하

새로운 정체성의 정치학을 보여주는 영화 〈슈팅 라이크 베컴〉

1980년대 중반 영국에서 큰 반향을 불러일으킨 아시안 영화들은 자기충족적이거나 획일적이지 않은 공동체 안의 내적 차이와 맥락 의존적인 입장들을 강조한다. 이러한 영화들에서 아시안문화는 이상화되기보다는 오히려 풍자의 대상이 된다.

다고 할 수는 없다. 이 세대에 속한 예술가들은 재현의 부담이 좀 더 가벼워졌다고 할 수 있는데, 이들은 4번 채널〔다큐멘터리 전문 채널〕 같은 제도의 출현으로 문화적 표현의 지배적 양식에 접근할 수 있는 기회를 더 많이 가질 수 있었기 때문이다.

1980년대와 1990년대 홀의 작업은 이러한 변화를 발빠르게 수용하고 있는데, 이는 홀의 사상적 변화를 이해하는 데에도 도움이 된다. '인종'에 대한 홀의 기존 연구가, 미디어 담론의 산물 또는 대상으로서 흑인의 문제에 초점을 맞추고 있었던 반면(『위기 관리하기』의 경우처럼), 1980년대 중반부터는 흑인의 문화적 산물 자체, 특히 사진이나

흑인 영국 영화 영국 흑인의 문화적 산물에 나타난 정체성, 디아스포라 그리고 새로운 재현의 정치학을 다룬 홀의 최근 연구 대부분은, 1980년대와 1990년대 새로운 세대의 젊은 흑인 사진가 및 영화 제작자들에게 매우 큰 영향력을 발휘해왔다. 홀은 1980년대 산코파 Sankofa 같은 영화 워크숍에 참여했다. 산코파는 아이작 줄리언Isaac Julien, 마틴 아틸Martin Attille, 모린 블랙우드Maureen Blackwood 등 여러 사람들이 모인 공동체이다. 아이작 줄리언이 회고하듯, '스튜어트는 원래 산코파에 투자한 소수민족 예술위원회 런던 의회의 정력적인 후원자였다. 특히 그는 런던의 흑인 예술을 지지하는 데 찬성했다.' 홀의 사유는, 산코파의 〈격정의 추억*The Passion of Remembrance*〉이 만들어지는 데 영향을 미쳤다.(「새로운 민족성들」에서 홀은 이 영화에 대해 논의한 바 있다.) 홀은 〈랭스턴을 찾아서 *Looking for Langston*〉 같은 이후의 영화에서 해설을 맡았으며 〈어텐던트*The Attendant*〉에는 카메오로 출현하기도 했다. 그러나 영국의 흑인 예술에 미친 홀의 영향력은 1980년대에만 국한되지 않는다. 홀은 1960년대 후반~1970년대 런던을 기반으로 한 캐리비언 예술가 운동(CAM)에 참가하기도 했다.

영화의 미학에 특히 주목하는 경향을 보인다.(Hall 1984와 1993, 그리고 Hall과 Baily 1992를 보라.)

디아스포라 미학

하지만 최근에 홀이 흑인의 문화적 산물에 집중하고 있다는 사실이, 정치학에서의 후퇴를 암시한다고 볼 수는 없다. 홀의 재현의 정치학 연구에 나타나듯, 미학과 정치학은 상호 의존적이기 때문이다. 다른

디아스포라diaspora '디아스포라'는 그리스어 'diaspeiran'에서 나온 말로 'dia'는 경유 또는 관통을, 'speiren'은 씨를 뿌리다 또는 흩뿌리다를 뜻한다. 이러한 어원이 암시하고 있듯, 디아스포라는 토양이나 정착보다는 이동과 이주를 강조하는 개념이다. 비교적 최근까지는 특별히 유대인의 이산을 지칭하는 말이었으나, 점차 (흑인, 아시아인, 카리브인, 아일랜드인, 아프리카인 등) 전세계적 범위의 이주를 가리키는 디아스포라적 개념 그리고 (경로, 횡단, 경계 등의) 여행 개념으로 변화해왔다. 홀은 이 용어를 문자 그대로의 의미로도 사용하고 (예컨대 카리브인 디아스포라 공동체의 특수한 구성을 지칭할 때 (Hall 1975와 1978을 보라.) 비유적 의미로도 사용한다.(예를 들어 흑인 영화 형식의 근본적 불순을 가리킬 때) 어떤 방식을 취하든 홀이 이 용어를 사용할 때에는, 순수하고 자기충족적이며 통합된 것으로서의 민족 및 민족적 정체성 개념과 긴장관계를 형성하는 경향을 보인다. "카리브인은 최초의, 원래의, 가장 순수한 의미의 디아스포라"(Hall 1995 : 6)라고 말할 때, 홀은 기원이나 순수성 같은 민족주의적 수사법을 반어적으로 사용함으로써 카리브인이 갖고 있는 디아스포라 공동체(다른 곳에서 이주한 세계적 규모의 이민에서 생겨난 공동체)로서의 전형적 특질을 강조했던 것이다.

무엇보다 「새로운 민족성들」은 정체성의 정치학에서 두 가지 계기를 제시하는데, 이 둘은 모두 재현의 문제와 밀접히 연관돼 있다.

첫 번째 계기(정체성 정치)는 리얼리즘의 미학으로, 두 번째 계기(정체성의 정치학)는 포스트모던 미학으로 각각 특징지어진다. 하지만 이 장에서 살펴보았듯, 홀은 전체화에 대한 포스트모더니즘의 요구를 의문시하고 있으며, 결국 「새로운 민족성들」에서 '디아스포라diaspora'라는 개념으로 자신이 관심을 갖게 된 양식에 존재하는 차이와 문화적 특수성들을 드러낼 수 있었다.

「새로운 민족성들」에서 홀은 정체성과 재현에 관한 반근본주의적 관념을 부각시키기 위해, 디아스포라를 문자 그대로의 개념이 아닌 비유적 의미로 사용하고 있다. 여기서는 도착보다는 여행이, 고정성보다는 운동성이, 뿌리보다는 경로가 더 중시된다. 다른 곳에서도 홀은 이렇게 표현하고 있다. "디아스포라는 오로지 어떤 신성한 고국, 곧 다른 민족을 바다로 내모는 등의 어떤 대가를 치르더라도 돌아가야 하는 고국과의 관계를 전제해야만 정체성이 보장되는 뿔뿔이 흩어진 종족을 가리키는 개념이 아니다."(CID : 401)

반대로 홀은 디아스포라를 하나의 미학을 지칭하는 데 사용하는데, 여기서는 차이·혼종성·혼합·크로스 오버 등이 두드러지게 나타난다. 그가 보기에 이 미학은 카리브인과 영국의 흑인 예술가들이 만든 영화적 재현 양식에서 점점 더 현저해지고 있다.

이와 동시에, 홀은 자신이 디아스포라 개념을 사용하는 방식과, 이민자들을 세계시민적 유목민으로 그리는 포스트모더니즘 및 포스트식민주의 담론의 찬사 일색의 디아스포라 해석 간에 뚜렷한 차이가 있음을 강조한다. 뿌리 없는 유목적 주체와 달리, 홀은 디아스포라 담론조차 위치지어진 것임을 강조함으로써, 자신의 입장을 스스로 제한하고 있다. 이는 앞서 살핀 것처럼, 새로운 민족성에 대한 홀의 관념에 '자유롭게 유동하는' 주체가 아니라 디아스포라 정체성의 위치짓기와 맥락 의존성이 뚜렷이 부각되어 있었던 것과 같은 이치다.

그가 「새로운 민족성들」에서 디아스포라 어휘들을 사용하는 정치적 맥락 또한 중요한데, 거기서 디아스포라는 "대처주의 시기에 거의 모든 지배적인 정치문화 담론들을 안정화시키는 역할을 한 '영국적인 것'이라는 국가 중심적인 지배 관념"(NE : 447)에 대한 하나의 대안으로 사용되고 있다.

포스트 식민주의의 정치적 가능성

마지막으로 1990년대 중반 이후 전개된 홀의 주요 사상 중 일부를 간략히 정리해보자. 1996년에 나온 「'포스트식민'은 언제였나? : 그 경계를 생각하며When was the "post-colocial"? : Thinking at the limits」는 여러 면에서 홀의 작업이 당연히 취할 만한 하나의 논리적 방향으로 보인다.

앞에서 논의된 디아스포라와 정체성에 관한 홀의 글쓰기가, 프란츠 파농이나 에이메 세제르Aimé Césaire, 호미 바바Homi Bhabha, 가야트리 스피박Gayatri Spivak 같은 사상가들을 계속 상기시킬 뿐 아니라, 그의 정체성 연구가 가장 큰 영향력을 발휘한 곳도 포스트식민주의 연구 안에서였기 때문이다. 그러나 궁극적으로 이 논문은 그 자체가 포스트식민주의적 분석을 수행하고 있다기보다는, '포스트식민적'이라는 용어의 개념을 분석하려는 시도였다고 할 수 있다.

문자 그대로의 의미를 충실히 따르면, 포스트식민은 식민주의가 끝난 '이후'의 시기를 가리키는 것이다. 예컨대 인도는 식민지시기를 거쳐 1947년 영국 제국에서 독립한 후 포스트식민 국가로 나아간다. 그러나 홀은 이 용어가 종종 "당연히 의미할 것으로 보이는 것을 의미하지 않는다."(Hall 1999 : 1)는 게 문제라고 설명한다.

만일 우리가 식민주의 이후의 시기를 살고 있다면 신식민주의의 문제는 어떻게 해야 하는가? 왜 수많은 포스트식민주의 비평가들이 좀처럼 식민주의 담론에서 벗어나지 못하는가? 영국은 포스트식민적인가? 요컨대 정확히 언제 어디가 '포스트 식민적'이라고/이었다고 말할 수 있는가?

이러한 맥락에서 홀은 이 용어를 규정하기보다는 이 용어가 무엇을 의미해왔고 앞으로 무엇을 의미할 것인가의 문제를 탐색하고 '명확히 하는' 방향을 취한다. '포스트식민적'이라는 말에 달린 인용부호는 두 가지를 의미한다. 곧 학계에서 광범위한 의미로 사용되는 이 용어의 불확정성을 강조하는 한편으로, 이 용어를 '삭제 하의under erasure'의 개념으로 사용하고 있음을 의미한다. 이처럼 해체주의적이고 데리다적인 태도를 취함으로써 홀은 이 개념과 관련된 경계, 침묵, 문제들을 암시하면서, 동시에 그보다 더 나은 용어를 찾아내기 어렵다는 점도 시사하고 있다.

홀의 논문이 우회적으로 암시하고 있는 이 같은 사실은, 포스트식민주의 연구의 역사를 이해하는 데에도 도움이 된다. 홀이 포스트식민주의 연구에 개입한 시점은 1990년대 초기 이 분야가 급속히 제도화(이는 문화 연구가 그린 궤적과 평행을 이루고 있다.)된 이후인데, 이〔제도화〕는 주요 실천가들의 개념과 이론에 대한 비평적 반격을 불러일으켰다.

포스트식민주의 비평가들에게 쏟아진 주요 비난 중 하나는, 포스트식민주의 연구가 정치적 토대를 결여한 채 혼종성이나 디아스포라에 대한 찬사 일색의 미학을 특권시한다는 점이었다. 이런 상황에서 「'포스트식민'은 언제였나?」는 '포스트식민주의'의 정치적 가능성을 변호하기 위해 쓰인 것으로 이해될 수도 있다. 그러나 좀 더 일반적으로 말해 이 논문은 이 용어의 역사적·지정학적 '경계'가 무엇인지, 그리고 좀 더 중요하게는 이 분야가 어떻게 세계의 범위를 정하고 구획하는지를 고찰하기 위해, 포스트식민이라는 개념의 의미를 명백히 하고자 한 글이다.

이 논문은 이 분야의 저명한 비평가 세 명의 작업을 매개로 포스트식민주의에 '불리한 주장'을 개괄하는 것으로 시작된다. 우선 엘라 쇼하Ella Shohat와 앤 매클린톡Anne McClintoc은, 포스트식민이라는 용어가 불명확할 뿐 아니라 식민자/피식민자, 식민지/포스트식민지 등의 경계를 흐려놓는다고 비판하고, 그 결과 이 용어는 특수성을 상실하고 보편화되었다고 주장한다. 이에 덧붙여, 아리프 덜릭Arif Dirlik은 포스트식민주의가 자본의 작용을 간과한 채 정체성의 담론적 이해에만 의존하고 있다고 비난했다. 이들 셋은 모두 포스트식민주의 연구 분야가 중심에 비판적이기는커녕 '중심'과 공모하여 주변을 만드는 마케팅 전략을 구사했다고 질책한다.

홀은 이러한 비판을 심각하게 받아들일 필요는 있지만, 한편 이러한 비판은 '진정한' 정치학, '엄연한' 사실, 그리고 '우리'와 '그들' 간의 뚜렷한 구별로 회귀하자는 향수 어린 요구에 의존하고 있다고 주장한다. '포스트식민적'이라는 개념의 유용성은, 차이에 대한 이항 대립적 이해방식에서 여기/저기, 그때/지금과 같은 대립적 경계를 무너뜨리는 '차연'으로 나아가는 방식에 있다고 홀은 시사한다. 반식민주의 투쟁과 달리 포스트식민주의 투쟁은, "차이에 대한 하나의 상상에서 다른 하나의 상상으로"(WWP : 247) 이동하는 것을 뜻한다.

이러한 분석에서 홀이 사용하는 용어들이 마치 마르크스주의를 희생한 대가로 포스트구조주의를 받아들인 결과물처럼 보인다면, 홀이 그람시의 용어들로 자신의 논점을 표현하고 있다는 점에 한층 주목해야 한다. 홀은 쇼하 등이 맥락 의존적인 위치짓기를 고정되어 있는 결정적인 입장으로 대체함으로써, '진지전'을 '기동전'으로 후퇴시키는 위험을 저지르고 있다고 암시한다. 이러한 후퇴는 이항 대립적 사고방식의 어리석음이 드러난 지난 몇 년 간의 경험에서 교훈을 얻지 못한 결과이다.

1993년 걸프전이 발발했을 때 "(포스트식민의) 선함과 (서구적) 악함 사이에 '모래 위에 뚜렷한 선'을 그어야 한다."고 주장한 쇼하에 대해, 홀은 걸프전이야말로 그 뚜렷한 선을 지워버린, 따라서 '고전적' 의미의 포스트식민주의적 사건을 표상하는 전쟁이라고 반박했다. 걸프전을 바라볼 때 석유를 지키기 위해 미국이 이라크인에게 저지른 잔혹한 행위와, 사담 후세인이 자국민에게 가한 악행을 동시에 인식해야 하기 때문이다.

그러나 이는 포스트식민적인 것이 어느 시대, 어느 장소에나 존재한다는 주장과는 다르다. 그러한 주장 속에는 보편화하려는 경향이 존재하기 때문이다. 따라서 우리에게 필요한 것은 차별화하고 구획 짓는 작업이다. 미국·영국·자메이카가 모두 '포스트식민적'이라고 말할 수는 있어도, 그들이 모두 동일한 방식으로 그런 것은 아니다. 이런 의미에서 이 용어의 불균질성을 유념하고, 이 단어로 의도하는 추상의 수준을 명확히 해야 한다.(WWP : 245) '포스트식민적'이라는 말을 쓸 때 필요한 차별화는, 가치 평가적이라기보다는 기술적이어야 한다. 이는 식민화란 탈식민화와 마찬가지로 단순히 해외에서 전개되는 어떤 것이 아니라, 전세계적 차원으로 진행 중인 하나의 과정임을 인식하는 일을 포함한다. 이러한 맥락에서 홀은, 이 용어가 보편화의 능력을 가져야만 한다(이 용어가 보편적이라는 말은 결코 아니다.)고, 즉 추상화의 능력을 가져야 한다고 말함으로써, 이 분야의 최근 동향에 도발적인 문제 제기를 한다.

포스트식민적인 것은 우리로 하여금 식민화를 근본적으로 초국가적이며 초문화적인 '전지구적' 과정의 일부로서 다시 생각하게 만들었으며, 이는 "이전의 국가 중심적 제국주의 서사를 탈중심적·디아스포라적 또는 전지구적 서사로 다시 쓰도록 했다. 여기서 '전지구적'이라는 말은 세계적이라는 말을 의미하지 않지만, 그렇다고 특정한 한 국가나 사회를 의미하는 것도 아니다."(WWP : 247)

「'포스트 식민'은 언제였나」에 나오는 복잡한 이론적 논점들은 「다민족국가 영국의 미래The future of multi-ethnic Britain」(『다민족국가 영국의 미래 : 파렉 보고서The Future of Multi-ethnic Britain : The Parekh Report』

(2000)를 참고하라.)에 나타난 홀의 최근 연구에서 한층 뚜렷하게 실용적 방향을 취하고 있다. 홀이 [반인종주의 단체인] 러니미드 위원회 Runnymede Commission 회원으로서 진행한 파렉 보고서는, 1998년부터 2000년 사이 홀이 주도한 연구 성과물의 일부로서 주로 '다문화적 문제들'을 다루고 있다.

피할 수 없는 문화적 전환 과정 '다문화주의'

홀은 다문화주의가 이미 남용된 낡은 범주로 보이기는 하지만, 다시 생각해보면 "우리가 가지고 있는 상식적인 정치적 전제들 속에 중요한 붕괴의 씨앗이 들어 있다."(TMQ : 1)고 주장한다. 홀은 여기서 '스티븐 로렌스 조사위원회'[1993년 4월 런던에서 19세 흑인 청년 스티븐 로렌스가 무참히 살해됐다. 피의자는 다섯 명의 백인 청년들이었다. 여론이 들끓자 1998년 조사위원회가 꾸려져 이 살인사건을 재조사했다. 이 일로 영국 내 인종주의 문제가 첨예한 사회문제로 떠올랐다.], 1998년 윈드러시 Windrush[카리브 해에서 대서양을 건너 이루어진 대규모 이주] 기념일을 둘러싼 경축 행사 등의 예를 들어 다문화적 논쟁의 국면적 중요성을 지적하고, 이 과정에서 다문화주의는 아직 해결되지 않은 모순적 문제임을 밝혔다.

예컨대, 한편으로는, 잠시 동안 새로운 노동당의 슬로건이었던 '쿨 브리태니아Cool Britainnia'에서 상상되었듯, 영국의 흑인과 아시안 공동체들이 [영국] 국가 전체의 삶을 이루는 가시적 요소로 점차 변화하면서 나타나는 경향, 즉 홀이 '다문화적 흐름'이라 불렀던 경향이 존재하지만, 다른 한편 대처주의와 관련된 각종 현상들, 즉 범죄와 범죄를 일으킨 자들에 대한 강압적 대응 등 일종의 '상식적인 치안 유지'로 회귀하는 흐름도 있다는 것이다.

홀은 '포스트식민적'이라는 용어처럼 다문화주의 역시 '삭제 하의' 용어로 위치시킨다. 그러나 홀은 혼종적 사회의 출현이 가져온 문화적 형성물과 정치적 딜레마를 기술하기 위해 이 용어를 '형용사적'으로 사용하고, 그럼으로써 다문화적 사회를 '경영하기' 위해 전개된 다양한 전후 정책들을 지칭하는 데 다문화주의라는 용어를 '명사적으로' 사용하는 태도와 자신의 입장을 구별한다.

홀은 10년 전 자신이 일으킨 세계화 논쟁으로 다시 돌아가(5장 참조), 차이는 동질성만큼이나 중요한, 현재 사회를 특징짓는 요소라고 주장한다. 다문화적인 것은, 정책 결정이나 삶의 양식의 선택 혹은 '삶은 스칸디나비아의 모듬 요리 스모가스보드에 불과할 뿐'이라는 혼종성의 차원이 아닌, "피할 수 없는 문화적 전환의 과정"(TMQ : 6)이라는 것이다.

정체성 정치냐, 정체성의 정치학이냐

홀이 전통적인 '정체성 정치'에서 벗어나 대안적인 '정체성의 정치학'으로 이동하는 과정을 살펴보았다. 정체성 정치는 특정한 문화적 집단이나 단체를 향한 완전한 헌신과 동일시되는 경향이 있는 반면, 홀이 말하는 정체성의 정치학에서는 차이, 자기 반영성, 맥락 의존성이 강조된다.

홀은 「새로운 민족성들」에서 정체성에 관한 이러한 새로운 관념들이 영국 흑인들 내부에서 절합되는 양상을 설명하였다. 홀은 전후 흑인의 문화적 산물 내부에 존재했던 재현의 부담이, '진정성'을 중시하는 모방적 리얼리즘에서 한층 자기 반영적인 재현의 양식(여기서 정체성은 구성된 것이라는 점이 강조된다.)으로 변화했음을 밝힌다.

린튼 퀘지 존슨과 하니프 쿠레이시를 통해 우리는 '정체성의 정치학'의 변화와 '재현의 정치학'의 변화가 조응한다는 사실을 알 수 있었으며, 마지막으로 최근 벌어진 포스트식민주의 및 다문화주의 논쟁에서 홀이 어떤 기여를 했는지 살펴보았다.

홀 이후

Stuart Hall

"학문 세대에게 영감을 주는"

스튜어트 홀에 관한 두 개의 중요한 논문집 『스튜어트 홀 : 문화 연구의 비판적 대화*Stuart Hall : Critical Dialogue in Cultural Studies*』(Morley and Chen 1996)와 『보증 없이 : 스튜어트 홀을 기리며*Without Guarantees : In honour of Stuart Hall*』(Gilroy 등 2000)는, 문화 연구의 형성과 발전에 미친 홀의 영향력을 충분히 보여주고 있다. 홀의 주요 저술과 인터뷰, 그리고 홀의 사유를 확장시키거나 비판적 영향을 끼친 귀중한 논문들을 모아놓은 『스튜어트 홀』은, 홀의 업적을 기록한 것 중 가장 중요하고 야심만만한 텍스트로, 홀과 문화 연구에 관심 있는 학생들의 필독서이다.

편집자가 '학문 세대들에게 영감을 주는 위대한 한 인물을 기리고' 자 했다고 밝힌 『보증 없이』도 매우 유익한 홀의 논문 선집이다. 가야트리 스피박·제임스 클리포드James Clifford·도린 매세이Doreen Massey·주디스 버틀러Judith Butler·웬디 브라운Wendy Brown·앙리 지루Henry Giroux·숀 닉슨Sean Nixon의 글을 싣고 있는 이 책은, 전후의 주요 비판적 사상가들에게 미친 홀의 영향력을 입증하고 있다. 이들은 각각 포스트식민주의 연구·문화인류학·지리학·페미니즘·정치학·교육학·사회학 분야에서, 홀의 사유가 문화 연구의 범위를 넘어 여러 분야에 큰 영향을 미쳤다는 사실을 보여주고 있다.

두 논문 선집은 모두 홀의 제자들이 편집한 것으로, 이들의 원고도 책에 실려 있다. 홀은 1997년 40년에 걸친 교육 경력을 뒤로 하고 영국 개방대학에서 퇴임하는데, 그가 남긴 유산은 현대문화연구센터와 개방대학에서 가르치고 함께 일했던 젊은 세대의 동료와 대학원생들에게 가장 뚜렷하게 남아 있을 것이다.

이들 중 로렌스 그로스버그, 채스 크리처Chas Critcher, 폴 윌리스Paul Willis, 폴 길로이, 안젤라 맥로비Angela McRobbie, 딕 헤브디지, 이안 챔버스Iain Chambers, 헤이즐 카비, 샬롯 브런드슨Charlotte Brundson, 토니 베넷Tony Bennet, 데이비드 몰리 등은 오늘날 국제적 명성을 얻은 학자가 되었다. 이들은 영국을 비롯한 여러 나라에서 문화 연구 다음 세대들의 의제를 만드는 데 핵심 역할을 담당하고 있다. 이들의 다양한 입장을 단일한 영향의 결과로 환원할 수는 없겠지만, 이들이 홀의 관심 분야인 대중문화·인종·민족성·청소년문화·미디어와 대중문화 등을 채택하여 확장시켰다는 사실은 부정하기 힘들다.

『보증 없이』와 『스튜어트 홀』은 수십여 개 나라에서 투고된 글들을 싣고 있는데, 이는 현대 문화 연구의 국제적 규모와 영국 밖에서 점차 높아가는 홀의 명성을 보여주는 지표가 된다.(이 문제와 관련해 뛰어난 설명을 제공하고 있는 Stratton과 Ang(1996)을 보라.)

홀과 문화 연구에 쏟아진 비판들

1980년대와 1990년대 문화 연구가 급속히 제도화하고 영국 및 그 밖의 나라(특히 미국과 호주)에서 주요 학과로 자리잡게 되자, 핵심 이론과 사상가들이 재평가되면서 문화 연구의 정통 역사가 부상하였다. 그런데 이때 사용된 '버밍엄 학파'라든가 '영국의 문화 연구' 같은 표현들(디아스포라 지식인인 홀은 이를 '어색한 시니피앙'이라고 지적한다.)은, 문화 연구 분야에 허구적 통일성이나 일관성을 부여할 위험을 안고 있다.

이러한 정통 역사에서 스튜어트 홀은 때때로 문화 연구 역사 전체의 환유가 되기도 하고, 근본적인 중심이자 전형적 중요성을 띤 인물로 간주되기도 한다. 어느 비평가의 표현대로 문화 연구는 "[홀의] 지적·자전적 원천으로 독특한 명료성을 부여받았다."(Inlis 1993 : 81)는 것이다. 홀의 공헌을 이렇게 높이 평가하는 데에는 분명 나름의 정당한 이유가 있지만, 이는 학계에서 적대적 양상을 띠면서 진행된 논쟁, 다시 말해 홀의 입장까지 포함하여 문화 연구 전반의 입지 문제를 놓고 벌어졌던 논쟁을 은폐하고 있다.

어떤 이들에게 홀은 문화 연구의 가장 확실한 근거 또는 과거의 헌신과 훌륭한 경력을 증명하는 보증서로 기능하는 한편, 다른 이들에게는 경험적 혹은 사회학적 엄밀성이 결여된 탈정치화된 양식의 문화 분석(그리하여 결국 찬사 일색의 '문화 포퓰리즘'으로 이어지는)을 간접적이나마 낳게 한 것으로 간주된다. 두 번째 진영의 목소리는 문화 연구의 '제도적' 성공에 대한 반격의 양상을 띠면서 최근에 특히 큰 공감을 얻었다.

1998년 데이비드 몰리는 문화 연구에 가해진 가장 신랄한 비판을 다음과 같이 기록하였다.

문화 연구의 일대기는 '시선이 안을 향하고 있는 나르시시즘', '자기 내장들을 드러내놓고 다시 검사하는 데 대한 병적 집착', '자기 삶의 이야기에 대한 점증하는 매혹'으로 특징지어지는 '수호신, 슈퍼스타, 열광적 전도자, 진정한 신도'들의 이야기나 다름없다는 말을 들어왔다. 또한 문화 연구는 미숙한 천재, 또는 바커Barker와 비저Beezer 식으로 말해 '자서전을 쓰느라 매우 바쁜, 자기 중심적인 25세 풋볼 스타의 유치한 회고록이 갖는 호소력과 의미심장함을 갖고 있다.'는 말도 들었다.(Morley 1998 : 484)

몰리는 문화 연구가 나르시시즘에 도취되었다는 비판 이외에도, 반계몽주의, 저항과 대중문화에 대한 무비판적 이해, 대처주의와의 공모, 탈정치화된 포스트모던 상대주의를 수용했다는 등의 비판을 받아왔으며, 홀은 이 많은 '죄상'에 다양하게 걸쳐 있는 것으로 받아들여진다고 지적한다. 또한 사회학·인류학·정치경제학 그리고 "의회 정치, 엄연한 사실들, 경제적 진실의 '실제 세계'"(Morley 1998 : 489) 등과 같은 전통적 주제 영역으로 돌아가야 한다는 일반적 요청도 짚고 넘어간다. 이러한 주장들은 목적론적 또는 선조적 이해 방식을 토대로 하고 있는데, 여기서 문화 연구는 막다른 골목에 다다른 진보의 서사로 이해되고 있다.

'배타적 정통의 계승'이라는 관점에 맞서, 몰리는 "1970년대 버밍엄에서 진행된 중요한 작업 중 하나는 '사회학에 맞서 사회학적 질문을 제기하는 것'이었다고"(Morley 1998 : 479) 말한다. 홀의 연구방식은 '다면적'(Morley 1998 : 493)이고 대화적이었다. 이는 하나의 입장에서 다음 입장으로 나아가는 일방적인 전진이 아니라, '낡은 것에 대한 새로운 통찰력'의 형성을 뜻한다. 몰리의 이 같은 해석으로 홀의 사유가 어떻게 문화 연구의 정통 서사를 무너뜨리는 데 생산적인 공헌을 했는지 드러났다.

제도화된 문화 연구를 부식시키라!

홀 자신도 「문화 연구와 그 이론적 유산들Cultural studies and its theoretical legacies」(1992)에서, 제도적 문화 연구의 국제적 발흥과 그 안에서 자신이 기울인 노력을 회고하였다. 이 논문은 영국과 미국의 문화 연구가 하나의 학과로 점차 전문화해가던 1990년대 초, 일리노이에서 열린 국제문화연구회의에서 발표된 글이다.

퇴임 이전 미국으로 건너오라는 좋은 조건의 제의를 수없이 거절했던 홀은, 이때 그러니까 문화 연구가 정통적이며 자기 충족적인 하나

문화적 포퓰리즘 종종 모호하게 정의되는 이 용어는, 현재의 문화 연구, 그리고 그것이 나타내는 대중문화에 대한 찬사 일색의 무비판적 입장을 경멸적으로 평가할 때 사용된다. 특히 홀의 새로운 시대 프로젝트와 관련하여, 그것이 지나치게 소비의 중요성을 강조하고 대처주의와의 공모라는 위험에 노출되어 있음을 주장하기 위해 이 용어가 쓰였다.(이 비판에 대한 적절한 평가는 McRobbie 1996을 참조.) 지금까지 나온 문화적 포퓰리즘에 관한 가장 정교하고 설득력 있는 논의는 짐 맥기건Jim McGuigan의 『문화적 포퓰리즘Cultural Populism』(1992)에서 발견된다. 여기서 저자는 이 개념을 노골적 공격이 아닌 '공감적 비평'의 정신 아래 사용하면서, 홀을 '대단한 달변가이자 신뢰가 가는 대표적 인물'(33~42)로 간주하고 있다.

의 교과목, 또는 정치적 개입이 불가능한 일련의 형식적 이론들로 전락할 위험에 처했던 그 순간을, '예외적으로 심각했던 위험한' 순간이라고 묘사하였다. 이는 문화 연구가 직면한 제도화의 위험이, 문화 연구 이론이 정통 역사의 일부분이 될지도 모르는 위험을 무릅쓰고 홀 자신이 행한 연구와 깊은 관련이 있음을 암시한다. 홀은 심지어 자신이 그 회의의 기조 발제자라는 사실 자체가, 문화 연구의 기원 혹은 '창시자'로서 자신의 신화적 지위를 전제한 일이라고 지적한다.

홀의 논문은, 문화 연구가 막다른 골목에 도달했으며 새로운 영감을 얻기 위해 기원에 의지해야 한다는 관점을 부정한다. 자신은 '진정한 문화 연구로 돌아가도록 관리하고 싶어하는 문화 연구의 양심적 수호자'가 아니라는 것이다. 실제 홀은 몰리가 하나의 입장에서 다른 하나의 입장으로 영웅적으로 전진해나가는 것이 아니라, 종종 화해할 수 없는 비판적 입장들과 함께 작업하는 것이라고 표현했던 다차원성을 위해, 기원으로서의 독창성을 계속 거부해왔다.

이 책 서두에서 우리는 스튜어트 홀이 자기 자신과 문화 연구의 내부를 재고찰하기보다는, 문화 연구의 '거대담론'을 해체하고 탈중심화하기 위해, 어떻게 자서전을 전략적으로 사용했는지 살펴보았다. 문화 연구의 '이론적 풍요'와 '압도적인 텍스트화'에 맞서, 홀은 이론과 '겨룬다'는 비유, 또는 '중재'로서의 이론, '시험을 거친, 국지적이고 국면적인 일련의 지식으로서의 이론', '대화의 방식으로 논의되어야 하는 이론들'(CSTL : 286)과 같은 표현을 선호한다.

만일 홀이 오늘날 제도화된 문화 연구 논쟁에서 '죽은 자의 부활한 영혼'(CSTL : 277)이 되었다면, 아마 홀이 남긴 가장 훌륭한 유산은,

이렇게 점점 더 '안정화되고 있는' 이 분야를 끊임없이 조금씩 부식시켜야 한다는 그의 요구일 것이다.

홀의 모든 것

■ 홀이 쓴 책

홀의 연구들을 모두 정리해놓은 완성된 서지는 현재는 구할 수 없다. 그러나 데이비드 몰리와 K. 첸Chen이 편집한 『스튜어트 홀 : 문화 연구의 비판적 대화』(1996)에 비록 '작업중'이지만 매우 훌륭한 서지가 연대순으로 잘 정리되어 있다.

• 단행본

_____ with Paddy Whannel (1964) *The Popular Arts*, London : Hutchinson

이 텍스트는 홀이 거쳐온 문화주의자로서의 시기를 예증하고 있다. 비판적으로 읽는다면, 이 책은 전후 대중문화에 대한 구체적 분석을 담고 있는, 여전히 매력적인 텍스트이다. 특히 마지막 장 '교육을 위한 과제들'은 수업 시간에 활용할 수 있는 실습과제와 문제들을 담고 있다.

_____ with T. Jefferson (eds) (1976) *Resistance through Rituals : Youth Subcultures in Post-war Britain*, London : Hutchinson

현대문화연구센터의 가장 영향력 있는 연구 프로젝트 중 하나로, 딕 헤브디지 · 안젤라 맥로비Angela McRobbie · 이안 챔버스Iain Chambers 같은, 이후 이 분야의 선도적 비평가가 된 이들의 주요 평론이 실려 있다. 홀을 연구하는 이들이 가장 눈여겨 볼 장은 서론 격의 글인 「하위문화, 문화 그리고 계급 Subcultures, cultures and class」인데, 여기에서 홀 등은 청소년들이 개성적인 방식으로 교실에서 자신들의 존재와 어떻게 협상해나가는지에 따라 하위문화를 정의한다. 이 글 뒤에는 현대문화연구센터의 '강도 연구 그룹Mugging Group'의 메모가 실려 있는데, 여기에는 『위기 관리하기』에서 제시된 주요 주장들의 정수가 담겨 있다. 4페이지 분량의 이 메모는, 400페이지에 이르는 이 책에서 특히 꼭 읽어야 하는 중요한 부분이다. 채스 크리처의 「구조, 문화 그리고 전기Structures, cultures and biographies」도 중요하다. 이 글은 1972년에 일어난 핸즈워스 강도사건을 다룬 현대문화연구센터의 첫 결과물인 『20년 20years』이라는 소책자의 내용을 발췌하였다.

_____ with C. Critcher, T. Jefferson, L. Clarke and B. Roberts(1978) *Policing the Crisis*, London : Macmillan Press.

많은 비평가들이 현대문화연구센터 프로젝트 중 최고의 야심작이자 성공작으로 꼽는 책. 실제 강도 사건에 대한 설명에서 시작하여, 강도라는 라벨의 대두, 이러한 라벨을 구축하는 과정에서 언론과 경찰의 역할, 국가 헤게모니가 광범위한 위기에 이르는 일련의 과정을 장 별로 서술하면서, 강도 사건이 '전이된 효과'로 나타난 것임을 보여준다. 이 책은 (대처가 정권을 잡기도 전에!) 대처주의의 출현과 전후 합의의 문화의 붕괴를 동일 선상에서 논하는 통찰력을 보여주었다. 또한 범죄와 관련한 상식적인 관념들에 도전하고 있다는 점에서, 특히 '범죄와 범죄 원인에 강력히 대응'한다고 주장하는 블레어 정부에 익숙해져 있는 오늘날의 영국 독자들이 여전히 읽을 만한 가치가 있다.

_____ with B. Lumley and G. McLennan (eds) (1978) *On Ideology*, London : Hutchinson

현대문화연구센터의 저서들 중 가장 '이론적'이며, '난해'하다고 평가받는 책. 홀이 쓴 「과학의 오지奧地 : 이데올로기와 '지식의 사회학'The hinterland of science : ideology and the "sociology of knowledge"」과 홀이 공저한 「정치학과 이데올로기 : 그람시Politics and ideology : Gramsc」가 실려 있다.

_____ with D. Hobson, A. Lowe and P. Willis (1980) *Culture, Media, Language : Working Papers in Cultural Studies*, London : Hutchinson.

홀의 중요한 논문들과 특히 큰 영향을 끼친 서문 「문화 연구와 그 중심 : 몇 가지 난점과 문제점Cultural studies and the centre : some problematics and problems」이 실려 있다. 이 책 8장에서 홀은 현대문화연구센터 내 미디어 그룹의 발전을 추적하며, 12장에서는 영화 이론저널 《스크린*Screen*》에서 발전된 후기 구조주의 이론 비평을 제시하고 있다.

_____ *The Hard Road to Renewal : Thatcherism and the Crisis of the Left*, London : Verso.

이 비평집은 홀이 이전에 발표한 논문집 『대처주의의 정치학*The Politics of Thatcherism*』(1980)보다 더 포괄적이다. 특히 서론은 대처주의, 이론적 영향(그람시와 라클라우), 홀 자신의 프로젝트에 쏟아진 핵심 비판들에 대한 설득력 있는 평가와 변호 등, 홀의 주요 주장들이 명쾌하고 훌륭하게 정리하고 있다.

_____ with Martin Jacques (eds) (1989) *New Times : The Changing Face of Politics in the 1990s*, London : Lawrence & Wishart.s

이 논문집에는 편집자들의 서문과 더불어 홀의 「새로운 시대의 의미The

meaning of New Times」, 홀이 데이비드 헬드Daved Held와 함께 쓴 「시민들과 시민권Citizensand citizenship」이 실려 있다. 그 외 홀이 관심을 갖고 있는 분야를 다룬 유용한 글들로는, 로빈 머레이Robin Murray의 「포디즘과 포스트포디즘 Fordism and post-Fordism」, 딕 헤브디지의 「대중 이후After the masses」, 그리고 프랭크 모트Frank Mort's의 「소비의 정치학The politics of consumption」 등이 있다.

_____ (ed.) (1997) *Representation : Culturaal Representations and Signifying Practices*, London : Sage Publications.

개방대학 강좌 D318 '문화, 미디어, 정체성'의 일환으로 출판된 책. 홀이 쓴 「재현의 작업The work of representation」과 「'타자'의 스펙터클The spectacle of the Other」이 포함되어 있다. 「재현의 작업」은 홀에게 영향을 끼친 구조주의와 후기구조주의 이론들, 그리고 6장에서 언급하고 있는 재현과 관련한 이론들의 훌륭한 개론을 제공한다. 「'타자'의 스펙터클」은 4장과 6장에서 검토하고 있는 인종과 차이를 둘러싼 논쟁들에 접근하는 데 도움이 된다.

그 외 홀이 개방대학과 연계하여 출판한 유용한 책으로는, 스튜어트 홀 외, 『근대성의 형성*Formations of Modernity*』(1992, Cambridge : Polity Press) ; 스튜어트 홀 외, 『모더니티와 그 미래*Modernity and its Future*』(1992, Cambridge : Polity Press) ; P. 드 게이du Gay 외 『문화 연구하기 : 소니 워크맨 이야기*Doing Cultural Studies : The Story of The Sony Walkman*』(1997, London : Sage) ; K. 톰슨Thompson, 『미디어와 문화 규제*Media and Cultural Regulation*』(1997, London : Sage) 등을 참고.

• 논문

_____ (1958) 'A sense of classlessness', *Universities and New Left Review* 1 (5) : 26-32.

홀의 신좌파적 논문 중 가장 영향력 있는 논문. 전후 노동계급 공동체들의 소비태도 변화의 실태를 추적하고 분석하였다. 초기 홀의 마르크스와의 연계와 경제결정론의 문제점들을 보여준다. 긴 주석들이 특히 중요하다.

_____ (1972) 'The determination of news photographs', *Working Papers in Cultural Studies* 3, pp. 53-88.

홀과 구조주의 기호학의 연계를 보여주는 가장 좋은 예들. 바르트의 영향이 뚜렷하다.

_____ (1973) 'Encoding and decoding in the media discoures', *Stencilled paper* 7, pp. 1-20.

유명한 이 논문에서 홀은 마르크스주의적 구조주의에 기대어, 미디어 담론은 그 의미가 현전하는 것이 아니라 생산(기호화)과 유통과 소비(기호 해독)의 순간에 사회적으로 생산된다는 점에서 중층결정된 장소라고 주장한다. 외연적 의미와 내포적 의미, 선호된 읽기, 타협적 읽기, 대항적 읽기 등의 핵심 개념도 상세히 설명하고 있다.

_____ (1974), 'Deviance, politics, and the media', in P. Rock and M. McIntosh (eds) *Deviance and Social Control*, London : Tavistock Publication, pp. 261-305.

일탈 이론이 초기 홀에게 미친 영향을 보여주며, 『제의를 통한 저항』과 『위기 관리하기』를 읽는 데 좋은 참고자료가 된다. 또한 1968~1969년 버밍엄과 런던에서 일어난 학생 봉기를 다룬 언론 보도 분석이 담겨 있다.

_____ (1978) 'Rcaism and reaction', in *Five Views of Multi-Cultural Britain*, London : Commission on Racial Equality, pp. 23-35.

최고의 『위기 관리하기』 소개서

_____ (1980), 'Cultural studies : two paradigms' *Media, Culture and Society* 2 : 57-72.

이른바 문화주의/구조주의의 분할에 관한 예리한 설명을 담고 있으며, 더욱 중요하게는 그러한 이항 대립적 논리를 성공적으로 넘어서고 있다.

_____ (1980), 'Encoding/decoding', in *Culture, Media, Language*, London : Hutchin-son, pp. 128-38. ; (1973), 'Encoding and decoding in media discoures'

_____ (1980) 'Cultural studies and the centre : some problematics and problems', in *Culture, Media, Language*, London : Hutchinson pp. 15-47.

홀이 개방대학으로 떠나던 시점에 쓴 글로, 현대문화연구센터의 제도적 역사와 이론적 역사를 정밀하게 되돌아보고 있다.

_____ with I. Connell and, L. Curti (1981) 'The "unity" of current affairs televi-sion', in T. Bennett (ed), *Popular Television and Film*, London : The Open University, pp. 88-117.

「기호화/기호해독」에서 처음 윤곽을 그린 여러 입장들을 발전시킨 글. 영국의 뉴스 프로그램인 〈파노라마〉에 초점을 맞추어, '균형'과 '공평성' 등의 뉴스의 가치 기준이 선호된 의미를 약화시키는 게 아니라 생산해내는 데 기여한다고 주장한다.

_____ (1981) 'The whites of their eyes : racist ideologies and the media', in G. Bridges and R. Brunt (eds) *Silver Linings : Some Strategies for the Eighties*, London : Lawrence and Wishart, pp. 28-52.

인종주의와 미디어에 관한 글로, 특히 텔레비전 프로그램 〈엄마, 그건 결코 인종주의적이지 않아요It Ain't Half Racist Mum〉을 다루고 있다. 미디어 속의 인종차별주의 반대 캠페인(CARM)의 일환으로 쓰인 이 논문은 '반인종주의적인 대중 세력권'을 형성하기 위한 그람시적 시도이다.

_____ (1981) 'Notes on deconstructing "The popular"', in R. Samuel (ed.) *People's History and Socialist Theory*, London : Routledge, pp. 227-40.

이 논문은 그람시의 헤게모니 이론을 차용하여, 대중적인 것the popular이란 한창 갈등 중인 상대적 범주에 속하는 역사화된 개념이라고 주장한다. 대중이란 지배문화와 하위문화 간의 투쟁의 장이라는 것이다.

_____ (1982) The rediscovery of "ideology" : return of the repressed in media studies' in M. Gurevitch, T. Bennett, J. Curran and J. Woollacott (eds) *Culture, Society and the Media*, London : Methuen, pp. 56-90.

문화연구 내에서 이데올로기 및 이데올로기의 '재발견'으로 정평이 난 논문

_____ (1985) 'Signification, representation, ideology : Althusser and the post-structuralist debates', *Critical Theories of Mass Communication* 2 (2) : 91-114.

알튀세에 대하여 가장 구체적으로 서술하고 있는 글. 홀은 『마르크스를 위하여』와 『자본론 읽기』에서 유용한 것과 그렇지 않은 것이 무엇인지 상술하고 있다.(홀은 전자를 선호한다.) 또한 이후 홀이 수행하는 민족성 연구, 후기구조주의와의 비판적 연계, 자서전의 전략적 사용 등을 예견하고 있다는 점에서 중요한 논문이다.

_____ (1986) 'The problem of ideology : Marxism without guarantees' in D. Morley, K. Chen (eds), *Stuart Hall : Critical Dialogues in Cultural Studies*(1996), London : Routledge, pp. 25-46.

마르크스주의에 대하여 비판적인 그러나 계속되는 관심과 개입을 상술하고 있다.

_____ (1987) 'Minimal selves', in *Identity : The Real Me*, ICA Documents 6, pp. 44-6.

「새로운 민족성들」의 유용한 주석을 제공하는 짧지만 독창적인 글.

_____ [1988] (1996) 'New ethnicities', D. Morley, K. Chen (eds), *Stuart Hall : Critical Cialogues in Cultural Studies*, London : Routledge, pp. 441-9.

당대 흑인의 문화적 생산과 관련한 논쟁에서 홀이 가장 크게 공헌한 글. 1980년대 발생한, 정체성과 재현의 정치학에서의 전환을 가설적으로 개관한 최초의 글이다.

_____ (1989) 'the "first" New Left : life and times', in Oxford University Socialist Group (ed.), *Out of Apathy: Voices of the New Left Thirty Years On*, London : Verso, pp. 11-38.

홀이 신좌파와 보낸 시간들을 가장 구체적으로 회상하는 매우 흥미로운 글.

_____ (1991) 'The local and the global : globalization and ethnicity', in A. King (ed.), *Culture, Globalization and the World-System : Contemporary Conditions for Representation of Identity*, Basingstoke : Macmillan, pp. 19-39.

이 논문이 실린 논문집에는 좀 더 발전된 논의들을 담고 있는 홀의 글 「오래된 정체성과 새로운 정체성, 오래된 민족성과 새로운 민족성Old and new identities, old and new ethnicities」이 포함되어 있다. 이 두 개의 박력 있고 매력적인 글은, 홀의 '새로운 시대 프로젝트'(5장 참조)와 민족성으로서의 정체성에 대한 연구(6장 참조)의 연관성을 보여주는 유용한 논점을 담고 있다.

_____ (1992) 'What is this "black" in black popular culture?', in Gina Dent (ed.) *Black Popular Culture*, Seattle : Bay Press, pp. 21-33.

이 글에서 홀은 10년 전 「'대중' 해체에 대한 메모」에서 보여준 '대중적인 것'의 그람시적 해석을 발전시키고 있으며, 이를 바흐친의 카니발 이론의 재독해와 연결시키고 있다. 강조점을 계급에서 '인종'으로 옮긴 홀은, 흑인 대중문화를 정치적 개입과 병합이 동시에 일어나는 모순적인 공간으로 본다. 홀은 「알론 화이트를 위하여 : 변환의 메타포」(1993)에서 바흐친의 이론을 전유한 방식(스탈리브라스Peter Stallybrass와 화이트Allon White의 『위반의 정치학과 시학*The Politics and Poetics of Transgression*』(1986)을 읽는 홀의 태도에서 이를 알 수 있다.)을 좀 더 상세하게 논의하고 있다. 홀의 두 글 모두 『스튜어트 홀 : 문화 연구의 비판적 대화』(1996)에 실려 있다.

_____ (1992) 'Cultural studies and its theoretical legacies', in L. Grossberg, C. Nelson and P. Treichler (eds), *Cultural studies*, New York : Routledge, pp. 277-94.

큰 반향을 불러일으킨 논문으로 여러 곳에 재수록되어 있다. 하지만 특히 이 판본은 뒤에 질의 응답이 첨부되어 소장 가치가 있다. 문화 연구의 역사와 현재 상태에 대한 생각들을 종합하고 있다.

_____ (1992) 'The question of cultural identity', in S. Hall, D. Held and T. McGrew (eds), *Modernity and its Future*, Cambridge : Polity Press, pp. 274-316.

이 글(pp. 274-316)은 세계화, 포스트모더니즘과 주체성(5장 참조) 관련 논쟁 중에서 특히 정체성을 접근하기 쉽게 잘 설명하고 있다.

_____ (1992) 'Race, culture, and communications : looking backward and for-ward at cultural studies', *Rethinking Marxism* 5 (1) : 10-18.

영국 문화 연구의 출현과 인종 문제를 상세히 고찰하고 있는 글.

_____ (1993) 'Cultural identity and diaspora', in P. Williams and L. Chrisman (eds) *Colonial Discoures and Post-colonial Theory*, London : Harvester Wheatsheaf, pp. 392-401.

이 판본에는 홀이 이전에 『프레임워크*Framework*』(1989)에 수록하여 출판한 「

문화적 정체성과 영화적 재현Cultural identity and cinematic representation」이 포함되어 있다. 이 글에서 홀은 정체성을 사유하는 두 가지 방식, 즉 유사성과 연속성으로서의 정체성과, 차이와 균열로서의 정체성을 구별하고 있다. 전자는 정체성을 '본질주의적으로', 후자는 '문화적으로' 사유한다. 홀은 어느 한쪽이 더 '진보적'이라고 하기보다, 구체적인 역사적 맥락 속에 위치시켰을 때 두 가지 관점 모두 유효하고 가치 있는 방식이라고 주장한다. 이처럼 홀은 두 가지 방식을 역사화하는 탁월한 견해를 보여주고 있다.

_____ (1996) 'Introduction : who needs "identity"?', S. Hall *et al.* (eds) *Questions of Cultural Identity*, London : Sage, pp. 1-17.

정신분석학(프로이트, 라캉, 바바), 담론(푸코), 페미니즘(로즈, 버틀러) 등 정체성과 관련한 핵심 논쟁들을 살펴보고, 후기구조주의적 독해(그럼에도 불구하고 이는 여전히 정치적인 것에 기반하고 있다.)를 제시한 글.

_____ (1996) 'When was "the post-colonial"? Thinking at the limit', in I. Chambers and L. Curti (eds) *The Post-colonial Question: Common Skies, Divided Horizons*, London : Routledge, pp. 242-60.

'포스트식민' 개념에 대한 예리하고 세밀한 평가로, 홀의 연구에서 후기구조주의 이론의 영향력이 점차 증대되고 있음을 드러내고 있다. '경계에서 생각하기thinking at the limit'는 데리다에게 빌려온 표현이다.

_____ (1996) 'For Allon White : metaphors of transformation', in D. Morley and K. Chen (eds), *Stuart Hall : Critical Dialogues in Cultural Studies*, London :

Routledge, pp. 287-305.

현대문화연구센터 박사 후 과정 중이던 제자 알론 화이트가 죽은 후 홀이 쓴 글이다. 화이트는 피터 스탈리브라스와 함께 바흐친적 개념을 재도입하여 '고급'과 '저급'이라는 유럽문화의 상징적 범주를 연구한 『위반의 정치학과 시학』을 저술하였다. 홀은 이들의 텍스트를 정독하면서 대중문화에 대한 자신의 핵심적인 생각을 전개하고 있다.

_____ (1997) 'Subjects in History: making diasporic identities', in W. Lubiano *The House that Race Built*, New York : Pantheon Books, pp. 289-99.

원래는 미국에서 발표된 글로, 정치적 투쟁의 장으로서 문화와 미국과 영국의 이산적 정체성의 몇 가지 연결점과 차이점을 명쾌하게 설명하고 있다.

_____ (1998) 'The great moving nowhere show', *Marxism Today*, November/December : 9-14.

「우익화하는 거대한 쇼The great moving Right show」 같은 글들이 마무리된 지점에서 다시 시작하고 있는 이 글은, 대처주의와 토니 블레어의 새로운 노동당이 내건 정치적 프로젝트의 연속성을 탐구하고 있다.

• 인터뷰

Bromley, R. (1992) 'Interview with Professor Stuart Hall', in J. Munns, G. Rajan and R. Bromley (eds), *A Cultural Studies Reader*, London : Longman, pp. 659-73.

신좌파, 현대문화연구센터, 그리고 미국 문화 연구로 편입 등과 관련한 유익한 단상들을 담고 있다.

____ (1993) 'Reflections upon the encoding/decoding model : an interview with Stuart Hall', J. Cruz and J. Lewis (eds), *Reading, Listening : Audiences and Cultural Reception*, Boulder : Westview Press, pp. 253-74.
홀의 논문 「기호화/기호 해독」과 관련한 유익한 정보를 제공하는 심층 인터뷰. 홀은 자기 논문의 견해들을 변호하면서, 어떤 견해는 다른 관점에 양보하기도 한다. 기호화/기호 해독 논쟁을 갱신하고 있다.

____ (1996) 'The formation of a diasporic intellectual : an interview with Stuart Hall by Kuan-Hsing Chen', D. Morley, K. Chen (eds) *Stuart Hall : Critical Dialogues in Cultural Studies*, London : Routledge, pp. 484-503.
홀의 자전적 이야기들이 많이 담긴 긴 인터뷰. 홀의 디아스포라 연구 및 민족성 연구와 함께 읽으면 좋다. 특히 서두 부분은 신좌파 및 현대문화연구센터와 함께한 홀의 연구를 이해하는 데 유용한 배경 지식을 제공한다.

Grossberg L. (1996) 'On postmodernism and articulation : an interview with Stuart Hall', *Journal of Communication Inquiry*, D. Morley and K. Chen (eds), *Stuart Hall : Critical Dialogue in Cultural Studies*, London : Routledge, pp. 131-50.
포스트모던과 후기구조주의 논쟁의 맥락 속에 홀 자신을 위치시킨 생동감 넘치고 열정적인 인터뷰. 특히 보드리야르와 리오타르에 대한 압도적인 평가와 절합과 관련한 유용한 정의가 눈에 띈다.

Osborne, P., Segal, L. (1997) 'Culture and power : interview with Stuart Hall', *Radical Philosophy*, 86 : 24-41.

가장 상세한 홀 인터뷰 중 하나. 이데올로기를 그람시, 알튀세, 라클라우의 연구와 관련시켜 논의하는 부분이 특히 유용하다.

Phillips, C. (1997) 'Interview with Stuart Hall', *Bomb* 58: 38-42.

디아스포라 지식인으로서 홀을 집중 조명한다.

■ 홀에 대한 연구

Barker, Martin (1992) 'Stuart Hall, *Policing the Crisis*', in M. Barker and A. Beezer (eds), *Reading into Cultural Studies*, London : Routledge, pp. 81-100.

깊이 있고 간명한 『위기 관리하기』 입문서. 바커가 홀 등의 한계로 지적하는 동인의 부재(absence of agency)도 다루고 있다.

CCCS [1982](1994) *The Empire Strikes Back : Race and Racism in 70s Britain*, London : Routledge.

루틀리지에서 새로 출판된 이 책 『제국의 반격』은, 홀 등이 『제의를 통한 저항』과 『위기 관리하기』에서 처음 윤곽을 그린 1970년대 영국의 헤게모니 위기, 인종과 계급의 연관성, 흑인 범죄성의 구성과 통제와 권위주의 등의 핵심 논쟁들을 발전시키고 있다. 머리말에서 폴 길로이는 이 책은 '스튜어트 홀의 수업이 아니었다면 가능하지 않았을 것'이라고 진술한다. 하지만 홀의 가르침을 단순히 되풀이하는 것 이상의 성과로서, 70년대라는 결정적 시기를 풍부하게 재해석하고 있다.

Gilroy, Paul [1987](1993) *There Ain't no Black in the Union Jack*, London : Routledge.

전후 영국의 흑인 문화 정치를 다룬 가장 중요하고 영향력 있는 연구. 1970년대 후반에서 1980년대 초반까지 홀의 인종 관련 연구의 핵심 통찰들을 발전시키고 있다.

_____ , Grossberg, L. and McRobbie, A (eds) (2000) *Without Grarantees : In Honour of Stuart Hall*, London : Verso.

34편의 논문이 수록된 광범위한 논문집으로, 홀의 경력에서 중요한 모든 국면들을 국제적인 관점에서 살펴보고 있다.

Giroux, Henry (2000) 'Public pedagogy as cultural politics : Stuart Hall and the "crisis" of culture', *Cultural Studies* 14 (2) : 341-60.

홀이 '좀 더 확장된 공공 교육 개념'을 만들어내기 위해 대학 안팎에서 행한 교육 정치학을 탐구한다.

Harris, David (1992) *From Class Struggle to the Politics of Pleasure : The Effects of Gramscianism on Cultural Studies*, London : Routledge

문화 연구에서 그람시의 영향이 지닌 한계를 비판적으로 평가하고 있다. 홀이 버밍엄과 개방대학에서 행한 연구의 여러 논의들을 담고 있다.

McGuigan, Jim (1992) 'Between the grand old cause and the brand New Times', in *Cultural Populism*, London : Routledge pp. 33-44.

문화적 포퓰리즘을 매력적으로 다루는 책. 저자 맥기건은 홀을 "가장 설득력 있고 신뢰할 만한 대표자"라 칭하고 홀 등의 '새로운 시대' 프로젝트를 평가하고 있다.

Mercer, K., Julien I. (1988) 'De margin and de centre', *Screen* 29(4) : 2-10. D. Morley and K. Chen (eds) *Stuart Hall : Critical Dialogues in Cultural Studies*, London : Routledge.

홀의 새로운 민족성과 '재현의 부담' 연구를 발전시킨 논의들 중 가장 주목할 만한 성과. 홀의 디아스포라 연구를 흑인 영화 미학과 관련하여 풍부하게 확장시키고 있는 『정글에 오신 것을 환영합니다*Welcome to the Jungle*』(1994, London : Routledge)에 수록된 코베나 머서의 논문들도 참고할 만하다.

Morley, D. and Chen, K. (eds) (1996) *Stuart Hall : Critical Dialogues in Cultural Studies*, London : Routledge.

홀의 연구를 정리한 가장 중요한 저서. 홀과 관련한 수준 높은 글들, 홀과의 인터뷰, 홀의 주요 논문들이 수록되어 있다.

Rojek, C. (2003) *Stuart Hall*, Cambridge : Polity Press.

홀의 연구를 세밀하게 검토한 책. 로젝은 홀의 결점으로 생각되는 부분들도 다루고 있다. 유용한 서지가 실려 있다.

Smith, Anna Marie (1994) *New Right Discourse on Race and Sexuality*, Cambridge : Cambridge University Press.

1968~1990년 사이 영국 인종주의를 다룬 훌륭한 연구로, 홀의 대처주의와 인종과 정체성 연구를 발전시키고 있다.

Wood, Brennon (1998) 'Stuart Hall's cultural studies and the problem of hegemony', *British Journal of Sociology* 49 (3) : 399-412.

홀이 헤게모니라는 용어를 일관되지 않게 사용한다는 비판과, 홀이 문화 연구가 혼란을 겪는 데 대하여 비판적 태도를 취했지만 결과적으로는 오히려 그것에 일조하였다는 주장을 담고 있다.

Wren-Lewis, Justin (1983) 'The encoding/decoding model : criticisms and rdeveloopments for research on decoding', *Media, Culture and Society* 5 : 179-97.

홀의 모델과, 다른 연구자들(특히 데이비드 몰리)의 연구에서 홀의 모델이 재구성되는 방식을 비판적으로 평가하고 있다.

■ 현대문화연구센터와 영국 문화 연구에 관한 자료

Dworkin, Dennis (1997) *Cultural Materialism in Postwar Britain History ; the New Left and the Origins of Cultural Studies*, Durham : Duke University Press.

신좌파와 문화 연구 프로젝트 성립을 상세하고 쉽게 서술한 설명서. 문화 연구 성립과 홀의 기여를 가장 상세하게 담고 있다.

Green, Michael (1982) 'The Centre for Contemporary Cultural Studies', in P. Widdowson (ed.) *Re-reading English*, London : Methuen, pp. 77-90.
현대문화연구센터에 홀과 함께 있었던 동료가 쓴 짧은 글로, 홀이 버밍엄에 있던 동안 문화 연구의 정치적 맥락과 학적 지위를 기술하고 있어 유용하다.

Miller, Richard (1994) '"A moment of profound danger" : British cultural studies away from the centre', *Cultural Studies* 8 (3) : 417-38.
개방대학에서 홀의 문화 연구를 상세히 다룬 글.

Morley, David (1998) 'So-called cultural studies : dead ends and reinvented sheels' *Cultural Studies* 12 (4) : 476-97.
홀의 연구를 이용하여, '문화 연구'에 쏟아진 비판들의 몇 가지 억측들을 문제 삼고 있다.

Schwarz, Bill (1994) 'Where is cultural studies', *Cultural Studies* 8 (3) : 377-93.
홀에게 큰 영향을 끼친 영국 제국의 몰락이라는 측면에서 영국의 문화 연구를 도발적으로 재해석한 글.

Tester, Keith (1994) 'The problem of cultural studies', in *Media, Culture and Morality*, London : Routledge, pp. 8-31.

문화 연구, 특히 홀의 연구에서 나타나는 바, 조사의 장으로서 '대중적인 것'을 비판적으로 기술한다. 이를 통해 저자는 사회학적 관점으로의 회귀를 역설한다.

Turner, Graeme (1990) *British Cultural Studies : an Introduction*, London : Unwin Hyman.

영국 문화 연구를 개관하며, 이 분야에 대한 홀의 기여를 다루고 있다.

■ 참고문헌

Althusser, Louis[1965](1977) *For Marx*, translated by Ben Brewster, London : New Left Books.

_____[1971](1977) *Lenin and Philosophy and Other Essays*, translated by Ben Brewster, London : New Left Books.

_____and Balibar, Etienne[1968](1970) *Reading Capital*, translated by Ben Brewster, London : New Left Books.

Amos, V., Lewis, G., Mama, A. and Parmar, P. (eds) (1984) 'Many voices, one chant : black feminist perspectives', *Femisist Review* 17 : 3-19

Anderson, B.(1983) *Imagined Communities : Reflections on the Origin and Spread of nationalism*, Lomdon : Verso

Barthes, Roland[1957](1973) *Mythologies*, London : Paladin

_____(1967) *Elements of Sociology*, London : Jonathan Cape.

Bennet, Tony(1986) 'Introduction : popular culture and "the turn to Gramsci"', in T. Bennet, C. Mercer and J. Woollacott (eds) *Popular Culture and Social Relations*, Milton Keynes : Open University Press, pp. xi-xix

Brooker, Peter(1999) *A Concise Glossary of Cultural Theory*, London : Arnold

Carby, H.(1982) 'White Woman listen! Black feminism and the boundaries of sisterhood', in CCCS *The Empire Strikes Back*, London : Routledge, pp. 212-36.

CCCS(Centre for Contemporary Cultural Studies)(1982) *The Empire Strikes Back : Race and Racism in 70s Britain*, London : Routledge.

Cohen, P.(1972) 'Subcultural conflict and working class community', *Working Papers in Cultural Studies 2, Spring*, Birmingham : CCCS/University of Birmingham.

Cohen, Stan[1972](2003) *Folk Devils and Moral Panics*, London : Routledge.

Critcher, C.(1976) 'Structures, cultures and biographies', in S. Hall and J. Jefferson (eds) *Resistance through Rituals*, London : Hutchinson, pp. 167-73.

Dyer, R.(1997) *White*, London : Routledge.

Eagleton, Terry(1996) 'The Hippest', *London Review of Books*, 7(March) : 3-5.

Fanon, Frantz[1952](1993) *Black Skin, White Masks*, London : Pluto Classics.

_____[1961](1990) *The Wretched of the Earth*, London : Penguin.

Fiske, John and Hartley, John(1978) *Reading Television*, London : Methuen.

Frith, Simon and Savage, Jon (1993) 'Pearls and swine : the intellectuals and the mass media', *New Left Review* 198 : 107-16.

Gramsci Antonio(1971) *Selections from the Prison Notebooks of Antonio Gramsci*, edited by Quintin Hoare and Geoffrey Nowell Smith, London : Lawrence & Wishart.

Grossberg, Lawrence[1986](1996) 'History, politics and postmodernism : Stuart Hall and cultural studies', in D. Morley and K. Chen (eds) *Stuart Hall : Critical Dialogues in Cultural Studies*, London : Routledge, pp. 151-73.

Hall, Stuart(1960) 'Unnamed paper', *New Left Review* 1 (1) : 1.

_____(1972a) 'The determination of news photographs', *Working Papers in Cultural Studies 3*, Birmingham : University of Birmingham, pp. 53-88.

_____(1972b) 'The social eye of *Picture Post*', *Working Papers in Cultural Studies 2*, Birmingham : University of Birmingham, pp. 71-120.

_____(1974a) 'Black men, White media', *Savacou* 9/10 . 97-100.

_____(1974b) 'Marx's notes on method : a "reading" of the "1857 Introduction"', *Working Paters in Cultural Studies 6*, Birmingham : University of Birmingham, pp. 132-71.

_____(1975) *Africa is Alive and Well and Living in the Diaspora*, Paris : UNESCO.

_____(1976) 'The "unity" of current affairs television', *Working Papers in Cultural Wtudies 9*, Birmingham : University of Birmingham, pp. 51-94.

_____(1977) 'Culture, the media and the "ideological effect"', in J. Curran, M. Gurevitch and J. Woollacott (eds) *Mass Communication and Society*, London : Edward Arnold, pp. 315-48.

_____(1978) 'Pluralism, race and class in Caribbean society' in *Race and Class in Post-colonial Society*, Paris : UNESCO.

_____(1980) 'The Williams interviews', *Screen Education* 34 : 94-104.

_____ with Martin Jacques (eds) (1983) *The Plolitics of Thatcherism*, London : Lawrence & Wishart.

_____(1984) 'Reconstruction work : images of postwar black settlement', *Ten. 8* 16 : 2-9.

_____(1986) 'Popular culture and the state', in T. Bennett, C. Mercer and J. Woollacott (eds) *Popular Culture and Social Relations*, Milton Keynes : Open University Press, pp. 22-49.

_____(1988a) 'The empire strikes back' , in *The Hard Road to Renewal : Thatcherism and the Crisis of the Left*, London : Verso, pp.68-74.

_____(1988b) 'Gramsci and us', in *The Hard Road to Renewal : Thatcherism and the Crisis of the Left*, London : Verso, pp. 161-73.

_____(1989) 'The meaning of New Times', in *New Times : The Changing Face of Politics in the 1990s*. London : Lawrence & Wishart, pp. 116-34.

_____(1991) 'Old and new identities, old and new ehtnicites', in A. King (ed.) *Culture, Globalization and the World-system : Contemporary Conditions for the Representation of Identity*, Basingstoke : Macmillan, pp. 41-68.

_____With D. A. Bailey(1992) 'Critical decade : an introduction' and 'Vertigo of displacement', *Ten.8* 20(3) : 4-7, 14-23.

_____(1993) 'Cultural identity and diaspora', in P. Williams and L. Chrisman (eds) *Colonial Discoures nad Post-colonial Theory*, London : Harvester Wheatsheaf, pp. 392-402.

_____(1995) 'Negotiating Caribbean identities', *New Left Review* 209 : 3-14.

_____(1996) 'Introduction : who needs "identity"' in S. Hall and P. du Gay (eds) *Questions of Cultural Identity*, London : Sage, pp. 1-17.

_____(1999) 'A conversation with Stuart Hall', *The Journal of the International Institute* 7 (1) : 1-14. Available online : http//www.umich.edu/~iinet/journal/past_journals.htm#v7n1

(2000) 'The multicultural question', www.sheff.ac.uk/uni/academic/N-Q/lectures/htm

_____(2000) 'Prophet at the margins', the *Guardian*, 8 July, pp.8-9.

Harvey, David[1990](1992) *The Condition of Postmodernity*, Oxford : Blackwell Publishers.

Hebdige, Dick[1979](1996) *Subculture : The Meaning of Style*, London : Routledge.

Hirst, P.(1989) *After Thatcher*, London : Collins.

Hoggart, Richard(1958) *The Uses of Literacy*, London : Penguin.

Inglis, F.(1993) *Cultural Studies*, Oxford : Blackwell.

Jameson, F.(1984) 'Postmodernism, of the cultural logic of late capitalism', *New Left Review* 146 : 53-92.

Jessop, B., Bonnett, K., Bromley, S. and Ling, T.(1988) *Thatcherism*, Cambridge : Polity Press.

Johnson, L. K.[1980](2002) 'It dread inna Inglan', in Mi Revalueshanary Fren : Selected Poems, London : Penguin.

Johnson, R.(1979) 'Three problematics', in J. Clarke and C. Chricher (eds) *Working Class Culture : Studies in History and Theory*, London : Hutchinson, pp. 201-37.

Karım, Karim H.(2002) 'Making sense of the "Islamic Peril" : journalism as a cultural pracitce', in B. Zelizer and S. Allan (eds) *Journalism after September 11*, London : Routledge, pp. 101-16.

Laclau, Ernesto(1977) *Politics and Ideology in Marxist Theory : Capitalism, Fascism, Populism*, London : New Left Books.

Lewis, Gail(2000) 'Stuart Hall and social policy' in P. Gilroy, L. Grossberg and A. McRobbie (eds) *Without Guarantees*, London : Verso, pp. 193-202.

McGuigan, Jim(1992) *Cultural Populism*, London : Routledge.

McRobbie, A.(1996) 'Looking back at New Times and its critics', in D. Morley and K. Chen (eds) *Stuart Hall : Critical Dialogues and Cultural Studies*, London : Routledge, pp. 238-61.

Marx, Karl[1859](1971) *A Contribution to the Critique of Political Economy*, London : Lawrence & Wishart.

Mercer, K. (ed.)(1988) *Black Film/British Cinema*, ICA Document 7, London : ICA.

_____(1994) *Welcome to the Jungle*, London : Routledge.

_____and Julien, I.(1988) 'Introduction : de margin and de centre', *Screen 29* (4) : 2-11.

Morley, David(1980) *The 'Nationwide' Audience*, London : British Film Institute.

_____(1986) *Family Television : Cultual Power and Domestic Leisure*, London : Comedia.

Parkin, Frank(1971) *Class Inequality and Social Order*, London : McGibbon and Kee.

Poulantzas, N.(1978) *State, Power, Socialism*, London : New Left Books.

Saussure, F. de[1916](1983) *Course in General Linguistics*, London : Duckworth.

Scarman, L. G.(1981) *The Scarman Report : The Brixton Disorders 10-12 April 1981*, London : Her Majesty's Stationary Office.

Schwarz, Bill(1989) 'Popular culture : the long march', *Cultural Studies* 3(2) : 250-5.

_____(2000) 'Becoming post-colonial', in P. Gilroy, L. Grossberg and A. McRobbie (eds) *Without Guarantees : In Honour of Stuart Hall*, London : Verso, pp. 268-81.

Sivanandan, A.(1990) 'All that melts into air is solid : the hokum of New Times', in *Communities of Resistance : Writings on Black Struggles for Socialism*, London : Verso, pp. 19-59.

Stallybrass, Peter and White, Allon(1996) *The Politics and Poetics of Transgression*, Ithaca, NY : Cornell University Press.

Storey, John(1993) *An Introduction to Cultural Theory and Popular Culture*, Harlow : Harvester Sheatsheaf.

Stratton, J. and Ang, I.(1996) 'On the impossibbility of a global cultural studies : "British" cultural studies in an "international" frame', in D. Morley and L. Chen (eds) *Stuart Hall : Critical Dialogues in Cultural Studies*, London : Routledge, pp. 361-91.

Thompson, E. P.[1963](1991) *The Making of the English Working Class*, London : Penguin.

_____(1978) *The Poverty of Theory and Other Essays*, London : Merlin.

Vološinov, V. N(1973) *Marxism and the Philosophy of Language*, New York : Seminar Press.

Williams, Raymond[1958](1966) *Culture and Society 1780-1950*, London : Penguin.

_____[1961](1965) *The Long Revolution*, Harmondsworth : Pelican Books.

_____(1977)[1976] *Keywords — a Vocabulary of Culture and Society*, Glasgow : Fontana.

Young, J.(1971) 'The role of the police as amplifiers of deviancy', in S. Cohen (ed.) *Images of Deviance*, Harmondsworty : Penguin, pp. 27-59.

■ 찾아보기

ㄱ

강도 사건 143, 144, 146, 148, 149, 154, 160, 162, 165, 166, 174, 176, 178, 191
개방대학 32, 33, 70, 71, 81
걸프전 248
『검은 피부, 하얀 가면Black Skin, White Masks』 176
게이 69, 218, 221
경제 환원주의 192, 193
경제결정론 93
경제주의 46
계급 30, 47, 48, 72, 100, 106, 136, 137, 162, 163, 168, 169, 173, 175, 192, 200
『계급 불평등과 사회 질서Class Inequality and Social Order』 134
「계급 없음의 감각A Sense of Classlessness」 46, 49, 163
계급투쟁 129, 169, 173
고급문화 39, 40, 41, 53, 55
고급예술 58, 68
공동 연구 34, 106
공산주의 43
『과학적 관리의 원칙The Principles of Scientific Management』 196
광고 116, 128, 207, 208

『교양의 효용The Use of Literacy』 82
〈구역Territories〉 235
'9/11'(테러) 121, 123, 124, 126, 130, 131, 132, 134, 135, 136
구조주의(자) 81, 85, 86, 87, 88, 89, 90, 92, 93, 96, 97, 98, 99, 101, 102, 109, 110, 115, 120, 121, 137, 138, 139, 172, 201, 222
『국가, 권력, 사회주의State, Power, Socialism』 191
국면적conjunctural 109
국민성 200, 207
굴절 194
「그것은 영국을 무서워한다It dread inna Inglan」 229
그람시, 안토니오Gramsci, Antonio 43, 62, 63, 64, 70, 71, 72, 81, 99, 100, 101, 102, 104, 131, 132, 164, 166, 168, 173, 195, 196, 224, 248
『그람시의 옥중수고Selection from the Prison Notebooks of Antonio Gramsci』 99, 100
그로스버그, 로렌스Grossberg, Lawrence 32
그린, 마이클Green, Michael 104
기의 87, 128
기표 87, 128

기호 87, 90, 94, 96, 117, 118, 126, 128, 129, 172
기호 해독 118, 120, 123, 127, 129, 132, 134, 135, 138
기호학 90, 92, 120, 138, 172
『기호학의 요소들Elements of Semiology』 90, 128
기호화 118, 120, 123, 124, 126, 127, 132, 134
「기호화/기호 해독Encoding/decoding」 115, 117, 120, 123, 127, 131, 137, 138, 139, 151
길로이, 폴Gilroy, Paul 106

ㄴ

〈나의 아름다운 세탁소My Beautiful Laund-rette〉 238
『날것과 익은 것The Raw and the Cooked』 90
내용inventory 72
노동(자)계급 23, 42, 47, 48, 50, 52, 55, 62, 64, 66, 67, 71, 83, 98, 137, 156, 164, 166, 167, 168, 172, 173, 174, 175, 178, 188, 192, 220, 238, 240
노동당 87, 98, 158, 184, 193, 210, 250
누벨 고슈nouvelle gauche 43
《뉴 레프트 리뷰New Left Review》 31, 42, 44, 50
뉴스 126, 130, 132, 134, 135, 150, 151

ㄷ

다多악센트(성)muti-accentuality 68, 71, 97, 129, 132, 194
다문화주의 208, 250, 251
『다민족국가 영국의 미래 : 파렉 보고서 The Future of Multi-ethnic Britain : The Parekh Report』 249
다원주의 117, 130, 200
다큐멘터리 117, 124, 235, 237, 242
담론 121, 124, 126, 127, 131, 139, 189, 191, 195, 203, 204, 233, 235, 237, 242, 244, 245
대량생산 41, 42, 196
대량소비 문화 196
대중 35, 40, 41, 42, 60, 63, 64, 66, 67, 68, 69, 70, 71, 72, 73, 74, 86
대중문화 31, 39, 40, 41, 42, 44, 47, 49, 50, 51, 52, 53, 54, 58, 62, 63, 64, 66, 67, 69, 70, 72, 73, 74, 79
「대중문화와 국가Popular culture and the state」 73
대중예술 53, 54, 55, 56, 58, 60, 68
『대중예술The Popular Arts』 34, 42, 51, 52, 53, 54, 55, 58, 60, 62, 80, 85, 138
「'대중'해체에 대한 메모Notes on Decon-structing "The Popular"」 62, 64, 67, 69, 70, 71, 72, 73, 86
『대지의 저주받은 자들The Wretched of the Earth』 176

대처, 마거릿Thatcher, Margaret 74, 98, 104, 183, 184, 187, 188, 192, 199
대처주의 26, 51, 74, 158, 184, 186, 187, 188, 189, 191, 192, 194, 195, 202, 205, 208, 209, 210, 217, 218, 238, 245
「대처주의Thatcherism」 26, 166
『대처주의 정치학The Politics of Thatcherism』 186
대항적 읽기(입장) 135, 136, 138
「더러운 빨랫감Dirty washing」 240
덜릭, 아리프Dirlik, Arif 247
데리다, 자크Derrida, Jacques 201, 222, 223, 224, 246
도덕적 공황 144, 146, 147, 148, 152, 154, 157, 160, 161, 162, 164, 165, 191
도상적 기호 127
독재적 포퓰리즘 51, 74, 191, 202
독재주의 165, 191
동성애 26, 229, 238
동인agent 83, 104
디아스포라diaspora(이산離散) 27, 203, 217, 242, 243, 244, 245, 247, 249
디아스포라문화 209, 225
디트리히, 마렌느Dietrich, Marlene 59

ㄹ

라벨링labelling 161, 162
라벨의 역사 148
라캉, 자크Lacan, Jacques 201

라클라우, 에르네스토Laclau, Ernesto 100, 121, 224
랑그Langue 88, 126
러니미드 위원회Runnymede Commission 250
『레닌과 철학Lenin and Philosophy and Other Essays』 93
레비스트로스, 클로드Lévi-Strauss, Claude 89, 90, 93
로렌스, 에롤Lawrence, Errol 106
로버츠, 브라이언Roberts, Brian 34
로젝, 크리스Rojek, Chris 27
루카치, 게오르그Lukács, György 43
리비스주의Leavisism 55
리비스Leavis, F. R. 41, 55, 82, 83
리비스Leavis, Q. D. 41
리오타르, 장 프랑수아Lyotard, Jean-François 201, 203
《리즈너The Reasoner》 43

ㅁ

마르크스, 칼Marx, Karl 46, 47, 62, 92, 100, 120, 166, 203
『마르크스를 위하여For Marx』 93, 122
마르크스주의(자) 26, 43, 47, 48, 49, 63, 66, 69, 82, 92, 93, 96, 97, 136, 166, 168, 191, 197, 201, 204, 222, 248
『마르크스주의와 언어철학Marxism and the Philosophy of Language』 68, 69

『마르크스주의의 정치학과 이데올로기
  Politics and Ideology in Marxist Theory』 100
만권자 형swastika 70, 98
《맑시즘 투데이Marxism Today》 186, 193,
  194, 212
매스커뮤니케이션 115, 116, 117, 120, 122,
  167
매클린톡, 앤McClintoc, Anne 247
맥도날드 204, 207
맥락 의존(성) 221, 222, 224, 229, 240,
  248
맥밀란, 헤럴드Macmillan, Herold 104
머서, 코베나Mercer, Kobena 235
메이데이 선언May Day Manifesto 43
모더니즘 196, 200, 201
모드족 147, 148, 172
몰리, 데이비드Morley, David 70, 136, 137
무페, 샹탈Mouffe, Chantal 121, 224
「문화 연구 : 두 개의 패러다임Cultural Stud
  -ies : two paradigms」 79, 81, 86, 87, 89, 92,
  99, 102, 138
문화 연구 23, 24, 25, 26, 27, 28, 30, 34,
  36, 39, 42, 54, 70, 71, 79, 81, 82, 86, 87,
  106, 115, 116
「문화 연구와 중심Cultural Studies and the
  center」 79, 81, 102, 104
《문화 연구의 작업들Working Papers in
  Cultural Studies》 80
문화(의)정치학 24, 26, 31, 44, 69, 103

『문화와 사회Culture and Society』 82, 83
문화주의(자) 81, 82, 83, 85, 86, 87, 88,
  89, 92, 96, 98, 99, 102, 104, 109, 110,
  122, 137, 138, 139
미디어 115, 123, 138, 139, 143, 148, 150,
  151, 157, 162, 165, 184, 200, 242
미학 243, 244, 247
민속문화 60
민속예술 54, 55, 56, 85
민스트럴 쇼 233
민족성 27, 30, 110, 136, 208, 209, 217,
  225, 229, 230, 232, 237, 238, 243
민중의 악마 144, 152, 161, 165, 189
『민중의 악마와 도덕적 공황Folk Devils
  and Moral Panics』 147

ㅂ

바르트, 롤랑Roland Barthes 86, 89, 90, 92,
  93, 121, 128
바바, 호미Bhabba, Homi 245
바흐친, 미하일Bakhtin, Mikhail 69
반제국주의 43, 131
「백인 여성이여 들어라! 흑인 페미니즘과
  자매애의 범위White woman listen! Black
  feminism and the boundaries of sisterhood」
  218
범죄 146, 147, 149, 150, 151, 158, 175,
  176, 251
베넷, 토니Bennett, Tony 70, 71

베트남전쟁 102, 104, 157
보드리야르, 장Baudrillard, Jean 201
보수당 74, 87, 98, 137, 158, 183, 184, 188
볼로시노프, 발렌틴Volosinov, Valentin 68, 69, 70, 86, 97, 129, 194
부모문화 166
부시, 조지Bush, George 46, 188
불경기 160, 166
브루커, 피터Brooker, Peter 201
브리콜라주Bricolage 108, 109, 169, 170
브릭스턴 폭동 23
블랙 파워 운동 157
블랙우드, 모린Blackwood, Maureen 242
블레어, 토니Blair, Tony 210, 212

ㅅ

『사변적 문법Speculative Grammar』 127
사회주의(자) 43, 50, 66, 98
상대적 자율성 122
상상의 공동체 198, 199, 209
『상상의 공동체Imagined Communities』 199
상식 131, 139, 164
「새로운 민족성들New ethcicities」 217, 225, 226, 230, 232, 234, 235, 237, 240, 242, 244, 245
《새로운 사회주의자들The New Socialist》 186
새로운 시대(프로젝트) 186, 187, 193, 194, 195

「새로운 시대의 의미The meaning of New Times」 166, 195, 202, 204, 208, 217
『새로운 시대New Times : the Changing Fare of Politics in the 1990s』 193, 194
새뮤얼, 라파엘Samuel, Raphael 43
선호된 의미들 130, 132, 139
성性정치학 25
세계화 200, 205, 207, 208, 251
세제르, 에이메Césaire, Aimé 245
소비문화 152
소비사회 44, 48
소비주의 47
소쉬르, 페르디낭 드Saussure, Ferdinand de 86, 87, 88, 90, 92, 121, 126, 128, 203
솔로몬스, 존Solomons, John 106
『쇄신을 향한 험난한 여정The Hard Road to Renewal』 186, 18, 191
쇼하, 엘라Shohat, Ella 247, 248
스킨헤드 166, 173
스티븐 로렌스 조사위원회 250
스피박, 가야트리Spivak, Gayatri 245
시니피앙 98, 132, 149, 161, 222, 228
시얄, 미라Syal, Meera 240
신식민주의 246
신좌파 26, 43, 44, 46, 49, 51, 52, 79, 85, 163
『신화론Mythologies』 90, 92, 128
10대 소비자 167
10대의 혁명 52

ㅇ

아널드, 매슈Arnold, Matthew 41
아도르노, 테오도어Adorno, Theodor 43
「아메리카즘과 포디즘Americanism and Ford-ism」 195
「아무 곳으로도 가지 않는 위대한 쇼The great moving nowhere show」 210
아시안문화 240
아틸, 마티나Attille, Martin 242
「알론 화이트를 위하여 : 변형의 메타포For Allon White : metaphor of transformation」 64, 69
알튀세, 루이Althusser, Louis 43, 48, 86, 89, 93, 94, 96, 97, 98, 99, 100, 101, 122, 166, 173, 174
알튀세주의Althusserianism 94
앤더슨, 베네딕트Anderson, Benedict 199
앤더슨, 페리Anderson, Perry 43
언어학 92
에드워드 의복 양식 169
에이즈 25, 26, 191
엘리엇Eliot, T. S. 41
엘리자베스 1세 154, 207
여성 167, 218, 221
여성해방 218, 221
영, 조크Young, Jock 147
『영국 국기 속에 블랙은 없다Their Ain't No Black in the Union Jack』 106
『영국 노동계급의 형성The Making of the English Working Class』 82, 83
영국문화 31, 42, 157
『영국은 창녀다Inglan is a Bitch』 230
영국적인 것Englishness 30, 155, 163, 191, 205, 207, 208, 209
「우익화하는 거대한 쇼The great moving Right show」 210
울라콧, 재닛Woollacott, Janet 70
『위기 관리하기Policing the Crisis』 23, 34, 80, 139, 143, 144, 146, 148, 149, 150, 154, 158, 161, 162, 163, 164, 165, 166, 167, 174, 176, 178, 183, 191, 242
윌리스, 폴Willis, Paul 70
윌리엄스, 레이먼드Williams, Raymond 27, 40, 43, 82, 83, 85, 87, 89, 138
유기적 지식인 103
유기체론organicism 55
《유니버시티 앤 레프트 리뷰Universities and Left Review》 43
의사소통 115, 116, 118, 120, 122, 127, 134
이글튼, 테리Eagleton, Terry 26
이데올로기 44, 46, 47, 48, 49, 52, 68, 92, 93, 94, 96, 97, 98, 100, 101, 117, 122, 128, 129, 131, 132, 136, 139, 150, 151, 160, 162, 163, 164, 165, 173, 184, 186, 189, 191, 203
이데올로기(적) 투쟁 132, 139, 210
「이데올로기의 재발견The rediscovery of "ideology"」 98

이데올로기적 국가기구Ideological State Apparatus 94
『이론의 빈곤The Poverty of Theory』 86
이민 30, 191, 203, 207, 208
이스트호프, 앤서니Easthope, Anthony 70
이슬람 124, 135
이주 207, 228
이항 대립 41, 64, 67, 139, 155, 221, 238, 248
인간주의 96
인종 26, 30, 35, 106, 110, 135, 137, 146, 149, 155, 156, 157, 161, 164, 200, 225, 242
인종주의 27, 150, 152, 154, 155, 156, 157, 158, 160, 175, 176, 228, 229, 235, 237
「인종주의와 반동Racism and reaction」 154, 156
인종폭동 157, 179
『일반 언어학 강의Couse in General Linguis-tics』 86
일차적 정의자Primary definers 151
일탈 24, 161, 164
「일탈, 정치학, 그리고 미디어Deviance, politics and the media」 147

ㅈ
자기 반영성 221, 222, 224
자기 반영성의 정치학 220
자메이카 28, 30, 147, 249

『자본론을 읽는다Reading Capital』 93
자본주의 25, 42, 46, 47, 50, 66, 163, 176, 186, 187, 197, 201, 207
자크, 마틴Jacque, Martin 194
『장구한 혁명The Long Revolution』 82, 83
재현 26, 87, 121, 184, 232, 233, 234, 235, 237, 238, 240, 242, 244
재현의 정치학 235, 238, 242, 243
전이 152, 154, 160, 176
전지구(화) 200, 249
절합articulation 100, 109, 122, 128, 210, 224
정체성 27, 28, 30, 191, 200, 201, 202, 203, 205, 208, 209, 217, 221, 223, 225, 230, 232, 233, 242, 244, 245, 247
정체성(의) 정치 217, 218, 220, 221, 224, 228, 229, 232, 234, 240, 244
『정치경제학 비판 요강Grundrisse』 92
『정치경제학 비판을 위하여A Contribution to the Critique of Political Economy』 46
정치학 43, 44, 50, 51, 166, 174, 176, 208, 209, 243, 248
『제국의 반격The Empire Strikes Back : Race and Racism in 70's Britain』 106
「제국의 반격The empire strikes back」 189, 193
제국주의 156, 205, 249
『제의를 통한 저항Resistance through Rituals』 34, 80, 139, 143, 144, 146, 152, 154, 161,

162, 164, 166, 167, 168, 170, 174
제의적 저항 169, 173
제임슨, 프레드릭Jameson, Fredric 201, 204
제퍼슨, 토니Jefferson, Tony 34
젠더 137, 200, 229
존슨, 리처드Johnson, Richard 82
존슨, 린튼 퀘지Johnson, Linton Kwesi 229, 234
좌파 27, 42, 44, 50, 186, 187, 192, 194, 195, 202, 210
주류문화 66, 67, 74, 234
주체성 187, 220
줄리언, 아이작Julien, Isaac 242
중층결정 122, 124
지배계급 63, 66, 67, 97, 166, 167, 168, 172
지배문화 31, 68, 208
지배세력권 63, 66, 71, 166
「지식인The intellectuals」 103
집단예술 54, 56, 58, 59, 60, 85

ㅊ
차다, 거린다Chadha, Gurinder 240
차연 222, 223, 224, 248
차이 221, 222, 224, 240, 244, 248, 251
차이의 정치학 220, 221
채플린, 찰리Chaplin, Charles 55
청소년 52, 70, 146, 161, 166, 169, 170, 178
청소년 하위문화 108, 143, 144, 147, 148, 164, 167, 168, 174

청소년문화 31, 157, 170, 191
「최소 자아Minimal selves」 217, 223
『친족의 기본구조The Elementary Structures of Kinship』 90

ㅋ
카비, 헤이즐Carby, Hazel 106, 218
칸, 아유브Khan, Ayub 240
캐리비언 예술가운동(CAM) 242
코헨, 스탠리Cohen, Stanley 147, 162
코헨, 필Cohen, Phil 174
쿠레이시, 하니프Kureishi, Hanif 230, 232, 237, 240
퀴어 69
크로스 오버 244
크리처, 채스Critcher, Chas 34
클라크, 존Clarke, John 34

ㅌ
타자 233, 234
타협적 읽기(입장) 134, 138
탈식민(화) 176, 217, 249
「탈식민은 언제였는가?When was the post-colonial?」 217
탈중심(화) 28, 30, 198, 203, 249
터너, 그레이미Turner, Graeme 52
테디 보이 147, 169
테러리스트 123, 130, 131, 132, 134, 135
테러리즘 124, 130, 135

테일러, 프레드릭Taylor, Frederick 196
테일러주의 196
텔레비전 40, 41, 42, 52, 104, 115, 117, 120, 123, 124, 126, 127, 129, 130, 134, 135, 138, 139, 167, 207, 240
토대-상부구조 46, 49, 92, 122, 192
톰슨Thompson, E. P. 43, 82, 83, 85, 87, 89, 138
투쟁 139, 195, 237

Ⅱ

파농, 프란츠Fanon, Frantz 176, 178, 245
파롤Parole 88
파머, 프라티바Parmer, Pratibha 106
파킨, 프랭크Parkin, Frank 134, 137
〈80일간의 세계일주Around the World in 80Days〉 58
퍼스, 찰스Peirce, Charles 127
펑크족 147, 169, 172
페미니스트 229
《페미니스트 리뷰Feminist Review》 220
페미니스트 정치학 218
페미니즘 106, 107, 203
포디즘Fordism 187, 195, 196, 197, 198, 199, 200, 201, 202, 204
포스트 정체성 195
포스트구조주의 201, 203, 222, 248
포스트모더니즘 187, 195, 200, 201, 202, 203, 204, 207, 223

「포스트모더니즘 혹은 후기 자본주의의 문화적 논리Postmodernism of the cultural logic of late capitalism」 204
포스트모더니티 201
포스트모던 74, 200, 201, 203, 222, 232, 244
포스트식민(주의) 244, 245, 246, 247, 248, 249, 251
「포스트식민은 언제였나? : 그 경계를 생각하며When was the post-colocial? : Thinking at the limits」 245, 247, 249
포스트포디즘Post-Fordism 195, 197, 198, 200, 201, 202, 207
포웰, 에녹Powell, Enoch 151, 157, 158
포웰주의Powellism 156, 157, 158, 160, 178
포클랜드전쟁 187, 188, 191, 199, 205
포퓰리즘 192, 193
폭력 176, 178
폭주족 147
폰 스턴버그, 조셉von Sternberg, Josef 58
〈푸른 천사The Blue Angel〉 58, 59, 60
푸코, 미셸Foucault, Michel 121, 201, 203
풀란차스, 니코스Poulantzas, Nicos 191
풋, 마이클Foot, Michael 184
프랑크푸르트학파 116
피스크, 존Fiske, John 137

ㅎ

하비, 데이비드Harvey, David 197, 199

하위계급 63, 170, 173
『하위문화 : 양식의 의미Subculture : The Mean
-ing of Style』 170
하위문화 24, 42, 110, 143, 144, 164, 166,
167, 168, 172, 173
「하위문화, 문화, 그리고 계급Subculture,
cultures and class」 167
하위집단 98, 101
하틀리, 존Hartley, John 137
할리우드 47, 58, 64
해체(주의) 224, 237, 246
핸즈워스 143, 144, 146, 148, 149, 150,
174, 178
〈핸즈워스의 노래Handsworth Songs〉 235
허위의식 47, 189, 203
헤게모니 62, 63, 64, 73, 101, 131, 134,
139, 162, 164, 165, 167, 168, 173, 192,
224
헤게모니 투쟁 193
헤브디지, 딕Hebdige, Dick 170
현대문화연구센터(CCCS : Centre for Con
-temporary Cultural Studies) 32, 33, 43,
68, 70, 71, 79, 80, 81, 83, 85, 86, 89, 90,
92, 93, 94, 99, 100, 101, 102, 103, 104,
106, 107, 110, 115, 116, 117, 122, 137,
138, 143, 154
「현대의 군주The modern prince」 100
호가트, 리처드Hoggart, Richard 27, 80, 82,
83, 85, 87, 89, 102, 104, 138
혼종(성) 244, 247, 251
화넬, 패디Whannel, Paddy 34, 51, 53, 54,
55, 56, 58, 59
환원주의 46
흑인 42, 68, 106, 144, 148, 149, 150, 151,
154, 155, 156, 157, 158, 160, 167, 174,
175, 176, 178, 188, 218, 221, 225, 226,
228, 229, 230, 233, 234, 235, 237, 238,
240, 242, 243
흑인 공동체 220, 228, 234
「흑인 대중문화에서 '블랙'은 무엇인
가?What is this "black"in black popular
culture?」 64, 69
흑인문화 209, 233, 238
희생양 144, 147, 152
히피 166

지금 스튜어트 홀

2006년 4월 28일 초판 1쇄 발행
2010년 3월 25일 2쇄 발행

지은이 I 제임스 프록터
옮긴이 I 손유경
펴낸이 I 노경인 · 김주영

펴낸곳 I 도서출판 앨피
출판등록 I 2004년 11월 23일 제2011-000087호
주소 I 우)07275 서울시 영등포구 영등포로 5길 19(37-1 동아프라임밸리) 1202-1호
전화 I 02-336-2776 팩스 I 0505-115-0525
전자우편 I lpbook12@naver.com
블로그 I blog.naver.com/lpbook12

ISBN 978-89-92151-02-0